高职院校留学生

文化实践课教程

The Cultural Practice Course for International Students of Higher Vocational Colleges

吕昕璐　邓静娴　杜剑　方婷　刘云竹　◎编著

西南交通大学出版社
·成　都·

图书在版编目（CIP）数据

高职院校留学生文化实践课教程：汉英对照 / 吕昕璐等编著. —成都：西南交通大学出版社，2023.8

ISBN 978-7-5643-9012-9

Ⅰ. ①高… Ⅱ. ①吕… Ⅲ. ①中华文化－高等职业教育－教材－汉、英 Ⅳ. ①K203

中国版本图书馆 CIP 数据核字（2022）第 216991 号

Gaozhi Yuanxiao Liuxuesheng Wenhua Shijianke Jiaocheng

高职院校留学生文化实践课教程

吕昕璐　邓静娴　杜　剑　方　婷　刘云竹　编著

责任编辑　赵玉婷
封面设计　原谋书装

出版发行　西南交通大学出版社
（四川省成都市金牛区二环路北一段 111 号
西南交通大学创新大厦 21 楼）
邮政编码　610031
发行部电话　028-87600564　028-87600533
网址　http://www.xnjdcbs.com
印刷　四川玖艺呈现印刷有限公司

成品尺寸　185 mm × 260 mm
印张　19.75
字数　520 千
版次　2023 年 8 月第 1 版
印次　2023 年 8 月第 1 次
书号　ISBN 978-7-5643-9012-9
定价　59.00 元

课件咨询电话：028-81435775
图书如有印装质量问题　本社负责退换

前言

初入中国的留学生需要了解与吸收中国传统文化方面的知识，才能为融入中国社会和之后的汉语或专业学习打好基础。在对外汉语的系统教学中，我们首先应明确中国文化课程为来华留学生学习汉语的必修课程，该课程不仅有助于他们学习汉语，领略其丰富的文化内涵，也有助于他们更加快速地融入新的文化环境，缓解他们的“文化休克”症状，增强他们的跨文化交际能力。

《高职院校留学生文化实践课教程》旨在帮助来华留学生客观、系统、全面地了解中国国情和中国传统文化，并将课堂上学习到的文化知识应用到社会实践。传统的以讲授为主的文化课程不仅难以激发学生的热情，也很难让学生理解。而本书在理论知识的基础讲解后，通过可动手动脑的体验实践教学方式，让学生有了“身临其境”的感觉，使其更好地理解和感受中国的传统文化，更快地融入和适应在中国的学习和生活，从而达到全面提高学生汉语水平的目的。

本书基于项目化模块教学设计的思路，内容包括中国历史、地理、经济、科技、交通、传统文化、习俗、民族建筑、文学、艺术、教育、体育、中国物质文化遗产和非物质文化遗产等。书中列有教学目标、教学知识点、教学重点词汇，使学习者在学习中国文化时能够有方向地了解学习的重点知识，给每一章节后的实践做好理论和技巧上的准备。本书基于高职院校留学生认知特点和实际需要，结合贵州地方特色进行内容组织，不求完整全面，更注重实践探索。本书的创新点为实践教学部分，即每一个章节都设置实践内容，实践教学可以使用学校的留学生实训室或校外文化教学基地，结合本书的活页教材形式，使学生可以在实践过程中边学边练，更为直观地理解和体验到中国文化的博大精深。本书以学生为中心，通过实践教学，培养留学生理论联系实际的能力，让留学生走出教室、走出校门、走向社会，去感知和触碰真实的、立体的、鲜活的中国文化，让中国文化教学具有开放性、广博性和联系性。

在按照本书组织学习时，建议安排112个学时，分两个学期完成，以便学生能够在足够的时间内消化融会相关知识。同时应该把重点放在实践篇上，将理论和实践有效结合起来。

本书由具有丰富留学生教学经验的教师团队编写。主持编写者吕昕璐从事国际交流工作8年，并长期执教于留学生教学一线，对该教材的篇章结构提出了创新的思考，编写了项目四、五、六、七；邓静娴编写了项目十、十一、十二、十三；杜剑编写了项目一、二、三，方婷编写了项目十四；刘云竹编写了项目八、九、十；最后由吕昕璐、路瑶统稿。

在编写过程中我们引用了部分网络资料，一部分理论篇章来自一些大学教科书和中国文化类优秀文章，一部分还借鉴和吸收了国内专家、学者及同行的最新研究成果、观点和资料，在此一并表示感谢。本书虽融合了我们多年来教学的经验和总结，但由于编写时间仓促，水平有限，也难免存在不足和不尽之处，敬请读者提出宝贵意见，将不胜感激。

编著者

2021年7月

PREFACE

Foreign students who are new to China need to understand the knowledge of Chinese traditional culture to lay a good foundation for their integration into Chinese society and learning. In the systematic teaching of Chinese, we should first make it clear that the Chinese culture course is a compulsory course for foreign students, studying. This course not only helps them learn Chinese and appreciate culture, but also helps them integrate into the new cultural environment more quickly, alleviate their "cultural shock" symptoms, and enhance their intercultural communication ability.

The Cultural Practice Course for International Students of Higher Vocational Colleges aims to help foreign students in China understand China's national conditions and traditional culture, and apply the cultural knowledge learned in the classroom to practice. The traditional cultural curriculum is difficult to stimulate students' enthusiasm and for students to understand. This book gives students a feeling of "being in the scene" by means of hands-on and brainstorming experience and practice teaching, so that they can better understand and feel the traditional Chinese culture, and quickly integrate to their study and life in China.

Based on the idea of project-based module teaching design, this book covers Chinese history, geography, economy, science and technology, transportation, traditional culture, customs, ethnic architecture, literature, art, education, sports, China's tangible cultural heritage and intangible cultural heritage. The book lists teaching objectives, knowledge points and key vocabulary, so that learners can know the key knowledge of learning, and make theoretical and technical preparations for the practice. The innovation of this book is the practical teaching part. Each chapter is set with practical content. The practical teaching can use the school's training room or the cultural teaching base outside the school. In combination with the loose leaf teaching material form of this book, students can more intuitively understand and experience the broad and profound Chinese culture. This book is student-centered. Through practical teaching, it aims to cultivate the ability of foreign students to integrate theory with practice, so that foreign students can go out into the society to perceive and touch the real Chinese culture, which makes the teaching of Chinese culture open, extensive, and connected.

When organizing the study according to this book, it is recommended to arrange 112 class hours, which should be completed in two semesters, so that students can digest relevant knowledge in sufficient time. At the same time, we should focus on practice, and effectively combine theory with practice.

This book is compiled by a team of teachers with rich experience in teaching foreign students. Lv Xinlu has been engaged in international exchanges for 8 years and has been teaching overseas students for a long time. She has put forward innovative thinking on the text structure of the textbook, preparing Projects 4, 5, 6 and 7; Deng Jingxian prepared the 10th, 11th, 12th and 13th projects; Du Jian prepared Projects 1, 2 and 3, and Fang Ting prepared Project 14; Liu Yunzhu prepared the 8th, 9th and 10th projects; Finally, Lv Xinlu and Lu Yao prepared the draft. In order to facilitate concise writing and understanding of the content, the Chinese and English versions of the book are not fully matched. At the same time, the book focuses on describing the actual needs of international students in vocational colleges and combining the regional characteristics of Guizhou, which is not comprehensive.

In the preparation process, we have quoted some online materials. Some of the theoretical chapters are from some university textbooks and excellent articles on Chinese culture. Some of them have also learned from and absorbed the latest research achievements, views and materials of many domestic experts, scholars and peers. We would like to express our gratitude. Although this book integrates the teaching experience and summary of the editors over the years, due to the limited time and the limited level of the editors, it is inevitable that there are shortcomings and endless points. We would appreciate your valuable suggestions.

目录

CONTENTS

项目一 中国历史

教学目标

1. 了解中国古代史、近代史。了解中国从夏朝至鸦片战争前的古代史，以及从鸦片战争至中华人民共和国成立前的近代史。了解中国历朝历代的名称、年代和演变，以及古代中国政治、经济、科技、社会生活的概况。

2. 了解中国现代史。

3. 参观贵州省博物馆，了解贵州省人文历史与自然生态环境。

教学知识点

1. 中国古代史、近代史概况。

2. 中国现代史概况。

教学重点词汇

古代史（gǔdài shǐ）ancient history

近代史（jìndài shǐ）modern history

现代史（xiàndài shǐ）contemporary history

科举制（kējǔ zhì）the Imperial Civil Service Examination System

郡县制（jùnxiàn zhì）the system of prefectures and counties

大一统（dà yī tǒng）the great unification

朝　代（cháodài）dynasty

任务一　中国古代史、近代史

【任务背景】

中国是一个历史悠久、文化灿烂的文明古国，在历史上曾长期走在世界前列，勤劳、勇敢、智慧的中国人民为人类文明进步做出了卓越贡献。中国历史从夏、商、周开始，经历了秦、汉、隋、唐、宋、元、明的辉煌，再到清的衰落，又经历了民国时期的战乱纷争以及中国人救亡图存的奋斗，迎来了中华人民共和国的成立。中国文明绵延千年而长盛不衰，历史愈久生命力愈旺盛。

【相关知识】

一、夏朝（约公元前 2070—公元前 1600 年）

夏朝是中国历史上第一个朝代，人们普遍认为其是由黄河沿岸的部落联盟转化而成的。

二、商朝（约公元前 1600—公元前 1046 年）

商朝手工业的门类齐全，技术含量高，最具代表性的行业是青铜冶铸。重达 832.84 公斤的“后母戊鼎”在中国甚至世界古代也堪称绝作（见图 1.1）。甲骨文是刻在龟甲和兽骨上的文字，是商朝的文化产物。

图 1.1　后母戊鼎

（图片来源：http://flgj.cupl.edu.cn/info/1072/1945.htm）

三、周朝（约公元前 1046 年—公元前 256 年）

周朝分为西周（公元前 1046—公元前 771 年）和东周（公元前 770 年—公元前 256 年）两个时期。

周朝时期，军民用青铜器铸造业进一步发展，青铜制品的数量大大增加。文字的使用越来越广泛。青铜器上刻有文字，记录了当时的各种社会事件。农业、畜牧业、纺织、冶金、建筑、天文、地理等方面也取得了显著进展。考古学家还在西周晚期的墓葬中发现了炼铁工具，证明了当时人们已经掌握了炼铁技术。

周朝的学校分为“国学”与“乡学”，学习内容是六艺，即礼、乐、射、御、书、数。

周朝文学主要有《尚书》《周易》以及《诗经》。《诗经》是中国古代诗歌的开端，最早的一部诗歌总集，收集了西周初年至春秋中叶（公元前 11 世纪至公元前 6 世纪）的诗歌，共 311 篇，反映了周朝初期至周朝晚期约五百年间的社会面貌。《诗经》内容丰富，反映了劳动与爱情、战争与徭役、风俗与婚姻、祭祖与宴会、天象、地貌、动物、植物等方方面面，是周代社会生活的一面镜子。

四、秦朝（公元前 221—公元前 206）

秦朝是中国历史上第一个大一统王朝。秦朝结束了自春秋战国以来诸侯分裂割据的局面，成为中国历史上第一个中央集权君主专制国家。秦始皇建立的中央集权君主专制制度，奠定了中国 2000 余年政治制度基本格局。

秦朝在中央设三公九卿，管理国家大事；地方上废除分封制，代以郡县制；实行书同文、车同轨、统一度量衡。

五、汉朝（公元前 206 年—公元 220 年）

汉朝是继秦朝之后的大一统王朝，分为西汉、东汉时期，共计 426 年。汉朝和同时期欧洲的罗马帝国并列为当时世界上最先进、最文明和最强大的帝国。

公元 105 年左右，蔡伦改进了造纸术。他把植物等原料煮烂，打烂捣碎，形成纸浆，再铺开晾干，生产出廉价、耐用、重量轻、书写效果好的纸张。

《九章算术》是中国古代第一部数学专著，它与《几何原本》并列为世界两大数学体系的代表作。全书总共收集 246 个数学问题，并为工程、测量、贸易和税务等问题提供解法。《九章算术》对世界数学发展产生了重要影响。

六、三国（公元 220 年—公元 280 年）

三国分为曹魏、蜀汉、东吴三个政权。

公元 220 年，曹丕称帝，定都洛阳，国号“魏”。

公元 221 年，刘备称帝，定都成都，国号“汉”。

公元 229 年，孙权称帝，定都建邺，国号“吴”。

公元 280 年，晋灭东吴，统一全国，三国时期结束。

七、晋朝（公元 265 年—公元 420 年）

晋朝分为两个时期，西晋（公元 265 年—公元 316 年）和东晋（公元 317 年—公元 420 年）。

西晋为晋武帝司马炎所建立，首都为洛阳（今河南洛阳东）。东晋为晋元帝司马睿所建立，首都为建康（今江苏南京）。

晋朝在哲学、文学、艺术、史学、科技等方面也有新的发展。思想有由本土发展的玄学、道教及由印度东传的佛教。

八、南北朝（公元 420 年—公元 589 年）

南北朝是“南朝”和“北朝”的统称。南北朝时期，中国南方和北方处于分裂状态。

南北朝始于公元420年刘裕建立刘宋，止于公元589年隋灭陈国。

1. 南朝：刘宋、南齐、南梁、南陈四朝。

2. 北朝：北魏、东魏、西魏、北齐和北周五朝。

九、隋朝（公元581年—公元618年）

隋朝是中国历史上的大一统朝代，共计38年。

公元581年，隋文帝杨坚建立隋朝，定都大兴城（今陕西西安）。隋文帝励精图治，开创了“开皇之治”繁荣局面。

隋朝兴修了著名的隋唐大运河。大运河起于余杭（今浙江杭州），北至涿郡（今北京），是中国古代南北交通的大动脉。隋唐大运河以洛阳为中心，促进了南北经济、文化的交流，带动了沿岸城镇的发展，巩固了中国的统一。2014年，隋唐大运河作为中国大运河重要组成部分成为世界文化遗产。

隋朝初创三省六部制，巩固中央集权，正式推行科举制。

隋朝商业发达，长安、洛阳是规模宏大、商业繁华的都市。隋朝的贸易路线分为西域丝路和海上贸易。西域丝路主要经河西走廊、西域到波斯萨珊王朝、欧洲东部的东罗马帝国。海上贸易通南洋诸国和日本，与日本的关系尤为密切。当时周边国家如高昌、日本、高句丽、新罗、百济与突厥等深受隋朝文化与制度的影响。

十、唐朝（公元618年—公元907年）

唐朝是继隋朝之后的大一统中原王朝，共计289年。唐朝以其繁荣的经济、蓬勃的文化、强大的实力和较高的国际地位而著称。

唐人发明了雕版印刷术。现存最早的雕版印刷品是公元868年印刷的《金刚经》（见图1.2）。2009年9月联合国教科文组织作出决议，将中国雕版印刷技艺正式列入人类非物质文化遗产代表作名录。

图1.2　雕版印刷制品——《金刚经》

十一、五代十国（公元907年—公元979年）

五代十国是中国历史上的一段大分裂时期，是“五代（公元907年—公元960年）”

与“十国（公元 902 年—公元 979 年）”的合称。

“五代”是指唐朝灭亡以后，在中国北方地区依次建立的五个朝代：后梁、后唐、后晋、后汉、后周。

另外，在中国南方地区同时建立了十多个地方割据政权，其中较为典型的十个政权分别是：前蜀、后蜀、南吴、南唐、吴越、闽国、南楚、南汉、南平、北汉，统称为“十国”。

十二、宋朝（公元 960 年—公元 1279 年）

宋朝分为“北宋”和“南宋”两个阶段，共计 319 年。

宋朝时期，农业、手工业和商业蓬勃发展，城市拔地而起。农业种植面积不断增加，占城稻得到推广，粮食产量大幅度提高。

《清明上河图》是宋朝著名画家张择端所画。该画描绘的是北宋都城汴京（今河南开封）近郊社会各阶层生活景象，生动地记录了中国 12 世纪城市生活的面貌（见图 1.3）。

图 1.3 《清明上河图》（局部）

（图片来源：http://www.wusetu.net/newsitem/278243589）

宋朝时期，科学技术取得了令人瞩目的进步。毕昇发明了活字印刷术，称为“泥活字印刷术”。后来经过发展、完善，民间出现了木活字、铜活字等印刷术。其中，对后世影响最大的印刷术是木活字印刷术。“木活字”采用杨柳木、梨木等材料，雕刻出单个汉字。

十三、元朝（公元 1271 年—公元 1368 年）

元朝是中国历史上首个由少数民族建立的大一统王朝。蒙古孛儿只斤氏・铁木真于 1206 年建国，1271 年忽必烈定国号为元。元朝定都大都（今北京），共计 98 年。

元朝统一了中国的南北，为全国的社会经济发展提供了有利条件。元代经济活跃，在生产技术、垦田面积、粮食产量、水利建设以及棉花种植等方面都取得了较大发展。

元大都也成为当时闻名世界的商业中心。元代水陆交通发达，与各国外交往来频繁。各国派遣的使节、传教士、商旅等络绎不绝，中外交往范围空前扩大。

十四、明朝（公元 1368 年—公元 1644 年）

明朝初期建都南京，明成祖时期定都北京，共计 276 年。

永乐年间（公元 1403 年—公元 1424 年），郑和率领大型舰队七次出海，远赴非洲东部海岸线，抵达三十多个地区和国家。

1583 年，意大利耶稣会士利玛窦来到广东象山县，带来了欧洲天文学、历法、火器制造、机械原理、水利、建筑等西方科学技术。西方思想和学术开始在中国传播，中国的知识分子开始接受这些思想。徐光启翻译了欧几里得的《几何原本》，介绍了西方数学中的几何体系。

《本草纲目》是明朝医学家李时珍 30 余年心血的结晶。《本草纲目》全书共有 190 多万字，记载了 1 892 种药物，绘图 1 100 多幅，并附有 11 000 多个药方（见图 1.4）。

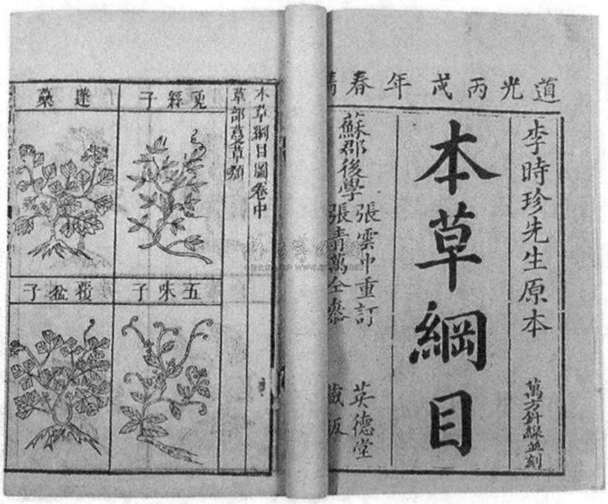

图 1.4 《本草纲目》

（图片来源：http://www.hinews.cn/news/system/2020/09/14/032416988.shtml）

明朝著名科学家宋应星所著的《天工开物》是一部关于中国古代农业和手工业生产技术的百科全书，被称为中国 17 世纪的“科技百科全书”。《天工开物》全书分上、中、下三卷，内容十分丰富，并有 123 幅精美生动的插图。

十五、清朝（公元 1636 年—公元 1911 年）

清建国于 1616 年，初称后金，1636 年改国号为清。

清朝，是中国历史上最后一个封建王朝，统治者为爱新觉罗氏，共计 276 年。

清朝时期，统一多民族国家得到巩固和发展。乾隆年间，中国作为统一的多民族世界大国的格局最终确定。

十六、中国近代史（公元 1840 年—公元 1949 年）

中国近代史的时间为，从 1840 年鸦片战争到 1949 年中华人民共和国成立前夕。中国近代史分为前后两个阶段，从 1840 年鸦片战争到 1919 年五四运动前夕，是旧民主主义革命阶段；从 1919 年五四运动到 1949 年中华人民共和国成立前夕，是新民主主义革命阶段。

【任务思考与练习】

一、填空题

1. 公元 105 年左右，东汉时期，________改进造纸工艺，生产出书写效果好、重量轻的材料。

2. 隋朝兴建了__________，增进了中国南北之间的交流，改善了水陆交通线。
3. 中国现存最早的雕版印刷品是公元 868 年印刷的__________。
4. 宋应星所著的__________被称为中国 17 世纪的“科技百科全书”。
5. __________是中国历史上最后一个封建王朝。

二、思考题

1. 中国历史上第一个大一统王朝是哪个朝代？
2. 通过考试选拔官员的“科举制”开创于哪个朝代？
3. 中国历史上第一个少数民族大一统王朝是哪个朝代？
4. 郑和下西洋这一历史事件发生在哪个朝代？

任务二　中国现代史

【任务背景】

1949 年中华人民共和国的成立是中国现代史的开端。中国现代史是中国共产党领导全国人民进行社会主义现代化建设的历史。自从中华人民共和国成立以来，中国大地上发生了天翻地覆的历史巨变。中国人民在中国共产党的领导下，建立了社会主义制度和独立自主的工业体系，创造了举世瞩目的发展奇迹。

【相关知识】

1949 年 10 月 1 日，中华人民共和国成立。

中国现代史是指 1949 年 10 月中华人民共和国成立至今的历史，分为新民主主义社会与社会主义社会两大历史阶段。

中华人民共和国的成立，实现了中国从几千年封建专制政治向人民民主的伟大飞跃，壮大了世界和平、民主和社会主义的力量，鼓舞了世界被压迫民族和被压迫人民争取解放的斗争。

在中国共产党的坚强领导下，在几代中国人的共同努力下，中国从“落后于时代”到“赶上时代”，再到“引领时代”，中国现代化道路越走越宽广。中国从积贫积弱迈向繁荣富强，成为世界第二大经济体，经济实力、科技实力、综合国力大幅跃升；中国人民生活从温饱不足迈向全面小康，幸福指数不断提高；中国从传统农业大国发展为工业大国，工业化程度越来越高，成为制造业第一大国；中国从封闭半封闭走向全方位开放，深度参与经济全球化，对人类文明的贡献越来越大。

【任务思考与练习】

一、填空题

1. 中华人民共和国中央人民政府于_______年_______月成立。

2. 中华人民共和国首都是________。

二、思考题

1. 请搜集相关材料，简要介绍中华人民共和国的国旗、国歌、国徽。
2. 你的国家哪年与中华人民共和国建立外交关系？目前两国关系如何？

任务三　实践探索：参观贵州省博物馆

【任务背景】

参观贵州省博物馆，观览博物馆收藏的古生物化石、旧石器时代出土文物、民族文物。学生通过亲身观察贵州龙化石、海龙化石、鱼龙化石等古生物化石，观看铜车马、大铜釜、铜鼓、铜柄铁剑、明代金冠、彩釉陶俑仪队等古代珍贵文物，以及欣赏刺绣、蜡染、挑花、织锦、银饰等民族工艺品，增进对贵州自然生态、人文文化的认识。

【任务操作】

<table>
<tr><td>学　院</td><td></td><td>专　业</td><td></td></tr>
<tr><td>中文名</td><td></td><td>英文名</td><td></td></tr>
<tr><td colspan="4">接受任务：参观贵州省博物馆，了解贵州历史进程和贵州少数民族人文历史</td></tr>
<tr><td colspan="4">前置知识：
1. 了解贵州省基本省情，包括人文历史、地理地质、自然生态、现代化发展成就。
2. 了解贵州省博物馆其他中国文化展品，包括书法、国画、漆器、刺绣、瓷器、青铜器、兵马俑等。
3. 了解中国传统节日相关故事</td></tr>
<tr><td colspan="4">成绩：</td></tr>
<tr><td colspan="4">计划实施：
1. 学生参观贵州省博物馆。教师担任讲解员，向学生简要讲解图片和文字内容。
2. 讲解内容包括贵州民族的构成、人口、人文特色、生态环境、各民族开发贵州的奋斗历史、新中国成立以来贵州现代化建设成就。
3. 学生拍照、摄影，简要概括所学到的信息。
4. 将学生按照 2~4 人划分成一组。每组进行知识问答。（50 分）
（1）贵州省的主要民族有______、______、______、______、______。
（2）贵州省的简称是______或______。
（3）贵州省是位于中国________高原的一个山地省份。
（4）______________出自贵州兴义万屯 8 号墓，是迄今为止国内出土的汉墓中的车马里最精美完整的一个，这对了解汉代车制、冶炼工艺具有相当重要的意义</td></tr>
<tr><td colspan="4">成绩：</td></tr>
</table>

质量检查：

1. 教师对各小组的问答结果进行评分。

2. 各小组制作介绍贵州省博物馆的宣传视频。（50 分）

思路清晰，语言流畅，肢体语言得体（10 分）	音量适当，语速适当（10 分）	普通话发音标准（10 分）	突出重点，内容充实（10 分）	视频艺术效果佳（10 分）

成绩：

【任务思考与练习】

一、填空题

1. 贵州是一个多民族共居的省份，世居民族有______、______、_______、______等 18 个民族。

2. 贵州，简称“________”或“________”，是中华人民共和国省级行政区。

3. 截至 2021 年 3 月，贵州省管辖________、________、六盘水、安顺、毕节、铜仁 6 个地级市，黔东南苗族侗族自治州、____________、___________3 个民族自治州。

二、思考题

1. 请简要介绍贵州省的民族构成。
2. 请简要介绍贵州省少数民族的服饰的特色。
3. 请简要介绍贵州省少数民族的传统建筑的特色。
4. 贵州省少数民族文化与你们国家的民族文化有相似之处吗？请简要说明。

贵州省博物馆介绍

（扫描后请先关注“交大 e 出版”）

项目二 中华人民共和国行政区划

教学目标

1. 了解中华人民共和国的领土、领海概况。
2. 了解中华人民共和国的行政区划。
3. 参观地理实训室，进一步了解中国行政区划。

教学知识点

1. 中华人民共和国的国土情况。
2. 中华人民共和国的行政区划。
3. 中华人民共和国各个省级行政区概况。

教学重点词汇

行政区划（xíngzhèng qūhuà） administrative division

省级行政区（shěngjí xíngzhèng qū） province-level administration region

地级行政区（dìjí xíngzhèng qū） prefecture-level administration region

县级行政区（xiànjí xíngzhèng qū） county-level administration region

乡级行政区（xiāngjí xíngzhèng qū） township-level administration region

直辖市（zhíxiá shì） municipality directly under the Central Government

省（shěng） province

自治区（zìzhì qū） autonomous region

特别行政区（tèbié xíngzhèng qū）special administrative region

任务一　中国行政区域简介

【任务背景】

行政区划是国家为便于行政管理而分级划分的区域。中国有 34 个省级行政区，包括 23 个省、5 个自治区、4 个直辖市、2 个特别行政区。在历史上和习惯上，各省级行政区都有简称。省级人民政府驻地称省会（首府），中央人民政府所在地是首都。北京是中国的首都。香港和澳门是中国领土的一部分。中国政府已于 1997 年 7 月 1 日对香港恢复行使主权，成立了香港特别行政区；于 1999 年 12 月 20 日对澳门恢复行使主权，成立了澳门特别行政区。

【相关知识】

一、中国领土基本情况

中华人民共和国位于亚洲东部，太平洋西岸。陆地面积约 960 万平方千米，陆上边界 2 万多千米。

中华人民共和国的领海由渤海（内海）和黄海、东海、南海三大边海组成。海域分布有大小岛屿 7 600 个，其中台湾岛最大，面积约 3.6 万平方千米。

二、中国行政区划简介

中华人民共和国的行政区划由省级行政区、地级行政区、县级行政区、乡级行政区组成。

中华人民共和国共计有 34 个省级行政区，首都北京，包括 23 个省、5 个自治区、4 个直辖市、2 个特别行政区。

23 个省分别为：河北省、山西省、辽宁省、吉林省、黑龙江省、江苏省、浙江省、安徽省、福建省、江西省、山东省、河南省、湖北省、湖南省、广东省、海南省、四川省、贵州省、云南省、陕西省、甘肃省、青海省、台湾省。

5 个自治区分别为：内蒙古自治区、广西壮族自治区、西藏自治区、宁夏回族自治区、新疆维吾尔自治区。

4 个直辖市分别为：北京市、天津市、上海市、重庆市。

2 个特别行政区分别为：香港特别行政区、澳门特别行政区。

三、中华人民共和国的邻国

中国陆地边界长达 2.28 万千米，东邻朝鲜，北邻蒙古，东北邻俄罗斯，西北邻哈萨克斯坦、吉尔吉斯斯坦、塔吉克斯坦，西和西南与阿富汗、巴基斯坦、印度、尼泊尔、不丹等国家接壤，南与缅甸、老挝、越南相连。

中国东部和东南部同韩国、日本、菲律宾、文莱、马来西亚、印度尼西亚隔海相望。

【任务思考与练习】

一、填空题

1. 中华人民共和国共计有______个省级行政区，包括 23 个______、5 个______、4 个______、2 个特别行政区。

2. 中华人民共和国的领海由渤海、黄海、东海、______组成。

3. 中国最大的岛屿是______岛。

二、思考题

1. 在地图上标注中国首都北京市的位置。
2. 在地图上标注贵州省的位置，并说出贵州省位于中国的哪个区域。
3. 你的国家是否与中国接壤?
4. 你的国家是否与中国隔海相望?

任务二　中国行政区域划分

第一部分 中国直辖市简介

【任务背景】

直辖市，是中国行政区划之一，行政地位与省、自治区、特别行政区相同，是中华人民共和国省级行政区，是直接由中央人民政府所管辖的建制市。

直辖市在全国的政治、经济、科学、文化、交通等方面具有重要地位。

中国现有北京市、天津市、上海市、重庆市 4 个直辖市。

【相关知识】

一、北京市

北京，简称“京”，是中华人民共和国的首都、政治中心、文化中心、国际交往中心、科技创新中心，是世界著名古都和现代化国际城市。

北京的气候为典型的暖温带半湿润大陆性季风气候，夏季高温多雨，冬季寒冷干燥，春秋短促。

二、上海市

上海，简称“沪”，地处中国东部地区、长江入海口，面向太平洋，是中国国际经济、金融、贸易、航运、科技创新中心。

上海属北亚热带季风性气候，四季分明，日照充足，雨量充沛。

三、天津市

天津，简称“津”，是中蒙俄经济走廊主要节点、海上丝绸之路的战略支点。凭借优越的地理位置和交通条件，天津成为连接国内外、联系南北方、沟通东西部的重要枢纽，是邻近内陆国家的重要出海口，也是中国北方最大的港口城市。

四、重庆市

重庆，简称“渝”，地处长江上游地区，是西南地区最大的工商业城市，中国重要的现代制造业基地。

重庆是一座独具特色的“山城”，地貌以丘陵、山地为主。重庆旅游资源丰富，有长江三峡、世界文化遗产大足石刻等。

第二部分 中国省份简介

【任务背景】

省在中国是地方最大的一级行政区域，直属中央。省下设若干市、县。

中华人民共和国现有 23 个省，分别为：河北省、山西省、辽宁省、吉林省、黑龙江省、江苏省、浙江省、安徽省、福建省、江西省、山东省、河南省、湖北省、湖南省、广东省、海南省、四川省、贵州省、云南省、陕西省、甘肃省、青海省、台湾省。

【相关知识】

一、黑龙江省

黑龙江省，简称“黑”，省会哈尔滨市，地处中国东北地区，是中国位置最北、纬度最高的省份，与俄罗斯接壤。

黑龙江省是一个多民族的边疆省份，省内世居民族有汉族、满族、朝鲜族、蒙古族、回族、达斡尔族、锡伯族、赫哲族、鄂伦春族和鄂温克族等民族。

黑龙江省属于寒温带与温带大陆性季风气候，夏季降水充沛，冬季寒冷漫长。

二、吉林省

吉林省，简称“吉”，省会长春市，地处中国东北地区。长白山自然保护区被联合国确定为“人与生物圈”自然保留地，孕育着东北虎、东方白鹳等国际濒危野生物种。

吉林省是一个多民族共居的省份，省内世居民族有汉族、朝鲜族、满族、蒙古族、回族和锡伯族等民族。

吉林省属于温带大陆性季风气候，春季干燥风大，夏季高温多雨，秋季天高气爽，冬季寒冷漫长。

三、辽宁省

辽宁省，简称“辽”，省会沈阳市，地处中国东北地区，东与朝鲜一江之隔，与日本、韩国隔海相望。

辽宁省是我国重要的老工业基地之一。全省装备制造业和原材料工业比较发达。

辽宁省是一个多民族共居的省份，省内世居民族有汉族、满族、蒙古族、回族、朝鲜族、锡伯族等民族。

辽宁属温带大陆性季风气候，雨热同季，日照丰富，四季分明。

四、甘肃省

甘肃省，简称“甘”，省会兰州市，地处中国西北地区。

甘肃省是一个多民族共居的省份，省内世居民族有汉族、回族、藏族、东乡族、保安族、裕固族、蒙古族、撒拉族、哈萨克族、土族、满族。

甘肃各地气候类型多样，从南向北包括了亚热带季风气候、温带季风气候、温带大陆性（干旱）气候和高原高寒气候等四大气候类型。

五、青海省

青海省，简称“青”，省会西宁市，地处中国西部地区，因境内有国内最大的内陆咸水湖——青海湖而得名。青海是长江、黄河、澜沧江的发源地，故被称为“江河源头”，又称“三江源”，素有“中华水塔”之美誉。

青海省是一个多民族共居的省份，省内世居民族有汉族、藏族、回族、土族、撒拉族和蒙古族。

青海省地处青藏高原，深居内陆，远离海洋属于高原大陆性气候，日照时间长、辐射强、冬季漫长、夏季凉爽。

六、四川省

四川省，简称“川”或“蜀”，省会成都市，位于中国西南地区，素有“天府之国”的美誉。

四川省是一个多民族共居的省份，省内世居民族有汉族、彝族、藏族、羌族、苗族、土家族等民族。

四川是旅游资源大省，九寨沟、黄龙、大熊猫栖息地是世界自然遗产，青城山-都江堰是世界文化遗产，峨眉山-乐山大佛是世界文化与自然遗产。

七、云南省

云南省，简称“滇”或“云”，省会昆明市，地处中国西南边陲。云南省是中国通往东南亚、南亚的窗口和门户，与缅甸、越南、老挝三国接壤；与泰国和柬埔寨通过澜沧江-湄公河相连，是中国毗邻周边国家最多的省份之一。

云南省是中国民族种类最多的省份，省内世居民族有汉族、彝族、哈尼族、白族、傣族、壮族、苗族、回族、傈僳族等。

云南气候基本属于亚热带高原季风型，干湿季节分明。云南以其特殊的地形地貌、复杂多样的气候类型，孕育了丰富的生物资源，是中国乃至全世界生物多样性最丰富的地区之一。

八、贵州省

贵州省，简称“黔”或“贵”，省会贵阳市，地处中国西南地区。贵州省是中国西南地区交通枢纽，世界知名山地旅游目的地和山地旅游大省，国家生态文明试验区。

贵州省是一个多民族共居的省份，省内世居民族有汉族、苗族、布依族、侗族、土家族、彝族、仡佬族、水族、回族、白族、瑶族、壮族、畲族、毛南族、满族、蒙古族、仫佬族、羌族等民族。

贵州属亚热带温湿季风气候区，冬无严寒、夏无酷暑，降水丰富、雨热同季。

九、湖南省

湖南省，简称“湘”，省会长沙市，地处中国中部地区，因大部分区域处于洞庭湖以南而得名“湖南”。

湖南省是一个多民族共居的省份，省内世居民族有汉族、苗族、土家族、侗族、瑶族、回族、壮族、白族等民族。

湖南属亚热带季风湿润气候，气候湿润、雨量充沛。

十、湖北省

湖北省，简称“鄂”，省会武汉市，地处中国中部地区。湖北素有“千湖之省”之称，境内湖泊主要分布在江汉平原。

湖北省是一个多民族共居的省份，省内世居民族有土家族、苗族、回族、侗族、满族、蒙古族、白族等民族。

湖北省大部分为亚热带季风性湿润气候，降水充沛，雨热同季。

三峡大坝位于湖北省宜昌市境内，是当今世界上最大的水利枢纽工程，是世界上装机容量最大的水电站。

十一、江西省

江西省，简称“赣”，省会南昌市，地处中国东南部。

江西省是一个多民族共居的省份，省内世居民族有汉族、回族、畲族、壮族、满族、苗族、瑶族、蒙古族、侗族等民族。

江西属亚热带季风性湿润气候，全年雨量充沛，光照充足。

十二、安徽省

安徽省，简称“皖”，省会合肥市，地处长江三角洲地区。

安徽省是一个多民族共居的省份，省内世居民族有汉族、回族、满族、畲族等民族。

安徽气候温暖，雨量充沛，土地肥沃，适宜多种动植物生长，生物资源丰富，生态环境良好。世界特有的野生动物扬子鳄和白鳍豚就产在安徽的长江流域。

十三、江苏省

江苏省，简称“苏”，省会南京市，地处长江三角洲，湖泊众多，地势平坦，地貌由平原、水域、低山丘陵构成。

江苏省是一个多民族共居的省份，省内世居民族有汉族、回族、苗族等民族。

江苏省属东亚季风气候区，处在亚热带和暖温带的气候过渡地带，气候同时具有南方和北方的特征。

十四、浙江省

浙江省，简称“浙”，省会杭州市，地处中国东南沿海长江三角洲，境内最大的河流是钱塘江。

浙江是全国岛屿最多的省份，其中面积 502.65 平方千米的舟山岛为中国第四大岛。

浙江省是一个多民族共居的省份，省内世居民族有汉族、畲族、回族和满族。

浙江属亚热带季风气候，季风显著，四季分明，雨量丰沛，空气湿润。

十五、福建省

福建省，简称“闽”，省会福州市，地处中国东南沿海。福建省是中国重要的出海口，也是中国与世界交往的重要窗口和基地。福建境内丘陵连绵，山地、丘陵占全省总面积的80%以上。

福建省内世居民族有汉族、畲族、高山族、回族。

福建省属亚热带海洋性季风气候，温暖湿润，雨量充沛，光照充足。

十六、广东省

广东省，简称“粤”，省会广州市。广东是岭南文化的重要传承地，在语言、风俗、生活习惯和历史文化等方面都有着独特风格。广东也是目前中国人口最多的省份。广东珠三角 9 市联手港澳打造粤港澳大湾区，成为继纽约湾区、旧金山湾区、东京湾区之后的世界第四大湾区。

广东省是一个多民族共居的省份，省内世居民族有汉族、壮族、瑶族、畲族、回族、满族。

广东省属于亚热带季风气候，是中国光、热和水资源最丰富的地区之一。

十七、海南省

海南省，简称“琼”，省会海口市。海南省的行政区域包括海南岛、西沙群岛、中沙群岛、南沙群岛的岛礁及其海域。

海南省是一个多民族共居的省份，省内世居民族有汉族、黎族、苗族、回族。

海南省属热带季风海洋性气候，年平均气温高，冬春干旱，夏秋多雨，多热带气旋。

十八、山东省

山东省，简称“鲁”，省会济南市，地处中国东部沿海。

山东省是一个多民族共居的省份，省内世居民族有汉族、朝鲜族、满族、蒙古族等民族。

山东属暖温带季风气候类型，光照资源充足，春秋短暂，冬夏较长。

十九、山西省

山西省，简称“晋”，省会太原市，地处黄河流域中部，因地属太行山以西，故名山西。

山西省是一个多民族共居的省份，省内世居民族有汉族、回族、满族、蒙古族等民族。

山西气候具有四季分明、雨热同期、光照充足的特点。

二十、陕西省

陕西省，简称“陕”，省会西安市，地处中国西部地区。

陕西是中华民族及华夏文化的重要发祥地之一，有秦、汉、唐等十多个政权或朝代在陕西建都，时间长达 1 000 余年。黄帝陵、兵马俑、延安宝塔、秦岭、华山等，是中华文明、中国革命、中华地理的精神标识和自然标识。

陕西省是一个多民族共居的省份，省内世居民族有汉族、回族等民族。

陕西省纵跨三个气候带，南北气候差异较大。秦岭是中国南北气候分界线。

二十一、河北省

河北省，简称“冀”，省会石家庄市，地处华北地区，是中国唯一兼有高原、山地、丘陵、平原、湖泊和海滨的省份，是中国重要粮棉产区。

河北省是一个多民族共居的省份，省内世居民族有汉族、满族、回族、蒙古族和朝鲜族等民族。

河北属温带大陆性季风气候，冬季寒冷少雪，夏季炎热多雨。

二十二、河南省

河南省，简称“豫”，省会郑州市，地处华北地区，因大部分地区位于黄河以南，故称河南。

河南省是一个多民族共居的省份，省内世居民族有汉族、回族、蒙古族、满族和维吾尔族等民族。

河南大部分地处暖温带，冬季寒冷雨雪少，春季干旱风沙多，夏季炎热雨丰沛，秋季晴和日照足。

二十三、台湾省

台湾，简称“台”，省会台北市，地处中国东南部，东临太平洋。台湾省由台湾岛、周围属岛以及澎湖列岛等岛屿组成。

台湾居民分为四大族群——闽南人、客家人、外省人、少数民族。闽南人、客家人和外省人基本上都是汉民族，约占台湾总人口的 97%。台湾少数民族包括 16 个支族，约占总人口的 2%。

台湾北部为亚热带气候，南部为热带气候，冬季温暖，夏季炎热，雨量充沛。

台湾自古就是中国神圣领土不可分割的一部分。1949 年以来，由于中国内战延续和外部势力干涉，海峡两岸陷入长期政治对立的状态。尽管台湾与祖国大陆尚未统一，但中国主权和领土从未分割，两岸同属于一个中国的事实从未改变。

第三部分 中国自治区简介

【任务背景】

自治区是中国行政区划之一，行政区划级别与省、直辖市、特别行政区相同，是中华人民共和国省级行政区，是中国少数民族聚居地设立的省级民族区域自治地方。

自治区是中华人民共和国统一行使主权的地方行政区域，是中国神圣不可分割的一部分，受中央人民政府管辖。

截至 2020 年，中国共计有 5 个自治区，分别是内蒙古自治区、广西壮族自治区、西藏自治区、宁夏回族自治区、新疆维吾尔自治区。

【相关知识】

一、广西壮族自治区

广西壮族自治区，简称“桂”，首府南宁市。广西是中国西部唯一的沿海地区，是中国对外开放、走向东盟、走向世界的重要门户和前沿，是大西南最便捷的出海口。

广西自古以来就是多民族聚居的地区，世居民族有汉族、壮族、瑶族、苗族、侗族、仫佬族、毛南族、回族、京族等民族。

广西属亚热带季风气候区，气候温暖，雨水充沛，光照充足。

二、西藏自治区

西藏自治区，简称“藏”，首府拉萨市，地处青藏高原的西部和南部。西藏海拔 4 000 米以上的地区占全区总面积的 85.1%，素有“世界屋脊”和“地球第三极”之称，是世界上海拔最高的地方。

西藏的世居民族有藏族、汉族、回族、蒙古族、门巴族、珞巴族等民族。

西藏空气稀薄，气压低，含氧量少，太阳辐射强烈，日照时间长，气温低，昼夜温差大。

三、新疆维吾尔自治区

新疆维吾尔自治区，简称“新”，首府乌鲁木齐市，位于亚欧大陆中部，地处中国西北边陲，总面积 166 万平方千米，占全国陆地总面积的 1/6。

新疆周边依次与蒙古、俄罗斯、哈萨克斯坦、吉尔吉斯斯坦、塔吉克斯坦、阿富汗、巴基斯坦、印度等 8 个国家接壤；陆地边境线长达 5 600 多千米，占全国陆地边境线的 1/4，是中国面积最大、交界邻国最多、陆地边境线最长的省区。

新疆自古以来就是多民族聚居的地区，世居民族有汉族、维吾尔族、哈萨克族、回族、柯尔克孜族、蒙古族、塔吉克族、锡伯族、满族、乌孜别克族、俄罗斯族、达斡尔族和塔塔尔族。

新疆属于典型的温带大陆性干旱气候，降水稀少、蒸发强烈。

四、宁夏回族自治区

宁夏回族自治区，简称“宁”，首府银川市，地处中国西北地区。

宁夏自古以来就是多民族聚居的地区，世居民族有汉族、回族、维吾尔族、东乡族、哈萨克族、撒拉族和保安族等。宁夏是中国最大的回族聚居区。

宁夏属典型的大陆性气候，春季多风沙、夏季少酷暑、冬寒较长、雨雪稀少、日照充足。

五、内蒙古自治区

内蒙古自治区，简称“内蒙古”，首府呼和浩特市，地处中国北部，与俄罗斯、蒙古接壤。

内蒙古自古以来就是多民族聚居的地区，世居民族有汉族、蒙古族、满族、回族、达斡尔族、鄂温克族、鄂伦春族、锡伯族等民族。

内蒙古自治区气候以温带大陆性季风气候为主，降水量少，寒暑变化剧烈。

第四部分 中国特别行政区简介

【任务背景】

特别行政区是指在中华人民共和国行政区域内，根据宪法和法律的规定而设立的具有特殊法律地位，实行特殊的社会制度、政治制度、经济制度和文化制度等的行政区域。

1997 年，中华人民共和国设立了香港特别行政区；1999 年，中华人民共和国设立了澳门特别行政区。

【相关知识】

一、香港特别行政区

香港特别行政区，简称“港”，位于中国南部、珠江口以东。香港特别行政区的范围包括香港岛、九龙、新界和周围 262 个岛屿。

香港是一座高度繁荣的自由港和国际大都市，是全球重要的国际金融、贸易、航运中心和国际创新科技中心。

香港为四季分明的海洋性亚热带季风气候，全年雨量充沛。

二、澳门特别行政区

澳门特别行政区，简称“澳”，位于珠江三角洲西岸。澳门由澳门半岛和氹仔、路环二岛组成。

汉族居民占全区总人口的 97%，葡萄牙籍、菲律宾籍居民占 3%。

澳门属亚热带海洋季风气候，具有热量丰富、高温多雨的气候特点。

【任务思考与练习】

一、填空题

1. 中国的直辖市分别是北京市、________市、________市、________市。
2. 中国面积最大、接壤国家最多的省级行政区是________________________。
3. 贵州省的简称是________________，省会是________________。

二、思考题

1. 你的国家距离中国哪个省级行政区最近？两国人民通过什么交通方式互联互通？
2. 说一说你的国家人民对中国哪个省级行政区最为熟悉，中国哪个省级行政区与你的国家的文化交流最为频繁。

任务三　实践探索：学习中国行政区划地图

【任务背景】

中国一共有 34 个省级行政区。了解中国行政区划不仅是国际学生了解中国国情的关键环节，也为国际学生今后的学习工作打下基础。通过学习中国行政区划知识，学习者能够在中国地图上准确认识并找到中国 34 个省级行政区，并识记其名称、简称、位置、行政中心所在地以及版图轮廓特征。

【任务操作】

<table>
<tr><td>学　院</td><td></td><td>专　业</td><td></td></tr>
<tr><td>中文名</td><td></td><td>英文名</td><td></td></tr>
<tr><td colspan="4">接受任务：学习中国地图，准确认识中国 34 个省级行政区</td></tr>
<tr><td colspan="4">前置知识：
1. 了解中国的省级行政区划名称——省、自治区、直辖市、特别行政区。
2. 了解中国各省、自治区、直辖市、特别行政区的地理位置、版图轮廓特征、地形特征、省级行政中心。
3. 了解学生所在的省、自治区、直辖市的地理、地形、人文特征。</td></tr>
<tr><td colspan="4">成绩：</td></tr>
<tr><td colspan="4">计划实施：
1. 参观地理实训室，观看中国行政区划地图。
2. 观看中国各省地图、省情视频、《航拍中国》视频片段，进一步加深对各省、区、市自然人文概貌的了解。
3. 将学生按照 2~4 人划分成一组。每组进行知识问答。（50 分）
（1）学生根据所了解的知识，完整拼出中国行政区划拼图。
（2）学生在中国行政区划地图上，分别介绍中国省、区、市的名称和简称。
（3）学生介绍自己学校所在省级行政区的位置、行政中心所在地和版图轮廓特征。
（4）学生向其他组员简要介绍自己国家的行政区划</td></tr>
<tr><td colspan="4">成绩：</td></tr>
<tr><td colspan="4">质量检查：
1. 教师对各小组的问答结果进行评分。
2. 各小组选取其中一个省（区、市），制作介绍该地形区的宣传视频。（50 分）
<table>
<tr><td>思路清晰，语言流畅，肢体语言得体（10 分）</td><td>音量适当，语速适当（10 分）</td><td>普通话发音标准（10 分）</td><td>突出重点，内容充实（10 分）</td><td>视频艺术效果佳（10 分）</td></tr>
<tr><td></td><td></td><td></td><td></td><td></td></tr>
</table></td></tr>
<tr><td colspan="4">成绩：</td></tr>
</table>

【任务思考与练习】

1. 我们学校所在的省级行政区是________，简称是________。
2. 中国面积最大的省区是________。
3. 说出两个沿海省区、两个内陆省区。
4. 说出距离你们国家最近的中国省区。

中国行政区划介绍

（扫描后请先关注“交大 e 出版”）

项目三 中国地理

教学目标

1. 了解中国地理基本情况。
2. 了解贵州人文景观、自然景观。

教学知识点

1. 中国地理基本情况。
2. 贵州人文景观、自然景观。

教学重点词汇

地形（dìxíng） topography
平原（píngyuán） plain
盆地（péndì） basin
高原（gāoyuán） plateau
沙漠（shāmò） desert
丘陵（qiūlíng） hill
三大阶梯（sān dà jiētī） China’s three gradient terrains

任务一　中国地势与地形

第一部分 中国地势、地形概况

【任务背景】

中国地形多种多样，有雄伟的高原、起伏的山岭、广阔的平原、低缓的丘陵，还有四周群山环抱、中间低平的大小盆地，不同的地形区之间以山脉和河流作为分界线。陆地上的 5 种基本地形类型，中国均有分布。山区面积占全国总面积的 2/3。通过学习本任务，了解中国的地形概况、西高东低的地势特征。了解中国地势呈阶梯状分布的特点和三大阶梯。

【相关知识】

中国地势西高东低，呈阶梯状分布。山地、高原面积广大。东西相距约 5 000 千米，大陆海岸线长达 18 000 多千米，气温降水的组合多种多样，形成了多种多样的气候。中国领土南北跨越的纬度近 50 度，大部分在温带，小部分在热带，没有寒带，同整个欧洲面积相当。中国可分为北方地区、南方地区、西北地区、青藏地区四大部分。

由于疆域的宽广和地理的大跨度，中国几乎囊括了所有地形，包括山地、高原、丘陵、盆地、平原和沙漠等。

从空中俯瞰中国大地，其地势就像阶梯一样，自西向东，逐渐下降。三大阶梯分布如下。

第一阶梯：地势的第一级阶梯是青藏高原，平均海拔在 4 000 米以上。受印度板块与欧亚板块的挤压，青藏高原不断隆起，号称“世界屋脊”。高原上的喜马拉雅山主峰珠穆朗玛峰高达 8 848.86 米，是世界第一高峰。

第二阶梯：第二阶梯由内蒙古高原、黄土高原、云贵高原和塔里木盆地、准噶尔盆地、四川盆地组成，平均海拔 1 000~2 000 米。

第三阶梯：第三级阶梯上分布着广阔的平原、丘陵和低山。第三级阶梯海拔多在 500 米以下，自北向南分布着东北平原、华北平原、长江中下游平原、低山和丘陵。

第二部分 中国主要平原、盆地与高原

【任务背景】

中国的地形类型复杂多样，不同走向的山脉纵横交织，各具特色的高原、盆地、平原、丘陵散布其中。

【相关知识】

一、华北平原

华北平原是中国第二大平原，也是中国人口最多的平原。华北平原面积广袤，地势低平，海拔多在 50 米以下，是典型的冲积平原。华北平原还不断地向海洋延伸，平均每年扩张 2 000~3 000 米。

二、东北平原

东北平原是中国最大的平原，位于中国东北部，地跨黑龙江、吉林、辽宁和内蒙古四个省区。

东北平原土地肥沃，耕地广阔，是世界三大肥沃黑土区之一。东北平原是中国重要的粮食、大豆、畜牧业生产基地，也是中国重要的煤炭、钢铁、机械、能源、化工基地。

三、长江中下游平原

长江中下游平原是指中国长江三峡以东的中下游沿岸平原，素有“水乡泽国”之称。

长江中下游平原是中国水资源最丰富的地区，著名淡水湖有鄱阳湖、洞庭湖等。

长江中下游平原区气候温暖湿润，是中国重要的产棉区和产粮区。长江中下游平原主要工业有钢铁、机械、电力、纺织和化学等，是中国重要的工业基地，也是中国经济最发达的地区之一。

四、四川盆地

四川盆地是中国四大盆地之一，总面积 26 多万平方千米，位于中国西南部。

四川盆地内蕴藏丰富的煤、石油、天然气等化石能源以及盐、硫磺等矿产，其中天然气为中国之冠。盆地耕地连片，是中国最大的水稻、油菜籽产区。

五、柴达木盆地

柴达木盆地为高原型盆地，地处青海省西北部，主要在海西蒙古族藏族自治州，面积约 24 万平方千米。柴达木盆地盛产铁矿、铜矿、锡矿、盐矿等多种矿物，故被称作“聚宝盆”。

六、塔里木盆地

塔里木盆地位于中国新疆南部，是中国面积最大的内陆盆地，面积 40 多万平方千米，海拔高度在 800 到 1 300 米之间，地势西高东低。

七、准噶尔盆地

准噶尔盆地位于中国新疆的北部，是中国第二大内陆盆地。

准噶尔盆地油气资源十分丰富，克拉玛依地区是准噶尔盆地油田最集中的分布区之一，克拉玛依油田也是新中国成立后开发建设的第一个大油田。

准噶尔盆地有众多绿洲。哈萨克族、蒙古族等多个少数民族生活在准噶尔盆地。

八、云贵高原

云贵高原位于中国西南部，为中国四大高原之一，总面积约 50 万平方千米。云贵高原包括云南省东部，贵州省、广西壮族自治区西北部和四川省、湖北省、湖南省等省边境。云贵高原地势西北高，东南低。

云贵高原为亚热带季风气候。该区石灰岩厚度大，分布广，经地表和地下水溶蚀作用，形成落水洞、漏斗、洼地、伏流、岩洞、峡谷、天生桥、盆地等地貌，是世界上喀斯特地貌发育最典型的地区之一。

云贵高原丰富多样的自然环境，造就了生物的多样性和文化的多样性，云贵高原是中国森林植被类型和动植物资源最为丰富的区域之一。云贵高原也是中国少数民族类别最多的地区，保留了各民族丰富多彩的文化传统。历史上存在着夜郎、南诏、大理国等地方民族政权，它们共同创造了灿烂的西南文化。

九、黄土高原

黄土高原为中国四大高原之一。黄土高原是世界上水土流失最严重、生态环境最脆弱的地区之一，大部分被厚层黄土所覆盖。黄土高原经过流水长期强烈侵蚀，形成如今支离破碎的地貌。

十、内蒙古高原

内蒙古高原是中国四大高原中的第二大高原，为蒙古高原的一部分。

内蒙古高原是中国重要的牧场，草原面积约占高原面积的 80%，属欧亚温带草原区的一部分，是中国最大的绵羊及山羊放牧区和中国骆驼主要产区之一。内蒙古高原为蒙古族、达斡尔族、鄂温克族、鄂伦春族和汉族等各族人民长期从事畜牧业生产活动的地区。

十一、青藏高原

青藏高原为亚洲内陆高原，是中国最大、世界海拔最高的高原，被称为“世界屋脊”“第三极”。

青藏高原总面积约 250 万平方千米，包括中国西藏全部和青海、新疆、甘肃、四川、云南的部分以及不丹、尼泊尔、印度、巴基斯坦、阿富汗、塔吉克斯坦、吉尔吉斯斯坦的部分或全部。

青藏高原平均海拔 4 000 米以上，为东亚、东南亚和南亚许多大河流发源地。青藏高原上湖泊众多，有纳木错、青海湖等。

青藏高原光照和地热资源充足，高原上冻土广布。青藏高原上的居民以藏族为主，形成了以藏族文化为主的高原文化。

【任务思考与练习】

一、填空题

1. ____________________是中国重要的牧场，草原面积约占高原面积的 80%。
2. ____________________是世界上喀斯特地貌发育最典型的地区之一。
3. ____________________是中国三大平原之一，是中国人口最多的平原。

二、思考题

1. 在地形图上分别标注华北平原、东北平原和长江中下游平原。
2. 在地形图上分别标注云贵高原、黄土高原和青藏高原。
3. 贵州省位于哪个地形区?
4. “世界第一高峰”珠穆朗玛峰位于哪个高原?
5. 你们国家是否有发源于青藏高原的河流?如果有,请说出河流的名称,并在地图上找到该河流的发源地。

任务二　中国特色自然景观

【任务背景】

中国以其深厚的历史底蕴和自然风光而闻名。在中国的东南西北,有壮丽的河流、高山、沙漠,彰显着大自然的奇妙创造。在辽阔壮观的中国土地上,大自然编织出的名胜和奇观不胜枚举。九寨沟五彩斑斓的湖水、天下第一的桂林山水、广阔的大草原、雄伟澎湃的长江黄河、神秘的溶洞等,彰显出中国每个地区特有的地质、气候等自然环境。中国的主要山脉包括印度和尼泊尔边境的喜马拉雅山脉、中西部的昆仑山脉、新疆维吾尔自治区西北部的天山山脉、分隔南北的秦岭山脉、东北的大兴安岭,以及西藏东南部、四川和云南交界处的横断山脉。

中国的河流主要有长江、黄河、黑龙江、珠江等。长江全长约 6 300 千米,是仅次于尼罗河和亚马孙河的世界第三长河。长江发源于“世界屋脊”——青藏高原的唐古拉山脉各拉丹冬峰西南侧,穿过中国中部,流入上海附近的东海。黄河全长约 5 400 千米,发源于青海省西部,蜿蜒流经华北,从山东省流入渤海。黑龙江流经中国东北地区,是中国与俄罗斯的界河。珠江位于华南地区,在下游从 8 个入海口注入南海。

贵州自然景观胜在山、水、林木、溶洞之美。贵州省位于世界上最大喀斯特区——华南喀斯特区的中心部位,是世界喀斯特地貌发育最典型的地区之一,喀斯特地貌形态最全。

【相关知识】

一、威宁草海

草海位于贵州省威宁县西南部,是一个完整而典型的高原湿地生态系统,与洱海、滇池同为中国三大高原淡水湖。草海保护区是中国一级重要湿地、世界十大观鸟基地之一,也是全球有名的黑颈鹤越冬地之一。

草海是贵州省最大的天然淡水湖,以水草繁茂而得名,四面青山环抱,林木茂密,湖中盛产鱼虾、蒲草等水生动植物,栖息着一百多种珍奇水鸟。草海水生植物丰富,气候温和,湖里有大量的水生动植物、水禽和鱼类,是鸟类的最佳栖息地之一。每年的初春和晚秋,都会有超过十万只鸟类迁徙到这里。这些动物包括黑颈鹤、丹顶鹤、白鹳,所以草海也被称为“鸟类王国”。黑颈鹤是世界上仅存的高原鹤,冬季是欣赏黑颈鹤的最佳时节。

二、加榜梯田

加榜水稻梯田位于贵州省从江县。加榜梯田规模宏大，山村与梯田相辉映。苗家人不仅在梯田上种植水稻，还在梯田里养鱼，展现出人类与自然的和谐之美。

水稻梯田主要分布在中国南方山区。南方山区雨水充沛，山脉纵横交错，梯田都是沿着山坡修建的。水稻梯田不仅美丽壮观，还能保护生态系统，改善当地的耕作条件，增加粮食产量。

三、荔波小七孔

小七孔位于贵州省荔波县西南部。荔波属于亚热带季风性湿润气候，温暖湿润，雨量充沛，被称为地球腰带上的“绿宝石”。

1835 年，当地人为便于贸易而修建了一座横跨响水河的桥，取名“小七孔”。“小七孔”的意思是七个小洞，由七个拱门组成。

荔波有保存完整的茂兰原始森林，有多种珍奇古树，奇花异草。从石上森林、水上森林可看到“树在石中生，水在石上流”的奇特景观。

四、黄果树瀑布

黄果树瀑布位于贵州省镇宁县，黄果树瀑布高 77.8 米，宽 101 米，号称“亚洲第一大瀑布”，享有“中华第一瀑”之盛誉，是除尼亚加拉瀑布和维多利亚瀑布之外的第三大瀑布。

黄果树瀑布群由 18 个大小各异的瀑布组成，其中黄果树瀑布是最美丽、最宏伟的瀑布。黄果树瀑布群是世界上最典型、最壮观的喀斯特瀑布，周围有许多喀斯特溶洞，形成了贵州著名的地下世界。

五、梵净山

梵净山位于贵州省铜仁市，是中国第五大佛教圣山。梵净山山势高峻，山体庞大，形成了“一山有四季，上下不同天”的垂直气候特点和动植物分布带。

梵净山是黔金丝猴的唯一栖息地。黔金丝猴是中国贵州梵净山地区特有的物种，其数量比大熊猫还少，是被列入世界自然保护联盟（IUCN）红色名录的濒危物种。

珙桐是恐龙时代的古老植物，曾广泛分布于北温带地区。后来由于地质与气候变迁，珙桐在地球上几乎消失殆尽。然而在梵净山地区，至今仍有十余片大面积的珙桐分布。除了珙桐外，梵净山自然保护区还拥有许多古老而稀有的动植物，如银发树、银杏、郁金香、紫杉。

梵净山丰富的生物资源具有巨大的科学和学术价值，为生物学、生态学、遗传学、气象学、地质学、林业等领域的教育和研究提供了理想的实践场所。1978 年，梵净山正式设为贵州省自然保护区，1986 年，梵净山升级为国家级重点自然保护区。同年，联合国教科文组织将梵净山列为国际“人与生物圈计划”（MAB）成员。

六、织金洞

织金洞位于贵州省织金县，是一个巨大的洞穴，占地 3 万多平方米。织金洞的平均高度为 46 米，最高处为 168 米。织金洞是一个岩溶洞穴，洞内有大小不一的石帘、钟乳石、石笋、石柱和石花、湖泊、河流，形成了各式各样的喀斯特景观。因此，织金洞被称为“喀斯特宝藏”“洞穴奇观”。

【任务思考与练习】

一、填空题

1. ____________于 2018 年被联合国教科文组织列入世界自然遗产名录。

2. ____________是中国贵州梵净山地区特有的物种，其数量比大熊猫还少，是被列入世界自然保护联盟（IUCN）红色名录的濒危物种。

3. ____________是贵州最大的天然淡水湖。

二、思考题

1. 草海是“海”吗？
2. 草海是淡水湖还是咸水湖？
3. 在哪个季节，成千上万的飞禽会来到草海？
4. 冬季来草海避寒的鸟类主要有哪些？
5. 梯田主要种植的农作物是什么？
6. 荔波为何被称为地球腰带上的“绿宝石”？
7. 亚洲第一大瀑布叫什么？
8. 梵净山的寺庙是哪一种宗教的道场？
9. 梵净山国家自然保护区最有代表性的珍稀动物是什么？
10. 被誉为世界“洞穴之王”的溶洞叫什么？
11. 游客在织金洞内，可以看到什么造型的岩石？

任务三　中国特色人文景观

【任务背景】

人文景观是通过在自然景观的基础上叠加文化特征而构建的景观，以满足人们日常生活中的物质和精神需求。人文景观体现在城镇、乡村、服装、建筑和音乐等领域。

无边无际的中国领土上点缀着无数绚丽多彩的自然风光。中华五千年灿烂的历史和文明，为这片风景如画的土地增添了一份别开生面的迷人之美。灿烂的人文建筑和文明圣地仍然保存至今，默默地讲述着文明的光辉历史。从天坛到长城，从布达拉宫到莫高窟，中国的人文景观记录了漫长的历史和先民的智慧。置身其间，思接千载，跨越时空，与久远的历史相连接。

贵州是一个多民族混居的地方，多个民族在这片土地上共同繁荣、共同发展。各民族之间互相交流互相学习，在服装、语言、民俗、建筑等方面相互融合、促进、发展，同时又保留了自身的特色。

【相关知识】

一、肇兴侗寨

肇兴侗寨位于贵州省黔东南苗族侗族自治州黎平县，是黔东南侗族地区最大的侗族村寨，享有“侗乡第一寨”“鼓楼文化艺术之乡”的美誉。肇兴侗寨四面环山，位于山间狭长谷地。两条小溪汇成一条河流，穿寨而过。寨内民居多为干栏式吊脚楼，用杉木建造。楼房一般为三层：第一层用于关养牲畜，第二层是起居室，第三层用于存放农业生产工具和生活用品等物品。

侗寨建筑有“三宝”，分别是鼓楼、风雨桥、寨门。

鼓楼是侗寨中最具特色的建筑物，还是侗族不可缺少的公共活动中心。鼓楼位于侗寨的中心位置。鼓楼层层而上，结构严密坚固，不用一钉一铆（见图 3.1）。

图 3.1　鼓楼

（图片来源：https://www.sohu.com/a/487242929_118685）

鼓楼不仅是侗族建筑艺术的结晶，也是侗族文化的载体。自古以来，凡聚众议事、制定村规民约、调解民事纠纷、抵御兵匪等重大活动，均在鼓楼进行。逢年过节，人们在鼓楼迎宾送客，对唱大歌。闲暇时刻，人们则聚集在鼓楼休息，谈论家常、讲故事、唱歌谣，说古论今。

侗寨的长廊式木结构风雨桥，桥身坚固，两侧有栏杆。桥上长廊既可供人行走，又可挡风避雨，同时也是人们休息和迎送宾客的场所（见图 3.2）。

图 3.2　风雨桥

（图片来源：http://www.meipian.cn/2xf8lc8y）

寨门位于侗寨的出入口处，是侗寨不可或缺的建筑。寨门形状各异，有的如亭阁，有的像堡垒，有的似宅门，门框上方飞檐翘角，框边雕龙画凤（见图 3.3）。

图 3.3　寨门

（图片来源：http://www.gxymg.com/product/sanjiang_572.html）

“侗族大歌”被称为“侗族社会风俗百科全书”。侗族大歌在没有任何乐器帮助的情况下表演，类似于无伴奏合唱。侗族大歌传颂着侗族人民善良、诚信、友爱、尊重自然、敬畏祖先的价值观和故事。

二、中国天眼

500 米口径球面射电望远镜（five-hundred-meter aperture spherical radio telescope，FAST）位于贵州省黔南布依族苗族自治州平塘县克度镇大窝凼的喀斯特洼坑中（见图 3.4），被称为“中国天眼”。FAST 作为现今世界最大单口径、最灵敏的望远镜，比德国波恩 100 米口径望远镜灵敏度高 10 倍；与排在阿波罗登月之前、被评为人类 20 世纪十大工程之首的美国 Arecibo 300 米望远镜相比，FAST 灵敏度是其 2.25 倍。

图 3.4　500 米口径球面射电望远镜

（图片来源：http://gz.sina.cn/news/2017-09-27/detail-ifymesii5925510.d.html?vt=4）

“FAST 项目”选址贵州的理由：

FAST 项目位于贵州黔南州平塘县克度镇大窝凼。凼，中文解释是圆形洼地，即水坑。项目所处位置岩溶漏斗、溶洞遍布，是该地区大小井地下暗河的核心地带。喀斯特地貌是具有溶蚀力的水对可溶性岩石（如石灰岩、钾、钠、镁盐岩石等）进行侵蚀作用形成的地表和地下形态的总称。喀斯特地貌形成的漏斗“天坑”群，如一个个巨型的“大碗”，其特殊的“凹形”地理结构，刚好能建成如此规模巨大的球面镜。天然的地理构造形状正好符合 FAST 项目的构造需要。

贵州黔南州平塘县地区地处云贵高原，平均海拔为 710 米。一般情况下，海拔越高，气压越低，空气密度越小，大气能见度就越好。FAST 天眼项目作为我国天文观测的重要基地，保障观测数据的准确至关重要。受高海拔大气环境的影响，大窝凼地区空气稀薄，能见度高，观测效果好，能最大限度地发挥观测设备的效能。

FAST 项目的运行需要十分“安静”的环境，电视、手机、广播等无线设备都会给其磁场带来干扰，影响灵敏度，为此必须保障项目建设周边电波干扰尽可能小。贵州省政府在 2013 年出台法令，在 FAST 项目的周围建立一个 5 千米无线电静默区，30 千米内禁止建设有干扰的设施设备，并将附近的农民搬迁安置。该地区人口密度小，搬迁难度较小，这在一定程度上保障了 FAST 项目的顺利建成和运行。

【任务思考与练习】

一、填空题

1. 500 米口径球面射电望远镜简称____________。

2. ____________被称为“侗族社会风俗百科全书”。

3. 侗寨建筑的“三宝”有____________、风雨桥、寨门。

二、思考题

1. 通过观察，指出肇兴侗寨的建筑主要使用什么材料建成。当地盛产此种建筑材料吗？肇兴侗寨是建在山脚下还是山腰上呢？

2. 观察侗寨鼓楼，绘画出鼓楼的形状和结构。猜想一下，鼓楼的主要功能有哪些？

3. 修建在河流之上的风雨桥的主要作用是什么呢？风雨桥的外观、图案有什么特色呢？风雨桥的建筑材料是什么呢？

4. 观察街边手工艺饰品店，指出当地主要售卖的手工艺品有哪些。使用什么材料制作而成？

5. 世界上最大的射电天文望远镜位于中国哪个地方？

6. 结合实地观察，指出射电望远镜在贵州选址最大的优势。

任务四　实践探索：参观贵州西江千户苗寨和中国天眼

参观贵州西江千户苗寨

【任务背景】

西江千户苗寨坐落于贵州省黔东南苗族侗族自治州雷山县东北部的雷公山山麓，是中国规模最大、保存最完整、房屋密度最高、最有观赏和研究价值的吊脚木楼建筑群。

西江千户苗寨的吊脚楼属于穿斗式干栏建筑，是苗族最具代表性的传统民居，也是苗族人智慧的结晶。这种民居的特点是架空建筑下部，以木柱支撑起建筑，抬高居住层面，适用于各种地形。建筑物飞檐翘角，悬出木质栏杆，三面有走廊，家家错落有致（见图 3.5）。

这种样式的吊脚楼，底层用来饲养家禽，放置农具和重物。第二层是饮食起居的地方，内设卧室，外人一般都不入内。卧室的外面是堂屋，设有火塘，一家人围坐在火塘旁吃饭，宽敞方便。堂屋外侧建有与之相连的宽走廊，廊外设有半人高的栏杆，内有一排长凳，由于光线充足通风好，家人多在此做手工活、乘凉、观景，这也是接待客人的地方。第三层透风干燥，十分宽敞，除作居室外，还隔出小间用于储存谷物等生产、生活资料。

西江千户苗寨除了民居吊脚楼，风雨桥也是重要建筑之一。为了改善村寨风水条件和方便居民生活，苗寨都建有风雨桥，以关风蓄气和挡风遮雨。

图 3.5　西江千户苗寨

（图片来源：http://www.dazijia.com/news/19.html）

苗族饮食习俗自有其特点，酸、辣二味是苗族饮食中不可缺少的。苗族人尤其喜欢吃酸，几乎家家户户都自制酸汤、酸菜、腌制鱼肉。苗家的酸汤鱼肉嫩汤鲜，清香可口。

【任务操作】

学　院		专　业	
中文名		英文名	
接受任务：参观西江千户苗寨，探索了解苗族文化			
前置知识： 1. 了解贵州苗族饮食服饰、人文历史等文化传承。 2. 了解西江千户苗寨因地制宜的建筑特色			
成绩：			
计划实施： 1. 参观西江苗族博物馆，了解苗族历史、生活、节日、音乐、歌舞、服饰、医药、建筑、祭祀文化。 2. “也东寨”是西江苗寨的腹地。学生参观“也东寨”银饰作坊、米酒作坊、鼓藏堂、守寨树、蜡染作坊。亲身感受苗族人民传统的生活方式。 3. 将学生按照 2~4 人划分成一组。每组进行知识问答。（50 分） （1）请简要说明西江千户苗寨的建筑特点。 （2）请简要说明苗族手工艺品和民族服饰的特点。 （3）请简要说明苗族民族服饰的特点，例如纹饰、形制、图案等			
成绩：			
质量检查： 1. 教师对各小组的问答结果进行评分。 2. 各小组制作介绍西江千户苗寨的宣传视频。（50 分）			

思路清晰，语言流畅，肢体语言得体（10 分）	音量适当，语速适当（10 分）	普通话发音标准（10 分）	突出重点，内容充实（10 分）	视频艺术效果佳（10 分）

成绩：

【任务思考与练习】

体验当地特色饮食——酸汤鱼，并请简要说明酸汤的特点。你们国家的餐饮也有类似的酸味菜肴吗？

西江千户苗寨介绍

（扫描后请先关注“交大 e 出版”）

参观中国天眼

【任务背景】

中国天眼建在贵州，使得边远闭塞的黔南喀斯特山区变成世人瞩目的国际天文学术中心，成为把贵州展现给世界的新窗口，将会对中国西南贫困山区的经济发展和社会繁荣产生不可估量的影响。

【任务操作】

<table>
<tr><td>学　院</td><td></td><td>专　业</td><td></td></tr>
<tr><td>中文名</td><td></td><td>英文名</td><td></td></tr>
<tr><td colspan="4">接受任务：参观中国天眼，了解当代世界天文科技发展前沿</td></tr>
<tr><td colspan="4">前置知识：
1. 了解中国天眼的名称、所在位置、功能。
2. 了解大窝凼的地形与自然条件</td></tr>
<tr><td colspan="4">成绩：</td></tr>
<tr><td colspan="4">计划实施：
1. 参观中国天眼科普基地国际天文体验馆，了解天文基本知识。
2. 参观中国天眼科普基地天象影院，了解太阳系的恒星、行星等知识。
3. 参观中国天眼。
4. 将学生按照 2~4 人划分成一组。每组进行知识问答。（50 分）
（1）请简要回答中国天眼的英文缩写。
（2）请简要说明太阳系的恒星和行星的名称。
（3）请简要说明中国天眼的主要功能和作用。
（4）请简要说明中国天眼所在位置的地形地貌特点</td></tr>
<tr><td colspan="4">成绩：</td></tr>
<tr><td colspan="4">质量检查：
1. 教师对各小组的问答结果进行评分。
2. 各小组制作介绍中国天眼的宣传视频。（50 分）
<table>
<tr><td>思路清晰，语言流畅，肢体语言得体（10 分）</td><td>音量适当，语速适当（10 分）</td><td>普通话发音标准（10 分）</td><td>突出重点，内容充实（10 分）</td><td>视频艺术效果佳（10 分）</td></tr>
<tr><td></td><td></td><td></td><td></td><td></td></tr>
</table>
</td></tr>
<tr><td colspan="4">成绩：</td></tr>
</table>

【任务思考与练习】

1. 中国天眼给天文科学研究带来的进步作用有哪些?
2. 中国天眼对人类探索宇宙有哪些积极作用?

项目四 中国经济

教学目标

1. 了解中国经济、三大产业现状。
2. 了解中国银行体系。
3. 掌握办理中国银行卡的流程并实践。

教学知识点

1. 中国三大产业的现状和成效。
2. 中国银行体系、国有银行。

教学重点词汇

社会生产力 （shèhuì shēngchǎn lì） social productivity

国内生产总值 （guónèi shēngchǎn zǒngzhí） GDP (Gross Domestic Product)

小康 （xiǎokāng） moderate prosperity

农业 （nóngyè） agriculture

工业 （gōngyè） industry

第三产业 （dì-sān chǎnyè） tertiary industry

中国人民银行（zhōngguó rénmín yínháng）People's Bank of China

中国银联 （zhōngguó yínlián） China UnionPay

任务一　中国经济现状概述

【任务背景】

1949 年 10 月 1 日中华人民共和国成立，70 多年来，中国完成社会主义革命，推进社会主义建设，持续进行改革开放，极大地解放和发展了社会生产力。

自新中国成立以来，中国综合国力、社会生产力、人民生活水平大幅提升；经济建设、社会建设、生态文明建设协调推进；工业化、信息化、城镇化、农业现代化同步发展，此外中国作为世界和平的建设者、全球发展的贡献者、国际秩序的维护者的作用也在凸显。

国家统计局相关数据显示，1952 至 2020 年，国内生产总值（GDP）接连翻番，增长 1 483 倍；2012 年以来，农村贫困人口实现脱贫累计近亿人；1949 至 2018 年，粮食总产实现大幅增长，从吃不饱饭到家家有盈余；共建“一带一路”倡议得到世界上 170 多个国家和国际组织的积极响应；70 年来，全国财政收入年均增长 12.5%，增长近 3 000 倍。

目前，中国已成为世界经济第二大国、科研人员第一大国、货物贸易第一大国、外汇储备第一大国、对外投资第二大国。移动通信、现代核电、载人航天、量子科学、深海探测、超级计算等领域取得重大科技成果。2018 年中国居民人均可支配收入比 1949 年实际增长 59.2 倍，居民人均消费支出比 1956 年实际增长 28.5 倍。

中华人民共和国成立至今，中国人均预期寿命从 35 岁上升为 77 岁。可见，中国公共卫生整体实力、医疗服务和保障能力不断提升，全民身体素质、健康素养持续增强。

70 多年的发展，奠定了雄厚的物质基础，积累了丰富的实践经验，取得了举世瞩目的发展成就，也开辟了成功的发展道路。

【相关知识】

中国经济现状

（扫描后请先关注“交大 e 出版”）

一、中国经济的现状和成效

中华人民共和国成立后，确立了根本政治制度——人民代表大会制度，确定了基本政治制度——中国共产党领导的多党合作和政治协商制度、民族区域自治制度、基层群众自治制度。中国社会的根本制度是社会主义制度。中国的基本经济制度是以公有制为主体，多种所有制经济共同发展的经济制度。通过有计划地进行大规模的建设，中国已成为世界上最具有发展潜力的经济大国之一，人民生活总体上达到小康水平。

中国仍处于并将长期处于社会主义的初级阶段，这是中国的基本国情。中国人口多，底子薄，耕地少，人均资源相对不足，经济社会发展不平衡。在这样的国情下，中国制定了计划生育、环境保护、耕地保护、科教兴国、对外开放等基本国策。

2021 年 1 月 18 日，国家统计局发布数据：2020 年，中国 GDP 首次突破 100 万亿元大关。

二、三大产业

新中国在成立之初，是个典型的农业国。改革开放以来，中国产业结构逐渐趋于合理，并向优化和升级的方向发展。国家统计局相关数据显示，从 1952 年至 2005 年，三大产业的平均比重为 17.0：45.8：37.2。

1. 第一产业：农业，包含农、林、牧、渔业（不含农、林、牧、渔专业及辅助性活动）。

中国农业发生于新石器时代。中国的黄河、长江流域，是世界农业起源地之一。在长达八九千年的发展过程中，中国农业曾经有过许多领先于世界的发明创造，但也经历过漫长的停滞时期。近代帝国主义的入侵使中国沦为半殖民地半封建社会，农业日益落后于发达的资本主义国家，传统“男耕女织”的自然经济结构开始解体。中华人民共和国成立后，社会主义制度建立，中国农村经济得到了迅速的恢复和发展，中国农业结束了停滞的历史，进入了发展较快的新时期。农业生产条件和生产技术显著改善，产量水平迅速提高。1978 年十一届三中全会揭开中国经济改革序幕之后，农业生产的停滞状况得到了根本性改变。1982 年 11 月，全国实行承包制，农村经济新的格局全面建立。尽管 40 多年来的发展过程中也有过挫折，但中国以仅仅相当于世界 7%的耕地养活了几乎占世界 1/5 的人口，说明中国农业也是取得了巨大的成就。

改革开放以来，中国农业教育与科技事业也蓬勃发展，极大地促进了中国农业生产力的提高。在知识经济迅猛发展的今天，中国农业现代化建设以科学技术作为第一生产力推动中国的农业蓬勃发展（见图 4.1）。

图 4.1　光明食品集团上海农场

（图片来源：中华人民共和国农业农村部官方网站，http://www.moa.gov.cn/ztzl/xxhsfjd/sfjdfc/scx/202111/t20211123_6382780.htm,2021-11-23）

2. 第二产业：工业，包含采矿业（不含开采专业及辅助性活动），制造业（不含金属制品、机械和设备修理业），电力、热力、燃气及水生产和供应业，建筑业。

工业是国民经济的主导，中国工业主要分布在沿海地带。1952 年沿海和内地的工业产值在全国工业总产值中的比重分别为 69.4%和 30.6%。30 多年来，内地建设了一批新的工业基地，比沿海的工业得到了更快的发展。到 1984 年，沿海与内地的工业产值在全国工业总产值中的比重已改变为 59.8%和 40.2%。全国各省、市、自治区都有了相当规模的工业，除西藏以外，工业总产值都超过了农业总产值，乡镇工业有了较快的发展。图 4.2 为镇海炼化厂区的一角。

图 4.2　镇海炼化厂区一角

（图片来源：中华人民共和国工业和信息化部官方网站，https://www.miit.gov.cn/ztzl/lszt/xysbdztbd/tjgx/art/2012/art_7ed6fe08f6244ee590cee515ecdc86ca.html，2012-10-16）

1979 年以来，中国工业生产一直呈高速发展势头。2020 年今天，中国不仅能制造飞机、船舶、汽车，还能制造人造地球卫星以及现代化的工业设备。一个具有一定技术水平的、门类比较齐全的、独立的工业体系已经建立起来。

3. 第三产业：除第一、第二产业以外的其他各业。根据中国的实际情况，第三产业可分为两大部分：一是流通部门，二是服务部门。具体可分为四个层次。第一层次：流通部门（物流业），包括交通运输、仓储及邮电通信业，批发和零售贸易、餐饮业。第二层次：为生产和生活服务的部门，包括金融、保险业，地质勘查业、水利管理业，房地产业，社会服务业，农、林、牧、渔服务业，交通运输辅助业，综合技术服务业等。第三层次：为提高科学文化水平和居民素质服务的部门，包括教育、文化艺术及广播电影电视业，卫生、体育和社会福利业，科学研究业等。第四层次：为社会公共需要服务的部门，包括国家机关、党政机关和社会团体以及军队、警察等。

国家统计局 2014 年 1 月 20 日发布的 2013 年数据显示，2013 年第二产业增长 7.8%；第三产业增长 8.3%。第三产业比第二产业增速快了 0.5 个百分点，第三产业占 GDP 比重达到了 46.1%。2013 年中国第三产业总值首次超过第二产业。

当前，国内外对中国未来经济发展有多种不同观点。科技部中国科学技术发展战略研究院研究表明，2013 年中国人均 GDP 相当于美国 40 年前的水平，第三产业占 GDP 的比重相当于美国 70 年前的水平。

2019 年 11 月 27 日，国家统计局发布的第四次全国经济普查报告显示，2018 年末，从事第三产业的法人单位数量占全部单位的 78.8%，比 2013 年末提高 4.1 个百分点。第三产业法人单位从业人员占全部单位从业人员的 55%，比 2013 年末提高 9.1 个百分点。大力发展第三产业有利于加快经济发展，提高国民经济素质和综合国力，缓解中国就业压力，提高人民生活水平。

【任务思考与练习】

一、填空题

1. __________中国国内生产总值首次突破百万亿元大关。

2. 三大产业是指____________、____________、____________。

3. 金融、保险业、水利管理业，房地产业，社会服务业，农、林、牧、渔服务业，交通运输辅助业等属于____________。

二、思考题

1. 新中国经济的发展在世界上的地位如何？

2. 中国的主要产业是什么？

任务二　中国银行体系概述

【任务背景】

中国经济包罗万象，内容丰富，本任务主要讲解与来华留学生和国际来华友人生活密切相关的中国银行体系。中国银行体系由中央银行、监管机构、自律组织和银行业金融机构组成。

中国人民银行是中央银行，在国务院的领导下，负责制定和执行货币政策，防范和化解金融风险，维护金融稳定。中国银行保险监督管理委员会，简称中国银保监会，负责对全国银行业金融机构及其业务活动实施监管。中国银行业协会是在民政部登记注册的全国性非营利社会团体，是中国银行业的自律组织。

中国的银行业金融机构包括政策性银行（国家开发银行、中国进出口银行、中国农业发展银行）、大型商业银行（中国工商银行、中国银行、中国农业银行、中国建设银行、交通银行）、中小商业银行、农村金融机构，以及中国邮政储蓄银行和外资银行。中国银保监会监管的非银行金融机构包括金融资产管理公司、信托公司、企业集团财务公司、金融租赁公司、汽车金融公司和货币经纪公司。

【相关知识】

一、中国人民银行

中国人民银行（见图 4.3），就是我们经常说的“央行”（The People’s Bank of China，PBC），中国人民银行中国主要负责：管政策（货币政策），管金钱（人民币的发行及其流通的管理），管市场（银行间同业拆解市场和银行间债券市场），管外汇（银行间外汇市场），管黄金（黄金市场），管储备（外汇储备和黄金储备），管国库，管清算，管反洗钱。中国人民银行为政府组成部门，主要的职责是制定和执行货币政策，不办理存取款等业务。

图 4.3　中国人民银行

（图片来源：http://www.pbc.gov.cn/redianzhuanti/118742/4052441/index.html，2022-04-26）

二、国有银行

国有银行，即国家所有的银行，是指由国家（财政部、中央汇金公司）直接管控的大型银行。

国有银行包括：中国工商银行、中国农业银行、中国银行、中国建设银行、交通银行、中国邮政储蓄银行以及国家开发银行、中国进出口银行、中国农业发展银行。

（一）四大银行

中国四大银行，是指由国家（财政部、中央汇金公司）直接管控的四个大型国有银行，具体包括中国工商银行、中国农业银行、中国银行、中国建设银行，亦称中央四大行，其代表着中国最雄厚的金融资本力量。

1. 中国工商银行（Industrial and Commercial Bank of China, ICBC），1984 年成立，承接中国人民银行原先办理的工商信贷和储蓄业务；2005 年整体改制为股份有限公司，2006 年 10 月在上海和香港同步上市。

2. 中国农业银行（Agricultural Bank of China, ABC），1979 年恢复，2010 年 7 月 15 日在上交所挂牌交易，H 股交易时间安排在 7 月 16 日。

3. 中国银行（Bank of China, BOC），1912 年成立，2004 年 8 月整体改制为股份有限公司，2006 年 6 月在香港上市，同年 7 月在上海上市。

4. 中国建设银行（China Construction Bank, CCB），1954 年成立，2004 年 9 月整体改制为股份有限公司，2005 年 10 月在香港上市。

（二）政策性银行

1. 国家开发银行（China Development Bank, CDB），1994 年 3 月成立，针对重点建设项目融资。

2. 中国进出口银行（The Export-Import Bank of China, TEIBC），1994 年 4 月成立，针对国家产业政策和外贸政策。

3. 中国农业发展银行（Agricultural Development Bank of China, ADBC），1994 年 11 月成立，针对农村政策。

三、股份制商业银行和民营银行

（一）股份制商业银行

股份制商业银行是商业银行的一种类型。在中国现有 12 家全国性股份制商业银行：招商银行、浦发银行、中信银行、中国光大银行、华夏银行、中国民生银行、广发银行、兴业银行、平安银行、浙商银行、恒丰银行、渤海银行。股份制商业银行已经成为中国商业银行体系中一支富有活力的生力军，成为银行业乃至国民经济发展不可缺少的重要组成部分。

1. 中信银行（China CITIC Bank, CITIC），1987 年创立，2007 年 4 月，沪港两地同步上市，总部设在北京。

2. 招商银行（China Merchants Bank, CMB），1987 年创建，是第一家完全由企业法人持股的股份制商业银行，也是国内第一家采用国际会计标准的上市公司。2002 年在上海上市，总部设在深圳。

3. 中国光大银行（China Everbright Bank, CEB），1992 年创建，1997 年完成股份制改造，是国内第一家国有控股并有国际金融组织参股的全国性股份制商业银行，总部设在北京。

4. 华夏银行（Huaxia Bank, HXB），1992 年创建，2003 年在上海证券交易所挂牌上市，总部设在北京。

5. 上海浦东发展银行（Shanghai Pudong Development Bank, SPDB），1992 年创建，1999 年在上海证券交易所挂牌上市，总部设在上海。

6. 中国民生银行（China Minsheng Bank, MBC），1996 年创建，是中国首家主要由非公有制企业入股的全国性股份制商业银行，2000 年在上交所挂牌上市，总部设在北京。

7. 深圳发展银行（Shenzhen Deuelopment Bank, SDB），1987 年创建，2004 年引进战略投资者，成为国内首家外资作为第一大股东的股份制商业银行，总部设在深圳。

8. 广东发展银行（China Guangfa Bank, GDB），1988 年创建，2006 年 11 月，花旗集团、IBM 信贷、中国人寿、国家电网、中信信托、普华投资 6 家机构组成的投资者团队认购广发 85%的股份，其中花旗、中国人寿、国家电网分别持股 20%，中信信托 12.8%，普华投资 8%，IBM 信贷 4.7%；总部设在广州。

（二）民营银行

民营银行的资本金主要来自民间，其对利润最大化有着更为强烈的追求，如果没有健全的监管机制进行有效监管，民营银行往往会因风险问题而陷入困局。民企办银行的很重要动机就是希望为企业搭建一个资金平台，为企业融资提供便利。一旦关联企业出现问题，贷款无法偿还，民营银行就会面临巨大风险。2015 年 5 月 27 日，浙江网商银行获浙江银保监局正式批复开业。至此，中国首批试点的 5 家民营银行全部拿到“通行证”。天津金城银行、深圳微众银行、上海华瑞银行、温州民商银行和浙江网商银行是中国首批试点的民营银行。

四、中国银联

中国银联（China UnionPay）成立于 2002 年 3 月，是经国务院同意，中国人民银行批准设立的中国银行卡联合组织，总部设于上海。截至 2019 年 9 月，中国银联已成为全球发卡量最大的卡组织，发行近 80 亿张银行卡。

作为中国的银行卡联合组织，中国银联处于中国银行卡产业的核心和枢纽地位，对中国银行卡产业发展发挥着基础性作用，各银行通过银联跨行交易清算系统，实现了系统间的互联互通，进而使银行卡得以跨银行、跨地区和跨境使用。在建设和运营银联跨行交易清算系统、实现银行卡联网通用的基础上，中国银联积极联合商业银行等产业各方推广统一的银联卡标准规范，创建银行卡自主品牌；推动银行卡的发展和应用；维护银行卡受理市场秩序，防范银行卡风险。通过银联跨行交易清算系统，实现商业银行系统间的互联互通和资源共享，保证银行卡跨行、跨地区和跨境的使用。

截至 2019 年 9 月，银联网络遍布中国城乡，并已延伸至亚洲、欧洲、美洲、大洋洲、非洲等 174 个国家和地区。2019 年 12 月，中国银联入选 2019 中国品牌强国盛典榜样 100 品牌。2020 年 8 月 31 日，中国银联发布首款数字银行卡“银联无界卡”。

【任务思考与练习】

一、填空题

1. 中国银行体系由__________、__________、__________和__________组成。
2. 中国的四大银行是__________、__________、__________和__________。

二、思考题

1. 什么是中国银联？它相当于你们国家的什么组织？
2. 请你说说你对中国银行体系的看法。

任务三　实践探索：银行卡的便利——办理银行业务与支付方式实践训练

【任务背景】

国际学生来到中国学习，在日常生活中离不开银行卡的使用。银行卡是指经批准由商业银行（含邮政金融机构）向社会发行的具有消费信用、转账结算、存取现金等全部或部分功能的信用支付工具。银行卡减少了现金和支票的流通，使银行业务突破了时间和空间的限制，发生了根本性变化。银行卡自动结算系统的运用，使“无支票、无现金社会”的梦想成为现实。

一般情况下，银行卡按是否给予持卡人授信额度分为信用卡和借记卡。此外银行卡还可以按信息载体不同分为磁条卡和芯片卡；按发行主体是否在境内分为境内卡和境外卡；按发行对象不同分为个人卡和单位卡；按账户币种不同分为人民币卡、外币卡和双币种卡。

中国银行卡产业30多年的发展历程，大体上可划分为四个阶段：

1985年至90年代初期，为起步阶段。

90年代初期至1996年初，为各行大中城市分行独立发展银行卡业务阶段。这一阶段，金卡工程启动。

从1997年至2001年年底，为中国银行卡逐步实现联网通用阶段。

2001年至今，为中国银行卡联网通用深入发展阶段，全国各银行机构的银行卡发卡量迅猛增长。

【任务操作】

<table>
<tr><td>学　院</td><td></td><td>专　业</td><td></td></tr>
<tr><td>中文名</td><td></td><td>英文名</td><td></td></tr>
<tr><td colspan="4">接受任务：观看中国银行的分类及支付方式教学片或实地进入银行，了解银行办理银行卡和信用卡的流程</td></tr>
<tr><td colspan="4">前置知识：
1. 了解银行卡的类别，包括借记卡和贷记卡。
2. 了解中国银行卡产业的产生和发展。
3. 了解银行卡的使用途径</td></tr>
<tr><td colspan="4">成绩：</td></tr>
<tr><td colspan="4">计划实施：
中国的银行办理银行业务与支付方式实践训练
1. 观看中国银行的分类及支付方式教学片后进行模拟教学。
模拟银行前台场景，教师现场示范。
将学生每2~3人划分成一个团队训练小组。
每小组自行设计出模拟银行卡办理的情景对话。
每小组组员分别模拟客人和银行工作人员进行银行卡开卡对话练习，练习完一次后模拟角色进行互换。
各小组将自己模拟的银行卡开卡情景对话在班级中进行展示。
队内各小组之间进行本次实训练习的心得、经验交流。
各队推选出本队的最佳小组进行全班演示。
2. 现场实地教学。
学生实地进入银行，了解中国银行产业的基本情况和银行大厅布局内容。
咨询柜员，了解银行的办理流程。
填写信用卡或借记卡的申请表格</td></tr>
</table>

质量检查：

程序	操作要求	配分	得分
询问银行人员业务需求	询问银行工作人员业务需求及办理流程	20	
业务办理	拿号办理业务	10	
	填写业务申请表	20	
	检查表格填写情况	10	
	递交业务表格	20	
完成办理	业务办理完成	10	
	向工作人员致谢	10	
合计		100	

成绩：

项目五 中国交通

教学目标

1. 了解中国交通现状。
2. 了解中国四大交通基础设施的情况。
3. 体验贵州桥梁文化。

教学知识点

四大交通基础设施的简介：中国公路（以高速公路为核心）的简介；中国铁路的简介；中国航运（以机场为核心）的简介；中国航海的简介。

教学重点词汇

交通 （jiāotōng） transportation
公路 （gōnglù） highway
铁路 （tiělù） railway
航运 （hángyùn） shipping
桥梁 （qiáoliáng） bridge
水路 （shuǐlù） waterway

任务一　中国交通简介

【任务背景】

中国交通经历了从"骑着毛驴上北京"，到"坐上火车去拉萨"，再到 3 万千米高铁基本覆盖 80%的大城市、"复兴号"实现时速 350 千米"贴地飞行"、国产大飞机 C919 一飞冲天的历史跨越。

随着 2019 年 9 月 19 日《交通强国建设纲要》正式公布，交通强国的顶层设计和系统谋划更加清晰，即从 2021 年到本世纪中叶分两个阶段推进，到 2035 年基本建成交通强国。这意味着，新时代交通运输事业揭开了新的篇章。

【相关知识】

中国交通运输业是国民经济的命脉，它包括铁路、公路、水运、航空等。目前中国交通运输主要呈现以下几个发展现状：（1）基础设施建设成就显著，路网规模不断扩大；（2）运输工具数量快速增长、质量不断提升；（3）客货运输持续增长，运输结构不断完善；（4）交通运输新技术应用广泛，推动交通运输快速发展；（5）客货运输服务质量和效率逐步提升；（6）交通运输业投资规模大幅增加，投融资机制更加灵活。

中国交通运输业的蓬勃发展也加快了中国进入现代化社会的经济脚步。仅 2019 年中国国庆期间，中国国道旅客运输量将达 2.7 亿人次，同比下降 2%；中国主要地区水路客运量约 888.47 万人次，同比上升 4.15%；中国铁路客流保持高位运行，10 月 4 日中国铁路发送旅客约 1 332 万人次，10 月 1—3 日中国铁路发送旅客 4 542.3 万人次，同比增长 5.3%；中国民航实际飞行航班 65 128 班，运送旅客 715 万人次，同比增长 3.7%。交通运输业让中国的经济发展进入了新的阶段，也让中国朝着"交通强国"的目标逐渐迈进。

【任务思考与练习】

1. 中国的交通运输一般包括哪几个方面？
2. 中国交通运输的发展特点是？

中国交通简介
（扫描后请先关注"交大 e 出版"）

任务二　四大交通基础设施情况

【任务背景】

交通基础设施是社会赖以生存发展的一般物质条件。交通基础设施包括公路、铁路、机场、航运公共设施等。

【相关知识】

一、铁路

铁路是供火车等交通工具行驶的轨道线路，铁路运输是一种陆上运输方式，以机车牵引列车车辆在两条平行的铁轨上行驶。传统方式是钢轮行进，广义的铁路运输还包括磁悬浮列车、缆车、索道等非钢轮行进的方式，或称轨道运输。截至 2020 年，中国铁路路网密度达 152.3 千米/万平方千米，增加 6.8 千米/万平方千米。

二、公路

公路的字面含义是公用之路、公众交通之路，汽车、单车、人力车、马车等众多交通工具及行人都可以走，当然不同公路限制不同。2008 年，“五纵-七横”国道主干线建设规划的实施，优化了中国交通运输结构。五纵七横国道主干线总规模约 3.5 万千米，贯通中国首都、各省省会、直辖市、经济特区、主要交通枢纽和重要对外开放口岸，约覆盖中国城市总人口的 70%。“五纵”指同江—三亚、北京—珠海、重庆—北海、北京—福州、二连浩特—河口。“七横”指连云港—霍尔果斯、上海—成都、上海—瑞丽、衡阳—昆明、青岛—银川、丹东—拉萨、绥芬河—满洲里。“五纵七横”促进了高速公路持续、快速和有序发展，对缓解交通运输的“瓶颈”制约发挥了重要作用。

截至 2020 年年末，全国公路总里程 519.81 万千米，比上年末增加 18.56 万千米。国道里程 37.07 万千米，省道里程 38.27 万千米。农村公路里程 438.23 万千米，其中县道里程 66.14 万千米、乡道里程 123.85 万千米、村道里程 248.24 万千米。全国公路桥梁 91.28 万座、6 628.55 万延米，比上年末分别增加 3.45 万座、565.10 万延米，其中特大桥梁 6 444 座、1 162.97 万延米，大桥 119 935 座、3 277.77 万延米。

三、水路

2020 年年末全国内河航道通航里程 12.77 万千米，比上年末增加 387 千米。等级航道里程 6.73 万千米，占总里程比重为 52.7%，提高 0.2 个百分点。三级及以上航道里程 1.44 万千米，占总里程比重为 11.3%，提高 0.4 个百分点。

各水系内河航道通航里程分别为：长江水系 64 736 千米，珠江水系 16 775 千米，黄河水系 3 533 千米，黑龙江水系 8 211 千米，京杭运河 1 438 千米，闽江水系 1 973 千米，淮河水系 17 472 千米。

四、民航

2020 年年末颁证民用航空机场 241 个，比上年末增加 3 个，其中定期航班通航机场 240 个，定期航班通航城市 237 个。

受新冠肺炎疫情影响，2020 年旅客吞吐量达到 100 万人次以上的通航机场 85 个，比上年减少 21 个，其中年旅客吞吐量达到 1 000 万人次以上的通航机场 27 个，减少 12 个。年货邮吞吐量达到 10 000 吨以上的通航机场 59 个，与上年持平。

【任务思考与练习】

1. 什么是“五纵七横”的公路建设？
2. 中国高速铁路的发展在世界上的地位如何？
3. 请简要介绍一下中国的民航业情况。

任务三　实践探索：参观坝陵河大桥和贵州交通博物馆·教育馆

参观坝陵河大桥

【任务背景】

作为路网重要组成部分的桥梁，一跨飞架，丽如彩虹。目前，贵州的特大峡谷桥梁数量世界第一。世界前 100 名高桥中有 40 多座在贵州，中国高速公路建设收录的中国 100 座特大桥中，50 座在贵州省。据统计，单从 2008 年至 2015 年，贵州就新建成高速公路桥梁 6 015 座，总长 1 549 千米，贵州桥梁总数达到 2 万多座，几乎包揽当今世界全部桥型，堪称桥梁总汇。这还不算高铁桥梁。贵州桥梁建设技术的大跨越，有力支撑了一批世界级桥梁工程的建设，不断诞生的桥中翘楚让贵州获得了“中国桥梁博物馆”的美誉。

坝陵河大桥（Balinghe Bridge）是中国山区首座超千米钢桁加劲梁悬浮桥。它是中国贵州省安顺市境内连接东西两岸的高速通道，位于坝陵河水道之上，是上海—昆明高速公路（国家高速 G60）重要组成部分（见图 5.1）。它于 2005 年 4 月 18 日动工兴建；大桥开工时，全国尚无跨度超过 500 米桥梁的建设经验可供借鉴；2009 年 5 月 18 日完成主桥合龙工程，大桥全线贯通；2009 年 12 月 23 日通车运营。坝陵河大桥西起关岭立交，上跨坝陵河水道，东至 320 国道；线路全长 2 237 米，主桥长 1 088 米；桥面为双向四车道高速公路，设计速度为 80 千米/小时。坝陵河大桥获 2016—2017 年度中国建设工程鲁班奖(国家优质工程）。

图 5.1　坝陵河大桥

（图片来源：https://www.gzql.cn/gzqlbwg/16374.shtml，2020-10-15）

【任务操作】

学　院		专　业	
中文名		英文名	

接受任务：了解贵州桥梁

前置知识：

1. 了解中国桥梁的类别、贵州桥梁在世界所处的地位。
2. 了解坝陵河大桥的结构情况、地理位置。
3. 了解坝陵河大桥的基本参数

成绩：

计划实施：

1. 试点参观贵州著名桥梁或观看有关贵州桥梁概况的教学片。
2. 将学生2~4人分成一组，互动讨论贵州桥梁的组成和类型，讨论贵州桥梁在世界上的影响力。
3. 请在下面空格处画出坝陵河大桥的全貌。

4. 实地参观坝陵河大桥，填写以下桥梁参数。

桥梁中文名称		桥梁英文名称	
桥梁西起于		桥梁东至	
桥梁全长		桥梁高度	
桥梁结构		建成时间	
桥梁为几车道公路		获得的荣誉	

5. 实地参观坝陵河大桥，总结出坝陵河大桥的特点。

质量检查：

教师根据实践完成情况作评价总结。

成绩：

【任务思考与练习】

1. 有“中国桥梁博物馆”美誉之称的省份是？
2. 请简要阐释一下为什么贵州省有“中国桥梁博物馆”的美誉。

参观贵州交通博物馆·教育馆

贵州交通博物馆·教育馆介绍

（扫描后请先关注“交大 e 出版”）

【任务背景】

贵州交通博物馆·教育馆（见图 5.2）是一座以展示贵州交通发展、交通精神和贵州交通职业技术学院院史为主的，面向省内及全国开放的专题性教育展馆。展馆建设面积 2 300 平方米，是在贵州省交通运输厅支持下、面向交通人才培养需求而设计建设的行业博物馆，分为山地交通馆和校史馆两个部分，承担贵州交通历史展示、贵州交通精神传承的重要职能，它将成为一代代贵州交通人的精神家园。

（a）

（b）

图 5.2 贵州交通博物馆·教育馆

（图片来源：http://ttwh.gzjtzy.net/cgyr/gzjtbwg.htm，2022-04-26）

【任务操作】

学　院		专　业	
中文名		英文名	
接受任务：参观了解贵州交通博物馆·教育馆，根据了解情况完成以下任务			
前置知识： 1. 了解贵州交通在中国西南省市中所处的地位。 2. 了解贵州交通的历史。 3. 了解贵州交通的发展情况			
成绩：			

计划实施： 1. 实地参观贵州交通博物馆·教育馆。 2. 向学生讲解贵州交通的历史情况和发展情况。 3. 学生分组讨论，讲述自己所认识的贵州交通。 4. 根据讨论情况谈谈对贵州交通的认识（500 以内）。
质量检查： 教师评价总结。
成绩：

【任务思考与练习】

1. 中国贵州的交通建设具有什么样的特点？
2. 截至 2021 年，贵州拥有的世界级大桥有哪些？它们分别有什么特征？

项目六 中国科技文化

教学目标

1. 了解中国古代四大发明。
2. 了解中国现代“四大发明”。
3. 掌握网络购物的流程并实践。

教学知识点

1. 中国古代四大发明（造纸术、指南针、火药、印刷术）的简介、历史发展和影响力。

2. 中国现代“四大发明”（高速铁路、扫码支付、共享单车、网络购物）的简介、历史发展和影响力。

教学重点词汇

造纸术（zàozhǐ shù） papermaking technology
指南针（zhǐnán zhēn） compass
火药（huǒyào） gunpowder
印刷术（yìnshuā shù） printing
高速铁路（gāosù tiělù） high-speed railway
扫码支付（sǎomǎ zhīfù） scan code payment
共享单车（gòngxiǎng dānchē） bike-sharing
网络购物（wǎngluò gòuwù） network shopping

任务一　中国古代“四大发明”概述

【任务背景】

四大发明的概念最早来源于西方学者，并在之后被中国人接受。意大利数学家杰罗姆·卡丹早在 1550 年就第一个指出，中国对世界所具有影响的“三大发明”是司南（指南针）、印刷术和火药，并认为它们是“整个古代没有能与之相匹敌的发明”。1621 年，英国哲学家培根也曾在《新工具》一书中提道：“活字印刷术、火药、指南针这三种发明已经在世界范围内把事物的全部面貌和情况都改变了。”

四大发明的说法，源自英国汉学家李约瑟。它们是中国古代创新的智慧成果和科学技术，包括造纸术、指南针、火药、印刷术。这四种发明对中国古代的政治、经济、文化的发展产生了巨大的推动作用，经各种途径传至西方，对世界文明发展史产生了巨大的影响。

【相关知识】

一、造纸术

中国的“四大发明”中，造纸术是与人类生活关系最为密切的。纸张是我们日常生活中最常用的物品，无论是阅读、书写，还是工农业生产，都离不开纸。即使是在电子传播媒介飞速发展的今天，纸张仍占据着不可替代的重要位置。在造纸术发明之前，中国人以甲骨、金石、简牍、缣帛等为主要的书写材料，缺点是昂贵而且使用不便。西汉时期发明了“麻纸”，是植物纤维纸，但质地粗劣，不适合书写。东汉时期宦官蔡伦改良了植物纤维造纸方法，扩大了造纸原料的范围，破布、鱼网、树皮、麻头等都可以造纸，造出了便宜又易于书写的纸，其中树皮造纸更是他的发明。他的造纸工艺更为精细，造纸术到他这里，摆脱了纺织品附庸的地位——此前都是利用纺织之后抛弃的副产品来造纸。蔡伦将造纸发展为一种独立的工艺，用这种工艺造出之纸被称为“蔡侯纸”。

东汉末年，造纸技术成熟，出现了“左伯纸”。公元 4 世纪后，造纸术首先传入朝鲜半岛和日本。751 年，唐与大食在怛罗斯城（今哈萨克斯坦东南部江布尔城）开战，大败，俘虏中有大批造纸工匠，中国的造纸术先传到巴格达，继而传到欧洲。

二、活字印刷术

中国是世界上最早发明印刷术的国家。史料记载，593 年隋朝已有雕版印刷品，早期的印刷是把图文刻在木板上用水墨印刷的，木版水印画仍用此法，统称“刻版印刷术”（亦称“雕版印刷术”）。刻版印刷的前身是公元前流行的印章捺印和后来出现的拓印碑石等。造纸和制墨等生产技术出现之后，逐渐发明了刻版印刷技术。唐代刻书成风，敦煌发现唐代刻印的《金刚经》，标明印刷时间为 868 年。宋代雕版印刷术达到高峰，971 年，5 048 卷的《大藏经》在成都印成，雕版达 13 万块，费时 12 年。欧洲现存最早的有确切日期的雕版印刷品，是德国南部 1423 年印的《圣克利斯托菲尔》画像，晚于中国约 600 年。沈括《梦溪笔谈》记载：宋庆历年间（公元 1041 年—公元 1048 年），毕昇发明活字印刷术，原材料是胶泥。

元代著名道家学者、农学家与机械学家王祯发明了木活字，并创造出比较简捷的适于汉字复杂特点的转盘排字方法；后又发明了金属活字，使活字印刷得到了改进。唐代的雕刻印本传到日本，8 世纪后期日本完成了木板《陀罗尼经》，以后又传到朝鲜、中东一带和东欧。15 世纪，德国人学会了用合金铸字，从此毕昇首次创造的活字印刷在欧洲各地推广开来。

三、指南针

指南针古代叫司南，主要组成部分是一根装在轴上的磁针，磁针在天然地磁场的作用下可以自由转动并保持在磁子午线的切线方向上，磁针的南极指向地理南极（磁场北极），利用这一性能可以辨别方向。

指南针常用于航海、大地测量、旅行及军事等方面。物理上指示方向的指南针相关发明有三类，分别是司南、罗盘和磁针，均属于中国的发明。据《古矿录》记载，司南最早出现于战国时期的磁山一带。

指南针是中国古代劳动人民在长期的实践中对磁石磁性认识的结果。作为中国古代四大发明之一，它的发明对人类的科学技术和文明的发展起了无可估量的作用。在中国古代，指南针起先应用于祭祀、礼仪、军事和占卜与看风水时确定方位。

最早利用磁石的指南工具是司南，在战国时期已经普遍使用。

司南由一个用磁铁做成的勺和一个式盘组成。长勺重心位于底部正中，底盘光滑，四周刻二十四向，使用时把长勺放在底盘上，用手轻拨，使它转动，停下后长柄就指向南方。司南的缺点是磁性较弱，转动不灵，指向不大准确，但司南仍然被视为指南针的前身。

宋代发明了人工磁化方法，制造了指南针及指南鱼，指向比司南准确得多。之后指南针发展成罗盘，广泛用于航海。

公元前 3 世纪，《管子》记载：“上有慈石者，下有铜金（指铁矿石）。”《韩非子》中提道“先王立司南以端朝夕”。东汉王充《论衡》记载：“司南之杓，投之于地，其柢指南。”1044 年，北宋曾公亮和丁度《武经总要》记载制作使用指南鱼的方法。沈括《梦溪笔谈》有系统的指南针制造技术说明，并首次指出磁偏角的问题。

四、火药

中国古代发明的黑色火药是一种低级炸药，其爆炸能力和自动燃烧的速度都远不如近代的高级炸药。近代的高级炸药是用硝化纤维和硝化甘油等做的，和黑色火药并不相同，但它是从中国古代的黑色火药发展而来的。

火药是中国古代炼丹家在制丹时偶然发现的，后来被用在军事上成为火器，由成吉思汗西征带入西方。

唐代孙思邈《丹经》中第一次提到火药的配方：硫磺与硝石。

宋代《武经总要》首次记录了三种火药武器的火药配方。

8 世纪，火药配方传入阿拉伯，称“中国雪”，波斯人称“中国盐”。14 世纪，阿拉伯人将火药技术传入欧洲。

【任务思考与练习】

一、填空题

1. ____________是世界上最早发明印刷术的国家。

2. ____________中国古代叫司南，主要组成部分是一根装在轴上的磁针，磁针的南极指向地理南极（磁场北极），利用这一性能可以辨别方向。

3. ____________将造纸发展为一种独立的工艺，称为“蔡侯纸”。

二、思考题

1. 请简述一下中国古代四大发明。

2. 谈谈中国古代四大发明对现代社会发展的影响。

任务二　中国现代新“四大发明”概述

【任务背景】

中华人民共和国成立以来，中国在科技水平发展上与世界的整体差距正在逐步缩小。在核技术上，“两弹一星”——核弹（原子弹、氢弹）、导弹和人造卫星，是 20 世纪下半叶中华民族创建的辉煌伟业；在航天、航海技术上，载人航天、深空探测、中国制造人造卫星、“蛟龙号”载人深潜器、射电望远镜——中国天眼在国际上造成一定的影响力；在农业科技上，中国是世界上第一个成功研发和推广杂交水稻的国家；在信息技术方面，超级计算机与 5G 网络以及由此引发的信息技术衍生品更是将中国现代科技的兴起推向高潮。

2017 年诞生了中国“新四大发明”的网络流行词，具体是由来自“一带一路”沿线的 20 国青年评选出的具有中国特色的“高速铁路、扫码支付、共享单车和网络购物”四项“发明”。事实上它们并非由中国发明，只是在中国推广应用较为广泛，并且领先于其他国家，对国外影响较大。

【相关知识】

一、高速铁路

1964 年 10 月 1 日，日本东海道新干线正式通车，运营速度高达 210 千米/小时。故世界上第一条真正意义上的高速铁路由日本发明。这标志着世界高速铁路新纪元的到来。日本作为世界高速铁路的先驱为包括中国在内的其他尚未或正在发展高速铁路的国家积累了丰富的经验，并有偿转让了部分技术给这些国家，以帮助其更快、更方便地发展高速铁路系统。2006 年 3 月，由新干线 E2-100 改造而来的 CRH2A 型列车从神户港装船出发前往中国青岛，由此开启了中国的高铁时代。目前中国的高铁营运里程位居世界第一。

二、扫码支付

扫码支付的模式建立在移动支付的概念上，而最早一批由移动设备完成的付款发生在1997年的芬兰。芬兰当地媒体报道，芬兰电信启用了通过拨打一个付费电话号码来操作点唱机和自动饮料售卖机的服务，这项服务可以在赫尔辛基机场买可口可乐。扫描的二维码（QR code，也称“快速反应码”）则是1994年由日本DW公司发明的。目前扫码支付已经成为中国重要支付方式之一，其最主要的平台是支付宝和微信。

三、共享单车

1965年，荷兰的阿姆斯特丹市政府提出了“白色计划”，由政府购置50辆自行车并将其刷上白漆作为记号散放在城市各处供人使用，这是世界上最早的无人管理的共享单车系统，故共享单车由荷兰发明。2004年之后，中国开始引入共享单车模式，2017年，共享单车在中国快速发展，创新的经营理念和发展模式让共享单车成为中国的一张闪亮名片，关联企业也迅速发展起来。

四、网络购物

网络购物属于电子商务的范畴。在1979年，英国人麦克·奥德里奇（Michael Aldrich）发明了网上购物的概念。奥德里奇利用一种被称为Videotex的技术，通过电话线将普通电视机连接到了当地零售商的电脑。到20世纪90年代，亚马逊和eBay在1995年推出了他们的网站，电子商务开始在全球流行。随着互联网的发展，中国网络购物的用户规模不断上升，出现了淘宝、天猫、苏宁、京东等各种网络购物平台，并且促进了物流行业的发展。

【任务思考与练习】

一、思考题

1. 什么是“两弹一星”？
2. 请简述一下什么是中国的“新四大发明”。

二、论述题

1. 中国的“杂交水稻”技术也是给世界带来深远影响的技术之一，请论述其推广的意义。
2. 请列举三项在你的国家或世界上被广泛推广和使用的中国现代科学技术。

任务三　实践探索：“揭秘”网络购物

【任务背景】

网上购物流程，指的是通过互联网媒介用数字化信息完成购物交易的过程。网上购物流程与传统购物流程存在许多差异，包括挑选物品、确认主体身份、支付、验货等。

以淘宝网为例，网络购物的流程为：首先，你要注册一个淘宝账号，然后下载一个在线聊天工具——淘宝旺旺（淘宝网也提供网页版阿里旺旺）。登录后，可以在我的淘宝对你要购买的商品进行查询，在查询页面，你可以选择以商家信誉排列商品或以价格高低排列商品，这样可以一目了然地看到你要选的商品。

然后，选定一家信誉尚可、价格合适的商家，就你所要的商品和他详谈商品的品质、价格及售后和所走的物流，一切谈妥后，选择支付方式，建议使用第三方支付平台——支付宝，这一支付平台的运作模式是你先把货款打入第三方账户，只有当你收到货并确认货品与商家承诺一致时，支付宝才会把你的款项转入商家户头，这样你购物才比较有保障。你可以用网上银行给支付宝充值，如果无网上银行，可以让有网上银行的朋友帮你充值，还有部分商家支持信用卡在线支付。

最后，对网上购物进行评价。当你收到货物后应及时查验其是否与卖家所描述的相符合，如果没有问题可以就货物是否与卖家所描述的相符、卖家的服务态度、卖家的发货速度进行评价，这有助于提高双方的信誉，也可为其他人购物提供参考。

【任务操作】

学　院		专　业	
中文名		英文名	
接受任务：了解中国网络购物环境，熟悉掌握网络购物流程和中文操作页面，并根据了解到的内容完成以下实践内容			
前置知识： 1. 了解中国网络购物的情况、购物网站情况等。 2. 了解网络购物操作流程、付款方式。 3. 了解购物网站类型、常用网站地址等			
成绩：			
计划实施： 1. 观看有关网络购物概况的教学片。 2. 将学生每2~4人分成一组。 3. 每小组下载一个网络购物APP进行网络购物实操训练。 4. 队内各小组之间进行本次实训练习的心得、经验交流。 5. 各队推选出本队的最佳小组进行全班演示。 6. 根据网络购物操作填写以下表格			

序号	购物网站类型	网络地址	其他特点
1			
2			
3			

7. 根据网络购物实践操作，以流程图的形式总结网络购物流程。

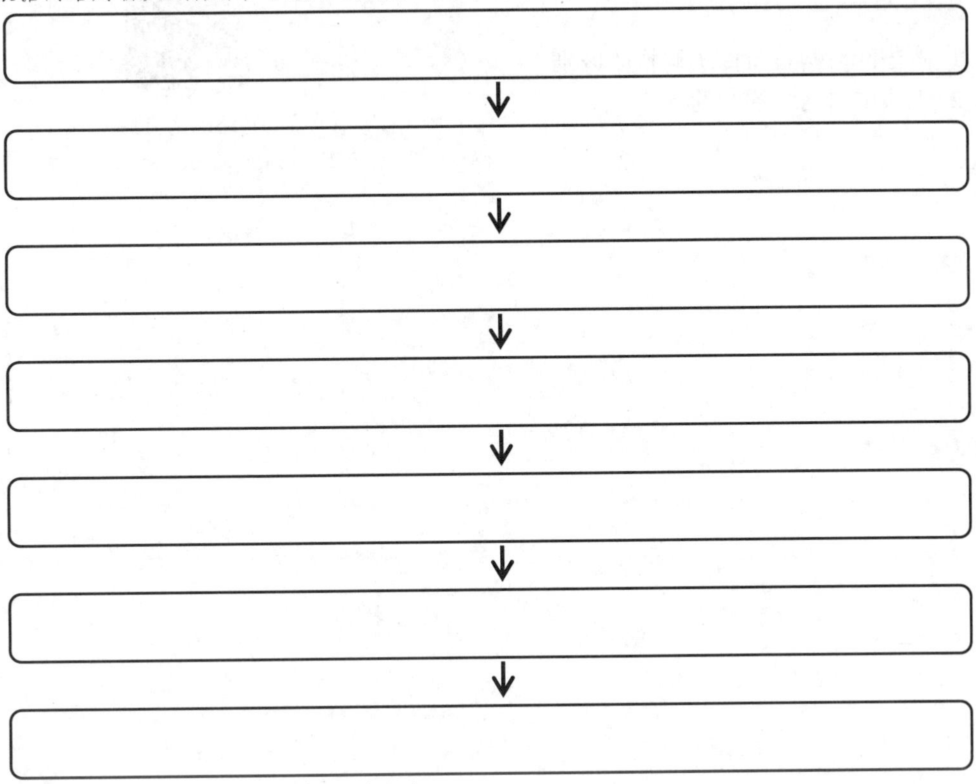

8. 根据实践操作列出网络购物的支付方式

质量检查：

程序	操作要求	配分	得分
下载网络购物 APP 或注册登录购物网站	了解中国网络购物的主要平台，使用中文页面进行下载或注册登录	20	
网络购物办理流程	通过搜索确定购买商品	10	
	询问商品情况	20	
	填写数量、地址、联系电话等	20	
	下单支付（可选）	10	
完成办理	办理完成（付款界面出现也算办理完成）	10	
	取货	10	
合计		100	

成绩：

【任务思考与练习】

1. 简述网络购物与传统购物的区别。
2. 谈谈中国网络购物的优势。

网络购物介绍
（扫描后请先关注“交大 e 出版”）

项目七 中国国际合作与交流

教学目标

1. 了解中国国际交流合作领域。
2. 了解中国“一带一路”倡议。
3. 体验中国教育国际合作会议、体验茶马古道。

教学知识点

1. 中国的对外经济基本政策。
2. “互联网+”的运用、电子商务与跨境电商等。
3. 教育文化交流——中国-东盟教育交流周、“一带一路”建设。

教学重点词汇

外交（wàijiāo） diplomacy

跨境电商（kuàjìng diànshāng） cross-border electricity commerce

互联网+（hùliánwǎng jiā） Internet plus

自由贸易区（zìyóu màoyì qū） free trade area

一带一路（yīdài yīlù） the Belt and Road Initiative

中国-东盟教育交流周（zhōngguó-dōngméng jiàoyù jiāoliú zhōu） China-ASEAN Education Exchange Week

任务一　中国外交政策与国际交流合作简介

【任务背景】

中国自古以来都遵循“以和为贵”的外交理念，有着众多的友好邦国，也在当时存在一些经典的古代贸易合作。而和平、发展、合作则是当今世界潮流。改革开放以来，中国顺应经济全球化趋势，不断扩大对外开放，在平等互利的基础上积极同世界各国开展经贸合作。经过多年发展，对外贸易成为中国经济最为活跃、增长最快的部分之一，中国也成为跻身世界前列的贸易大国。中国对外贸易的发展将中国与世界更加紧密地联系起来，有力推动了中国的现代化建设，也促进了世界的繁荣与进步。

2001 年中国加入世界贸易组织。20 多年来，中国经济融入全球经济的进程加快，中国对外贸易的活力进一步增强。截至 2019 年，中国已经是世界第一大出口和第二大进口国，是世界经济稳定增长的重要力量。

【相关知识】

一、中国外交政策与对外经济贸易

中国外交政策指的是中国在处理同世界上一切其他国家和地区的政治、经济、文化、边界等各种关系中的措施和办法。中国始终坚持维护世界和平、促进共同发展的外交政策宗旨，致力于推动构建人类命运共同体。中国坚定奉行独立自主的和平外交政策，一贯坚持和平共处五项原则，即互相尊重主权和领土完整、互不侵犯、互不干涉内政、平等互利、和平共处，以及在和平共处五项原则的基础上发展演变而来的其他政策、措施、处理办法。在中国外交政策的指导下中国已经同许多国家和地区建立和发展了友好合作的外交关系。

改革开放后，基于中国的外交政策，中国全方位发展对外经济贸易，与世界上绝大多数国家和地区建立了贸易关系。贸易伙伴已经由 1978 年的几十个国家和地区发展到 200 多个国家和地区。欧盟、美国、东盟、日本、金砖国家等成为中国主要贸易伙伴。2001 年 12 月 11 日，中国成为世界贸易组织（WTO）第 143 个成员。根据加入 WTO 的承诺，中国扩大了在工业、农业、服务业等领域的对外开放，加快推进贸易自由化和贸易投资便利化。在履行承诺过程中，中国深化外贸体制改革，完善外贸法律法规体系，减少贸易壁垒和行政干预，理顺政府在外贸管理中的职责，促进政府行为更加公开、公正和透明，推动开放型经济进入一个新的发展阶段。

加入世界贸易组织后，中国服务贸易规模迅速扩大，结构逐步优化，排名也进入世界前列。旅游、运输等领域的服务贸易增势平稳，建筑、通信、保险、金融、计算机和信息服务、专有权利使用费和特许费、咨询等领域的跨境服务以及承接服务外包快速增长。

对外经济贸易发展有力推动了中国的现代化建设，中国成长为一个开放的经济体。参与国际分工与竞争，引进先进技术、设备和管理，利用外商直接投资，极大促进了中国技术进步和产业升级，提高了企业管理水平和市场竞争力。至此，对外贸易与国内投资、消费一起，成为中国经济增长的三大引擎。

二、中国的国际经济外交

经济外交是主权国家元首、政府首脑、政府各个部门的官员以及专门的外交机构，围绕国际经济问题开展的访问、谈判、签订条约、参加国际会议和国际经济组织等多边和双边的活动。中国的国际经济外交是在倡导人类命运共同体意识，在追求本国利益时兼顾他国合理关切，在谋求本国发展中促进各国共同发展的外交政策。通过外交促进出口，通过外交扩大对外投资，通过外交扩大国内就业，通过外交改善国内民生。中国的国际经济外交，既为中国利益而来，更为中国和世界的共同利益而来。

（一）世界需要中国的经验、技术和资金

中国的“大国担当”发展思路促进数字经济的国际合作。数字经济是人类通过大数据（数字化的知识与信息）的识别—选择—过滤—存储—使用，引导、实现资源的快速优化配置与再生、实现经济高质量发展的经济形态。作为一个内涵比较宽泛的概念，凡是直接或间接利用数据来引导资源发挥作用，推动生产力发展的经济形态都可以纳入其范畴。在技术层面，包括大数据、云计算、物联网，区块链、人工智能、5G 通信等新兴技术；在应用层面，“新零售”“新制造”等都是其典型代表。

当前，数字经济已成为全球经济增长点。以使用数字化的知识和信息作为关键生产要素、以现代信息网络作为重要载体、以信息通信技术的有效使用作为效率提升和经济结构优化的重要推动力，数字时代的经济活动正呈现出前所未有的创造力。有研究显示，一个国家数字化程度每提高 10%，人均 GDP 可增长 0.5% ~ 0.62%。有学者预测，未来几年，数字经济在全球经济的占比将达到 22.5%，到 2025 年，全球经济总值将可能有一半来自数字经济。

当前，中国数字经济总量跃居全球第二，正坚定地从网络大国向网络强国迈进。物联网、云计算、大数据、移动支付全方位深入各领域，无人驾驶、共享单车、5G 大规模商用时间表、推进 IPv6 规模部署路线图深刻改变着国际互联网治理与商业生态格局。中国作为联合国常任理事国，一直以增进网络空间和平繁荣为己任，积极参与国际互联网治理体系塑造与规则制定，稳步走进国际互联网舞台的中央。中国通过建设陆上丝绸之路、搭建空中丝绸之路、打造网上丝绸之路，服务“一带一路”倡议；积极支持《G20 数字经济发展与合作倡议》的通过和贯彻落实；与相关国家共同发起《“一带一路”数字经济国际合作倡议》，为共同推动世界数字经济的繁荣作出贡献（见图 7.1）。

图 7.1　中国国际数字经济博览会

（图片来源：中华人民共和国中央人民政府网站，http://www.gov.cn/xinwen/2021-09/06/content_5635727.htm#1，2021-09-06）

（二）中国也需要世界的商品销售市场和投资目的地

通过经济外交带动中国具有比较竞争优势的企业和行业走出去，扩大在国际上的市场空间，对于中国国内产业结构调整升级具有重要意义。在现今国际形势下，电子商务与跨境电商是中国经济外交国际合作成果的具体体现手段。中国对外商贸的崛起，离不开电子商务与跨境电商的蓬勃发展。

中国的跨境电子商务作为推动经济一体化、贸易全球化的技术基础，有非常重要的战略意义。跨境电子商务不仅冲破了国家间的障碍，使国际贸易走向无国界贸易，同时它也正在引起世界经济贸易的巨大变革。对企业来说，跨境电子商务构建的开放、多维、立体的多边经贸合作模式，极大地拓宽了进入国际市场的路径，大大促进了多边资源的优化配置与企业间的互利共赢；对于消费者来说，跨境电子商务使他们能非常容易地获取其他国家的信息并买到物美价廉的商品。

中国经济外交在推动国内企业和产业“走出去”的同时，也注重将外国先进技术和优质产品“引进来”，并充分发挥“市场逻辑”的影响，让中国企业积极开拓创新，与国际合作伙伴创造价值，促进世界各国经济共同发展。

三、中国的国际环境外交

在这个全球化的时代，人类环境问题的解决必须通过世界各国的通力合作才有可能实现。中国在采取一系列措施解决本国环境问题的同时，也积极务实地参与环境保护领域的国际合作，为保护全球环境这一人类共同的事业进行了不懈努力。

环境外交与经济外交、政治外交不同，环境外交的主要目标是维护全球生态安全，保持生物多样性以及实现可持续发展。具体可从四个方面进行理解：一是国际环境条约的谈判；二是各国就环境问题进行的双边和多边交流与合作，主要着眼于如何进一步深化国际合作；三是国际环境履约；四是国际环境分歧和冲突的化解。

环境问题是全球性问题，各个国家都对气候变化等生态环境问题负有一定责任。其中，发达国家因工业发展早、经济实力雄厚，更应当担负起比发展中国家更大的责任。因此，只有在全球范围内实现国际合作、达成国际共识才能真正解决环境问题。

中国在全球层面的应对气候变化国际合作领域发挥着引领作用。2020 年 9 月 22 日，中国国家主席习近平在第 75 届联合国大会上提出：“中国将提高国家自主贡献力度，采取更加有力的政策和措施，二氧化碳排放力争于 2030 年前达到峰值，努力争取 2060 年前实现碳中和。”这意味着中国已制定目标，将在符合自身利益和国家发展战略的领域，如新能源开发、环境治理现代化、低碳技术研发、环保与减排协同、提高透明度等领域加大行动力度，同时坚定维护中国发展中国家的地位不动摇，在做出新的减排承诺和提供国际气候援助等问题上量力而行（见图 7.2）。

图 7.2　世界地球日——珍爱地球

（图片来源：http://www.gov.cn/xinwen/2022-04/22/content_5686760.htm#1）

【任务思考与练习】

1. 请简述中国大国外交政策的内容。
2. 请谈谈中国“互联网+数字经济”的运用在国际发展中的影响。
3. 什么是环境外交？你认为环境外交应该怎么做。

任务二　自由贸易区与“一带一路”

【任务背景】

从中国加入 WTO 开始，中国真正融入了国际贸易，中国和世界的关系越来越密不可分。过去我们是通过输出初级产品取得外汇，支持国内企业的发展，这只是利用了廉价劳动力的优势，而企业的综合竞争力不强。现在我们要做的就是在“引进来”的同时“走出去”，鼓励企业到国外投资，形成一批有实力的跨国企业和著名品牌，这样才可以保持企业的竞争力，使得国内的企业得到长久的发展。这样的发展从过去的量发展到了质，从有限领域开放到全方位的开放，可以利用全球化的优势，使企业真正受益。

中国自由贸易区是指在国境内关外设立的，以优惠税收和海关特殊监管政策为主要手段，以贸易自由化、便利化为主要目的的多功能经济性特区。中国自由贸易区建设力度和意义堪与 20 世纪 80 年代建立深圳特区和 90 年代开发浦东两大事件相媲美，其核心是营造一个对内外资都具有吸引力的国际商业环境。国务院于 2013 年 8 月 22 日正式批准设立中国自由贸易区，消息公布后，各方普遍认为，中国自由贸易区是打造中国经济“升级版”

的“聚焦点”，正如加入 WTO 进一步激发了中国经济的活力，自贸试验区建设也将促进包括服务业在内的市场经济大发展。专家认为，在自由贸易试验区内，以政府放权为标志的改革将进一步深化，原先受到较多管制的创新类金融服务、商务服务、文化娱乐教育和医药医疗护理业等，将获得很大的发展机会。

【相关知识】

一、自由贸易区

截至 2019 年，中国已批准设立的自由贸易区包括中国（上海）自由贸易试验区、中国（广东）自由贸易试验区、中国（天津）自由贸易试验区、中国（福建）自由贸易试验区、中国（辽宁）自由贸易试验区、中国（浙江）自由贸易试验区、中国（河南）自由贸易试验区、中国（湖北）自由贸易试验区、中国（重庆）自由贸易试验区、中国（四川）自由贸易试验区、中国（陕西）自由贸易试验区、中国（海南）自由贸易试验区、中国（山东）自由贸易试验区、中国（江苏）自由贸易试验区、中国（广西）自由贸易试验区、中国（河北）自由贸易试验区、中国（云南）自由贸易试验区、中国（黑龙江）自由贸易试验区、中国（湖南）自由贸易试验区、中国（安徽）自由贸易试验区、中国（北京）自由贸易试验区等共计 21 个自贸区。

二、“一带一路”

“一带一路”（The Belt and Road，缩写 B&R）是“丝绸之路经济带”和“21 世纪海上丝绸之路”的简称，2013 年 9 月和 10 月由中国国家主席习近平分别提出建设“新丝绸之路经济带”和“21 世纪海上丝绸之路”的合作倡议。依靠中国与有关国家既有的双多边机制，借助既有的、行之有效的区域合作平台，“一带一路”旨在借用古代丝绸之路的历史符号，高举和平发展的旗帜，积极发展与沿线国家的经济合作伙伴关系，共同打造政治互信、经济融合、文化包容的利益共同体、命运共同体和责任共同体。

截至 2021 年 10 月 26 日，中国已与 140 个国家和 32 个国际组织，签署了 206 份共建“一带一路”合作文件。

【任务思考与练习】

一、填空题

1. “一带一路”分别是____________________和 ____________________。

二、思考题

1. 你的国家是否参与了“一带一路”倡议？如果你的国家参与了“一带一路”倡议，请说出你的国家是哪年加入“一带一路”倡议的？

2. 你的国家参与了哪些“一带一路”基础建设项目？请简要介绍相关项目，以及“一带一路”倡议给你的国家带来的积极变化。

任务三　实践探索：中国-东盟教育交流周、茶马古道之旅

中国-东盟教育交流周

【任务背景】

中国与东盟地理相邻，山水相连，文化相通，血脉相亲，利益相融。截至 2021 年，中国-东盟战略伙伴关系建立 17 年，相互尊重、平等相待、睦邻友好、互利共赢始终贯穿于中国与东盟关系发展的全过程。双方彼此信任不断加强，务实合作日益深化，人文交往更趋密切，各领域合作都取得长足进展，为本地区国家和人民带来了实实在在的利益。

为进一步增进彼此的了解与友谊、开展更务实的教育合作、铺设更畅通的合作渠道，拓展更多的合作领域、加强区域间文化交流与发展，自 2008 年起，中国教育部、外交部及贵州省人民政府已联合在贵州成功举办了 13 届“中国-东盟教育交流周”（以下简称东盟周，见图 7.3）。

东盟周致力于打造中国与东盟国家教育合作的平台和品牌。经过 10 多年来的蓬勃发展，交流周由小到大，由单一的教育合作平台，拓展为以教育合作为主体的人文交流平台；由中国-东盟 10+1 合作，发展为以中国-东盟合作为主线，辐射“一带一路”沿线国家的 10+1+N（特邀伙伴国）合作模式；交流周活动周期覆盖全年，由在开幕期集中举办活动扩展成为全年不同时段异地冠名举办多项活动；形成了中国-东盟百名校长牵手未来系列活动、中国-东盟青少年交流系列活动、中国-东盟人文交流系列活动、中国-东盟职业教育博览会、中国-东盟教育合作与人才交流洽谈会、“一带一路”教育合作六大品牌系列活动；打造了一批涵盖教育、科技、文化、卫生、体育、旅游等内涵丰富、形式多样的特色项目。同时，务实推动交流周成果落地实化，通过重点实施推动国际青少年文化艺术交流和美育研学，围绕贵州特色职业教育优势打造内陆职业教育对外开放新高地，创建服务贵州教育对外开放的品牌项目推动双向人才流动和人才培养等，进一步扩大交流周平台的影响力，提升交流周平台内涵建设，服务教育合作交流，助推经济社会发展。

图 7.3　中国-东盟教育交流周会场

（图片来源：http://www.gov.cn/xinwen/2021-09/24/content_5639136.htm#3）

【任务操作】

学　院		专　业	
中文名		英文名	

接受任务：了解中国-东盟教育交流周各项活动，尽可能参与其中活动

前置知识：
1. 了解中国-东盟教育交流周的产生和发展。
2. 了解中国-东盟教育交流周的举办时间和地点。
3. 了解中国-东盟教育交流周的历史成就

成绩：

计划实施：
1. 参观或参加中国-东盟教育交流周活动或观看有关中国-东盟教育交流周教学宣传片。
2. 将学生 3~4 人分成一组。
3. 讨论国际活动的形式等内容。
4. 互动讨论中国-东盟教育交流周活动在中外合作交流中的影响。
5. 根据影片了解和实际参观中国-东盟教育交流周的系列活动，回答以下问题：

（1）本届中国-东盟教育交流周开展的时间、地点、全年活动项目有几项？

（2）本届中国-东盟教育交流周特邀伙伴国家是？

（3）请列出本届中国-东盟教育交流周开幕期间开展的项目活动和时间

序号	开展时间	活动名称

质量检查：
要求学生试对某一项中国-东盟教育交流周活动进行口头评价，教师根据内容给出评价。

成绩：

【任务思考与练习】

1. 国际教育文化交流中，中国做出了哪些努力？
2. 谈谈你对中国-东盟教育交流周的认识。

茶马古道之旅

【任务背景】

茶马古道并不是一条单一的道路，它是由主线以及延伸出来的大大小小的若干分支的统称，像条奔腾不息的大河，纳百川而入海。

茶马古道连接四川、云南和西藏，横跨不丹、尼泊尔和印度，然后到达中东，甚至埃及的红海沿岸。从总体上讲，中国古代茶马古道分为两条主要道路：川藏茶马路和滇藏茶马路。

一、茶马古道川藏线

川藏茶马公路形成于6世纪末，全长4 000多千米，已有1 300多年的历史。川藏茶马公路从四川雅安经泸定、康定、巴塘、昌都至拉萨，并延伸至尼泊尔、缅甸和印度。明朝（公元1368年—公元1644年）时川藏茶马公路被正式承认，这有助于沿线商业城镇的扩张，促进了内地与西藏的商业往来。

二、茶马古道滇藏线

滇藏茶马公路同样形成于6世纪末。它从思茅（茶叶主要产区）开始，经拉萨，穿越西双版纳的普洱、大理、丽江和香格里拉，到尼泊尔、缅甸和印度。因此，它是云南通往南亚贸易的重要通道。

从久远的唐代开始，直到20世纪五六十年代滇藏、川藏公路的修通，历经千余年岁月沧桑，茶马古道连接着沿途各个民族，发展了当地经济，活跃了商品市场，促进了边贸地区农业、畜牧业的发展。与此同时，沿途地区的艺术、宗教、风俗文化、思想也得到发展和繁荣。

茶马古道所经的河谷地区大多是古代民族迁移流动的通道，许多古代先民在这里留下了他们的踪迹，许多原生形态的古代文化因素至今仍积淀和保留在当地的语言宗教和习俗中，同时也有许多历史之谜和解开这些历史之谜的线索蕴藏其中。千百年来，不仅是汉、藏之间，藏族与西南其他少数民族乃至藏族内部各族群之间的文化交流与传播均在这里默默地、不间断地进行着，这里既有民族文化的冲突与碰撞，也有各民族文化之间积极的互动、融合。

藏传佛教在茶马古道上的广泛传播，也进一步促进了滇西北纳西族、白族、藏族等各民族之间的经济往来和文化交流，增进了民族间的团结和友谊。沿途上，一些虔诚的艺术家在路边的岩石和玛尼堆绘制、雕刻了大量的佛陀、菩萨和高僧，还有神灵的动物、海螺、日月星辰等各种形象。那些或粗糙或精美的艺术造型为古道上漫长的旅途增添了一种精神上的神圣和庄严，也为那遥远的地平线增添了几许神秘的色彩。

【任务操作】

<table>
<tr><td>学 院</td><td></td><td>专 业</td><td></td></tr>
<tr><td>中文名</td><td></td><td>英文名</td><td></td></tr>
<tr><td colspan="4">接受任务：观看影片或实地参观考察，了解茶马古道的基本情况，并根据了解内容回答问题</td></tr>
<tr><td colspan="4">前置知识：
1. 了解中国茶马古道的基本情况。
2. 了解茶马古道的两大路线。
3. 了解茶马古道对国际商贸和文化做出的贡献。</td></tr>
<tr><td colspan="4">成绩：</td></tr>
<tr><td colspan="4">计划实施：
1. 观看有关茶马古道的教学片或实地参观。
2. 将学生 2~4 人分成一组。
3. 每小组查询资料讨论茶马古道的两组线路途经国家或地区地理地貌等。
4. 根据讨论情况回答以下问题：
（1）请画出川藏茶马路和滇藏茶马路途经地区或国家以及周边地理地貌的特征。

（2）请谈谈茶马古道对国际商贸和文化发展的影响。</td></tr>
<tr><td colspan="4">质量检查：
教师根据实践完成情况做评价总结。</td></tr>
<tr><td colspan="4">成绩：</td></tr>
</table>

【任务思考与练习】

1. 请问中国茶马古道经过的国家有？
2. 谈谈你对中国茶马古道的认识。

项目八 中国节日文化

教学目标

1. 了解中国传统文化和中国节日文化。
2. 体验中国节日文化。

教学知识点

1. 中国传统佳节（春节、元宵节、清明节、端午节、七夕节、中元节、中秋节、重阳节、冬至节）的概述。
2. 不同民族的传统节日。
3. 贵州特色节日。
4. 节日相关诗歌（如《九九歌》《枫桥夜泊》《清明》等）的学习及民俗故事。

教学重点词汇

中国传统文化（zhōngguó chuántong wénhuà）traditional culture of China

民族文化（mínzú wénhuà）ethnic culture

中国传统节日（zhōngguó chuántong jiérì）Chinese traditional festival

春节（chūnjié）Spring Festival

诗歌（shīgē）poem

特色（tèsè）characteristic

任务一　中国传统佳节

【任务背景】

中国传统节日是中华民族悠久历史文化的重要组成部分，形式多样、内容丰富。传统节日的形成是一个民族或国家的历史文化长期积淀凝聚的过程。中华民族的古老传统节日，涵盖了原始信仰、祭祀文化、天文历法、易理术数等人文与自然文化内容，蕴含着丰厚的文化内涵。中国传统节日是从远古时期发展而来的传统节日，是一份宝贵的精神文化遗产，不仅清晰地记录着中华民族先民丰富而多彩的社会生活文化内容，也积淀着博大精深的历史文化内涵（见表 8.1）。

表 8.1　传统节日时间表

节日名称	节日时间（农历）
春节	正月初一
元宵节	正月十五
清明节	公历 4 月 5 日前后
端午节	五月初五
七夕节	七月初七
中秋节	八月十五
重阳节	九月初九
冬至	公历 12 月 22 日前后
除夕	腊月廿九或三十

【相关知识】

一、春节

春节是指汉字文化圈传统上的农历新年，古时曾专指节气中的立春，也被视为一年的开始，后来改为从农历正月初一开始到正月十五结束，是中华民族最隆重的传统佳节。2006 年 5 月 20 日，“春节”民俗经国务院批准列入第一批国家级非物质文化遗产名录。

春节是象征团结、兴旺，对未来寄托新的希望的佳节。中国人民过春节已有四千多年的历史。传说，公元前两千多年的一天，舜即天子位，带领着部下人员祭拜天地。从此，人们就把这一天当作岁首，算是正月初一。据说这就是农历新年的由来。

关于春节，民间还有一种广为流传的说法，远古时代有一种叫“年”的怪物，每逢腊月三十晚上便出来，挨家挨户地食人。人们只得把肉食放在门口，然后关上大门，躲在家里，因为“年”害怕红色，所以每家还会贴上红色的对联，直到初一，早上人们开门见了面，作揖道喜，互相祝贺未被年兽吃掉。

春节期间，家家洒扫门庭、盛装打扮，阖家团聚、拜谒尊长、吃团圆饭；贴春联、放爆竹、跳狮子、舞龙灯，亲友互访、相祝拜年，等等。正月十五元宵节，是春节节日活动的终结。

二、元宵节

元宵节，又称上元节、小正月、元夕或灯节，是中国的传统节日之一，时间为每年农历正月十五。正月十五是一年中第一个月圆之夜，所以称正月十五为“元宵节”。2008年6月，元宵节被列入第二批国家级非物质文化遗产。

正月十五闹元宵，将从除夕开始延续的庆祝活动推向又一个高潮。元宵之夜，大街小巷张灯结彩，赏灯、猜灯谜、吃元宵成为世代相沿的习俗。

三、清明节

清明既是二十四节气之一，又是一个历史悠久的传统节日，时间在公历4月5日前后。这一时节生气旺盛、阴气衰退，万物“吐故纳新”，大地呈现春和景明之象，正是郊外踏青春游与行清墓祭的好时节。

除了中国，世界上还有一些国家和地区也过清明节，比如越南、韩国、马来西亚、新加坡等。2006年5月20日，清明节被列入第一批国家级非物质文化遗产。

清明节的习俗有扫墓、插柳、踏青、放风筝、植树、荡秋千等。

四、端午节

端午节时间在每年农历五月初五。据记载，因仲夏登高，顺阳在上，五月是仲夏，它的第一个午日正是登高顺阳好天气之日，故五月初五亦称为“端阳节”。关于端午节的起源，说法不一。一些人认为是古代长江中下游及以南一带崇拜龙图腾的部族举行的图腾祭祀，大部分人认为是为悼念投汨罗江自沉的战国时期楚国爱国诗人屈原。2006年5月，国务院将端午节列入首批国家级非物质文化遗产名录；2009年9月，联合国教科文组织正式审议并批准将中国端午节列入世界非物质文化遗产，端午节成为中国首个入选世界非物质文化遗产的节日。

端午习俗有喝雄黄酒、挂香袋、吃粽子、插花和菖蒲、斗百草、驱“五毒”、赛龙舟等。

五、七夕节

农历七月初七是七夕节，也是中国的情人节。相传很久以前，有个聪明、忠厚的小伙子牛郎一直和一头老牛过着平凡的生活，有一天，天上的织女偷偷飞到人间游玩，在老牛的帮助下，牛郎认识了织女并结为夫妻，婚后他们幸福地生活，可好景不长，织女与凡人结婚的事情被王母娘娘知道了，她亲自到凡间抓走了织女，并把牛郎和织女隔在了天河两岸，一年只能在七月初七相会一次，届时无数的喜鹊会在银河上搭成一座鹊桥。这一天，民间有向织女乞巧的习俗。一般是比赛穿针引线，看谁更心灵手巧。因此，七夕又叫乞巧节或女儿节。

六、中秋节

中秋节是中国民间的一个传统节日，时间为每年的农历八月十五。因为是一年秋季的中间，因此称中秋节。

中秋节时，人们仰望如玉如盘的明月，自然会期盼与家人团聚。远在他乡的游子，也借明月寄托自己对故乡和亲人的思念之情。所以，中秋节又称“团圆节”。

受中华文化的影响，中秋节也是东亚和东南亚一些国家尤其是当地的华人华侨的传统节日。2006 年 5 月 20 日，中秋节被国务院列入首批国家级非物质文化遗产名录，自 2008 年起中秋节被列为国家法定节假日。

中秋节的习俗有拜月、赏月、吃月饼、燃宝塔灯、赏桂花、玩兔儿爷、饮桂花酒等。

古时候，每逢中秋，千家万户便在庭院里摆起月饼、时令水果、花生等食物祭月，一家人在柔和的月光下一边赏月叙谈，一边分享食物。如今，祭月仪式已渐消失，中秋节已主要成为团聚和娱乐的节日。

七、重阳节

农历九月初九的重阳佳节活动极为丰富，有登高、赏菊、喝菊花酒、吃重阳糕、插茱萸等等。重阳节又是“老人节”，老人们在这一天或赏菊以陶冶情操，或登高以锻炼体魄，给桑榆晚景增添了无限乐趣。

八、冬至节

冬至是中国农历中一个非常重要的节气，也是中华民族的一个传统节日，冬至俗称“冬节”“长至节”“亚岁”等，相传它是二十四节气中最早制订出的一个，时间在每年的阳历 12 月 21 日至 23 日之间，这一天是北半球全年中白天最短、夜晚最长的一天。

九、除夕

除夕一般指农历一年最后一天的晚上，即春节前一天晚上，因常在农历腊月三十或二十九，故又称该日为年三十。一年的最后一天叫“岁除”，那天晚上叫“除夕”。除夕人们往往通宵不眠，叫“守岁”。除夕与春节相连，习俗相通。

【任务思考与练习】

一、思考题

1. 为什么说春节是中华民族最重要的节日？
2. 中秋节是在农历的几月几日？
3. 传说端午节是为了纪念哪位著名诗人？

二、判断题

1. 除夕指农历一年最后一天的晚上。（　）
2. 春节是象征团结、兴旺，对未来寄托新的希望的节日。（　）

任务二　贵州少数民族特色节日介绍

【任务背景】

贵州省的民族传统节日是少数民族人民生活中的一大特色。这些民族传统节日源远流长，与少数民族人民的生活、劳动密切相关。早期的民族节日多是进行祭祖拜神、祈佑丰收和寄托感情的活动。随着历史的发展，今天的民族传统节日实际上已经集民族风情、传统艺术、体育活动、贸易往来为一体，成为交流信息、增强民族团结的盛会。千百年来，贵州各族人民以无穷的智慧，创造了丰富多彩的民族文化，形成了一幅幅色彩斑斓、韵味无穷的贵州高原风情画。在被誉为“文化千岛”的贵州，多姿多彩的民族民间文化，造就了众多令人眼花缭乱的民族节日。“三里不同风，五里不同俗；小节天天有，大节三六九”是对贵州传统节日最为生动的写照。

少数民族节日活动多，有对歌、跳舞、吹笙、斗牛、演戏、祭祀、射弩、骑马及开展经济贸易活动等。

据不完全统计，贵州少数民族节日有 1 000 多种，规模较大的有苗族的“苗年节”、布依族的“六月六”、彝族的“火把节”、侗族的萨玛节、瑶族的“盘王节”等，其蕴藏着独属于贵州的绚丽多姿的文化。

如今，这些集民族风俗、民族歌舞、民间工艺、民间贸易于“一堂”的节日节庆，已成为贵州人最为深刻的民族记忆。这些独特的民族节日，不仅调节和丰富了贵州人与游客的精神生活和物质交流，也成为了贵州文旅行业的“点睛之笔”。

【相关知识】

一、苗年节

苗族春节就是苗家人一年一度最为盛大的节日——苗年节。在贵州的雷山、西江千户苗寨、丹寨、台江等地，都可有沉浸式的苗年体验。

各地过苗年的日期不尽相同，但大多集中在农历十月，周期可长达一个月。届时，当地村村寨寨都是盛宴的天地、歌舞的海洋，可以品尝到苗家儿女们精心准备的长桌宴、迎宾酒，听悠扬的芦笙曲，赏优美的舞姿……

作为苗年节的重头戏，服饰展演和巡游展示绝对是最惊艳的环节。在巡游的队伍里，穿戴在身上的千余个银晃晃的大银角和闪闪发光的盛装银饰片，让人满眼都是震撼壮观的“银山银海”。

村民还会下田摸鱼、烧水杀猪、打糍粑，缤纷多彩的活动尽显苗家人的欢乐生活。

二、布依六月六

布依族“六月六”这天，家家户户杀鸡、包粽子。有些地方还要杀猪宰牛庆贺节日，祭祀祖宗；妇女们臂挎装粽子的提篮，抱着鸡仔，探亲访友；当家的男人则聚会于寨中，端杯畅饮，商议寨子里的大事；青年男女则成群结队邀集于旷野或寨中，进行对歌、浪哨（谈恋爱）、丢花包等活动。有些地方把“六月六”称为歌节，届时男女老少汇聚一起，载歌载舞，欢度歌节。

三、侗族萨玛节

“萨玛”是侗语译音，“萨”即祖母，“玛”意为大，“萨玛”可汉译为“大祖母”（又称“萨岁”），她是整个侗族（特别是南部方言地区）共同的祖先神灵的化身。

每年农历的正月和二月，侗族民众都要举行盛大的“祭萨”活动，场面宏大而壮观，这种祭祀代代相传，便形成了今天的“萨玛节”。节期有时也会根据生产、生活情况或其他重大活动的需要而改在其他月份。祭品中最重要的是鱼，其次是油茶，祭祀的主要是妇女，油茶是侗乡最著名的食品，也是女性最喜欢的食品。妇女们在萨坛前一边打油茶，一边唱颂萨神歌，其乐融融。

四、彝族火把节

“火把节”是彝族以祭神祭田、祈年丰收、送祟除邪为主要内容的节日，时间基本上在农历六月二十四日。火把节期间，各村寨以干松木和松明子扎成大火把竖立寨中，各家门前竖起小火把，入夜点燃，村寨一片通明；同时人们手持小型火把绕行田间、住宅一周，将火把、松明子插于田间地角。青年男女在寨中大火把周围弹唱、跳舞，彻夜不息。节日期间，还有赛马、斗牛、射箭、摔跤、拔河、荡秋千等娱乐活动，并开设贸易集市。

五、瑶族盘王节

瑶族盘王节源自农历十月十六日的盘王节歌会。每逢这天，瑶民便汇聚一起，载歌载舞，纪念盘王。今天的盘王节已逐步发展为庆祝丰收的联谊会。青年男女则借此机会以歌道情，寻觅佳偶。

【任务思考与练习】

一、思考题

1. 贵州的民族节日有哪些？
2. 侗族萨玛节在什么时候？
3. 盘王节主要是哪个民族庆祝？

二、判断题

1. 苗年节的节日时间长达 49 天，有“世界最长节日”称号。（　）
2. 侗族萨玛节的祭萨活动中，祭祀的主要是妇女。（　）

任务三　实践探索：故事座谈会

【任务背景】

古往今来，无数文人雅士对习俗进行了描绘，为后人留下了脍炙人口的文化遗产。文化是一个国家、一个民族的灵魂。中华民族灿烂辉煌的文明发展史形成了博大精深的中华优秀传统文化，成为中华民族历久弥新的情感之源、力量之魂。

【相关知识】

九九歌

一九二九不出手；三九四九冰上走；

五九六九沿河看柳；七九河开八九雁来；

九九加一九，耕牛遍地走。

九九歌是中国民间传统歌谣。在中国传统文化中，九为极数，乃最大、最多、最长久的概念。九个九即八十一更是“最大不过”之数。古代中国人民认为过了冬至日的九九八十一日，春天肯定已经到来。

在江苏省苏州市的寒山寺，有一种“击钟分岁”的守岁习俗，除夕之夜的夜半时分，敲钟 108 下，意在消除人世间的 108 种烦恼。

枫桥夜泊

[唐]张继

月落乌啼霜满天，江枫渔火对愁眠。

姑苏城外寒山寺，夜半钟声到客船。

《枫桥夜泊》描写了一个秋天的夜晚，诗人泊船苏州城外的枫桥，江南水乡秋夜幽美的景色吸引着这位怀着旅愁的游子，使他领略到一种情味隽永的诗意美。而今天，人们在除夕夜守岁之时，听着那寒山寺钟声的袅袅余音，无不思念起自己的亲人和远方的朋友。

清明

[唐]杜牧

清明时节雨纷纷，路上行人欲断魂。

借问酒家何处有？牧童遥指杏花村。

清明这个节日，古人和我们今天对它的感觉是不完全一样的。在当时，清明节是个色彩情调都很浓郁的节日，家人团聚在一起，或游玩观赏，或上坟扫墓。清明节时，感情丰富的诗人心头的滋味是相当复杂的。倘若再赶上孤身行路细雨纷纷，春衫尽湿，那便更容易惹动心事、增添愁绪了。

【任务操作】

学　院		专　业	
中文名		英文名	

接受任务：中国传统节日民俗故事分享

前置知识：

1. 了解中国传统文化。
2. 了解中国传统节日文化习俗。
3. 了解中国传统节日相关故事。

成绩：

计划实施：

通过图片视频形式详细介绍中国节日及习俗。

以组为单位分别采访组内同学，“哪个中国传统节日令你印象深刻？为什么？”（50 分）

序号	中国传统节日	喜欢的原因

请用手抄报的形式分享一个自己喜欢的中国传统故事。

质量检查：

教师对各小组的调查结果评分。

请分享一个自己喜欢的中国传统故事。

教师评分标准：

思路清晰，语言流畅（10 分）	语速适当，声音清晰（10 分）	普通话标准（10 分）	用语规范，口齿清晰（10 分）	重点突出，表达自然（10 分）

成绩：

【任务思考与练习】

1. 选一首你最喜欢的诗歌，背诵下来。
2. 《枫桥夜泊》描述的是什么节日？
3. 《九九歌》一共数了多少天？

中国传统节日介绍

（扫描后请先关注“交大 e 出版”）

项目九

中国饮食文化

教学目标

1. 了解中国八大菜系。
2. 贵州特色饮食。
3. 体验茶文化。

教学知识点

1. 中国八大菜系（鲁、川、粤、苏、闽、浙、湘、徽）的简介、历史渊源和特色。
2. 中国饮食文化的主要表现。
3. 茶文化和酒文化的简介、历史渊源和相关的民间习俗。
4. 体验茶文化的同时进行瓷器文化的科普和讲解。

教学重点词汇

食（shí）food
民以食为天（mínyishíwéitiān） Hunger breeds discontentment
菜系（càixì） cuisine
饮（yǐn）drink
茶（chá）tea
酒（jiǔ）wine

任务一　中国食文化

【任务背景】

民以食为天。每个地区都有与众不同的饮食习惯和味觉倾向，而各自将关于饮食的精妙技艺发展成了一种习俗、一种文化。中国是具有五千年历史的文明古国，饮食文化与烹调技艺是其文明史的一部分，是中国灿烂文化的结晶。

【相关知识】

由于中国幅员辽阔，地大物博，各地气候、物产、风俗习惯都存在着差异，长期以来，在饮食上也就形成了许多风味。

菜系是指在一定区域内，由于气候、地理、物产及饮食风俗的不同，经过漫长历史演变而形成的一整套自成体系的烹饪技艺和风味。中国饮食文化源远流长，普遍承认的有八大菜系：鲁菜、川菜、粤菜、苏菜、闽菜、浙菜、湘菜、徽菜。

表 9.1 列出了八大菜系口味：

表 9.1　八大菜系口味特点

菜系	口味
鲁菜	口味以咸鲜为主。讲究原料质地优良，以盐提鲜，以汤壮鲜，突出本味，善烹海味
川菜	口味以麻辣为主。菜式多样，清鲜醇浓并重，善用麻辣调味
粤菜	口味以鲜香为主。选料精细，擅长小炒，对火候和油温的把握恰到好处，兼容西菜做法
苏菜	口味以清淡为主。用料严谨，注重配色，讲究造型，四季有别；烹调技艺以炖、焖、煨著称；重视调汤，保持原汁，口味平和；善用蔬菜
闽菜	口味以鲜香为主。尤以“香”“味”见长，具清鲜、和醇、荤香、不腻的风格；三大特色：一长于红糟调味，二长于制汤，三长于使用糖醋
浙菜	口味以清淡为主。菜式小巧玲珑，清俊逸秀，菜品鲜美滑嫩，脆软清爽。运用香糟、黄酒调味。烹调技法丰富，在烹制海鲜河鲜时尤有其独到之处
湘菜	口味以香辣为主。色泽上油重色浓，讲求实惠，香鲜软嫩；技法上煨的功夫炉火纯青；重视原料互相搭配，滋味互相渗透
徽菜	口味以鲜辣为主。擅长烧、炖、蒸，而爆炒菜少，重油、重色、重火功；最能体现徽式特色的是滑烧、清炖和生熏法

除了流派之分以外，按照地理位置，我们大致还可以把中国菜分为两类——北方和南方的烹饪。种植水稻的东南、西南地区以米食为主，种植小麦的东北、西北和华北地区以面食为主。无论是米食还是面食，主食的制作方法种类繁多，主食的品种也丰富多样。中国菜肴更体现了中国饮食文化的博大精深。

中国饮食文化的魅力在于它丰富的创造性，这得益于中国复杂多样的地理环境和不断交融的历史文化。从热带到寒带，从海滨到高山，交错的地貌和气候使这里物产丰富，食料广泛，促进了人们进食心理的选择，使餐桌上的肴馔丰富多变。这种多变是与中国文化崇尚的“天人合一”一脉相承的，中国饮食文化也追求自然、社会、人际以及个体生命的和谐与均衡。人们通过一起吃饭来加深感情或解决问题。强调饮食结构（谷、果、畜、菜）和谐搭配；饮食要与季节相适；医食同源，养生保健；同时也强调五味（酸、甜、苦、辣、咸）调和五脏，五脏和平则精神健爽。

【任务思考与练习】

中国食文化介绍
（扫描后请先关注“交大 e 出版”）

一、思考题

1. 中国的八大菜系是哪些？
2. 中国的菜系，因为什么的不同而划分？
3. 中国饮食文化主要表现在哪些方面？

二、判断题

1. 中国传统餐饮文化历史悠久，菜肴在烹饪中有许多流派。（　）
2. 湘菜口味以鲜辣为主。（　）
3. 川菜口味以咸鲜为主。（　）

任务二　中国饮文化

【任务背景】

茶和酒是人类饮食中的重要饮料，在中华民族悠久的历史长河中，茶酒文化都书写了不可或缺的辉煌篇章。

茶文化和酒文化的相同点在于，都是一种休闲的文化、交际的文化。

酒和茶都是有灵魂的，但两者性情截然相反，一个像豪爽讲义气的汉子，一个如文静温和的书生。酒以水为形，以火为性，是五谷之精髓，望着柔和但接触后刚猛，和茶比起来，酒难以下肚，也许非“喝”不能写尽饮酒者的神态和性情。茶是要慢慢品的，酒越喝越兴奋，而茶越品越清醒。酒属感性，茶则知性。适当地饮点酒、喝点茶，保持一种平常心，有益身心健康。呼朋引伴，广结善缘，茶和酒都是一种良好的有效的润滑剂。许多麻烦、许多生意，都可以在推杯换盏中解决，或者大致谈定。现代社会中人际交往、外事活动少不了酒宴与茶话会。

【相关知识】

一、茶文化

有人说中国人在原始社会就饮茶了，即在神农尝百草时就有茶了，这是不准确的。早期的茶是一种药，并没有人认为它是一种饮料。把茶作为饮料，最早见于记载的是汉宣帝时王褒的《僮约》赋。其中讲到“烹茶尽具”和“武都买茶”。武都是四川绵竹县北的一座山名，为当时的产茶区。

从《僮约》中可以看出，当时茶叶不仅已是一种饮料，而且成为商品。到三国时期，饮茶的风气渐盛，并逐渐传入宫廷。吴国末年的孙皓，是个昏庸极顶的君王，每次大宴群臣，都要把他们灌得酩酊大醉，引以为乐。大臣韦昭的酒量很小，孙皓就叫他以“茶茗”代酒。这以后，文人便开始以茶接待宾客。

从唐代开始，饮茶成为我国人民的一种生活习惯。我国是世界上制茶最早的国家。我国的武夷红茶、祁门红茶和龙井绿茶，在历史上早就都闻名于世。武夷山区气候温和，雨水调匀，处处种茶，盛产水仙、乌龙、大红袍等名茶。现在，公认的中国十大名茶是：黄山毛峰、六安瓜片、西湖龙井、祁门红茶、洞庭碧螺春、君山银针、信阳毛尖、武夷岩茶、安溪铁观音、庐山云雾。

种茶、饮茶不等于有了茶文化。茶文化的形成，还必须有文人的参与并衍生出文化的内涵。唐代陆羽所著《茶经》系统地总结了唐代以及唐以前茶叶生产、饮用的经验，提出了精行俭德的茶道精神。

文人非常重视茶的精神享受和道德规范，将之与儒、道、佛哲学思想交融而逐渐进入人们的精神领域。饮茶技艺也走出国门传至海外。明清时期，随着散茶的流行，饮茶方法也由点茶演变成泡茶，而且泡茶用具越来越讲究，工艺精巧的紫砂壶和瓷器茶具应有尽有。都市茶馆、茶坊林立，茶进入千家万户。在中国，茶文化已成为人们精神生活的重要内容之一。

二、酒文化

同茶文化一样，中华民族的酒文化也是源远流长。黄酒是世界上最古老的酒类之一，约在三千多年前的商周时代，中国人独创酒曲复式发酵法，开始大量酿制黄酒。约一千年前的宋代，中国人发明了蒸馏法，从此，白酒成为中国人饮用的主要酒类。酒渗透于整个中华五千年的文明史中，酒存在于文学艺术创作、文化娱乐、饮食烹饪、养生保健等各方面。

酒作为一种特殊的商品，给人们的生活中增添了丰富的色彩。中国古人将酒的作用归纳为三类：酒以治病，酒以养老，酒以成礼。几千年来，酒的作用远不限于此三条，起码还包括：酒以成欢，酒以忘忧，酒以壮胆。

【任务思考与练习】

一、思考题

1. 中国人何时开始饮茶？
2. 请思考中西酒文化的差异。
3. 从何时起，饮茶成为我国人民的一种生活习惯？

二、判断题

1. 中国是世界的文明古国，是酒的故乡。（ ）
2. 中国是世界上制茶最早的国家。（ ）

任务三　实践探索：包饺子、粽子，体验茶文化

【任务背景】

中国有一句古话“民以食为天”，可见饮食在中国民间的重要地位。中国作为饮食之邦，长期以来形成了丰富多彩的饮食文化，以其独特的文化内涵享誉世界。

【任务操作 1】

<table>
<tr><td>学　院</td><td></td><td>专　业</td><td></td></tr>
<tr><td>中文名</td><td></td><td>英文名</td><td></td></tr>
<tr><td colspan="4">接受任务：包饺子</td></tr>
<tr><td colspan="4">前置知识：在中国，饺子不仅仅是一种美食，还蕴涵着深厚的民族文化，是家家户户日常的美味小吃，更是某些地区人们大年三十晚上必备的食物，表达着人们对美好生活的向往与诉求。
问题：除了春节，中国哪些传统节日会吃饺子？</td></tr>
<tr><td colspan="4">成绩：</td></tr>
<tr><td colspan="4">计划实施：
1. 观看中国传统习俗故事（民俗篇）。
2. 实际操作包饺子。
3. 请以思维导图的形式展现出中国传统节日中有包饺子习俗的节日。
考核：
1. 请以小组为单位完成包饺子的过程，并分享各自的成果。（50 分）
2. 学生展示自己绘制的思维导图。</td></tr>
<tr><td colspan="4">质量检查：
<table><tr><td>思路清晰(10 分)</td><td>主题明确(10 分)</td><td>整体布局合理（10 分）</td><td>核心主题明确（10 分）</td><td>赏心悦目，具有独创性（10 分）</td></tr><tr><td></td><td></td><td></td><td></td><td></td></tr></table></td></tr>
<tr><td colspan="4">成绩：</td></tr>
</table>

【任务操作 2】

学　院		专　业	
中文名		英文名	

接受任务：包粽子

前置知识：

1. 粽子传说是为了祭奠投江的屈原而产生的。
2. 每年农历五月初五，中国百姓家家都要浸糯米、洗粽叶、包粽子

成绩：

计划实施：

1. 观看视频了解端午节由来；准备包粽子的材料，如箬竹叶、糯米等；观看包粽子视频；糯米浸泡 2 小时。
2. 手工制作：将粽子叶擦洗干净，剪去根部后放入水中，备用；糯米洗净，沥干水分，粽叶折成一个小碗状，先加入糯米，包好再用棉线扎紧，锅中用粽叶垫底，放入粽子，大火煮开后转小火煮 3~4 个小时。
3. 请以小组为单位完成包粽子的过程，并分享各自的成果。（50 分）
4. 请各小组绘制端午节由来手抄报，并讲述端午节传说故事

质量检查：

教师评分标准：

思路清晰(10 分)	主题明确(10 分)	整体布局合理（10 分）	核心主题明确（10 分）	赏心悦目，具有独创性（10 分）

成绩：

【任务操作 3】

学　院		专　业	
中文名		英文名	

接受任务：茶文化体验

前置知识：

1. 初步了解中国茶文化传统。
2. 了解一些茶道礼仪。
3. 初步了解茶叶的不同种类。

成绩：

计划实施：

1. 观看视频了解茶文化发展史。（视频：什么是茶文化，你了解多少？看视频前请说说你知道的茶叶的种类。）
2. 了解茶道与茶艺，观看整套茶道视频，说说自己的感想。
3. 品茶，谈谈其与咖啡的不同。

考核：

1. 制作 PPT 介绍茶文化的发展史（30 分）。
2. 体验整套泡茶过程（40 分）。
3. 说说与茶有关的句子（30 分）。

质量检查：

教师评分标准：

PPT 主题明确（10 分）	陈列美观，结构合理（10 分）	逻辑清晰（10 分）	操作完整泡茶过程（40 分）	能说 5 句以上与茶有关的句子（30 分）

成绩：

【任务思考与练习】

1. 什么是中国的饮食文化？
2. 中国饮食文化讲究什么礼俗？

茶文化体验

（扫描后请先关注“交大 e 出版”）

项目十 中国生活、生产民俗

教学目标

1. 了解汉族和少数民族生活、生产民俗。
2. 民族电影观赏、少数民族民俗文化体验。

教学知识点

1. 生活、生产民俗。
2. 汉族出生、成人等习俗介绍。
3. 汉民族习俗。
4. 贵州少数民族民俗传统。

教学重点词汇

物质生活（wùzhì shēnghuó） material life
生产（shēngchǎn） produce
生活习俗（shēnghuó xísú） living habit
民族习俗（mínzú xísú） national customs
人生礼俗（rénshēng lǐsú） life etiquette
汉族（hànzú）Han

任务一　生活民俗

【任务背景】

生活民俗包括服饰民俗、饮食民俗、居住民俗、交通与行旅民俗。它最先是以满足生理需要为目的的，随着社会的发展和社会分工的复杂化、等级身份的严格化、生产条件的差异、人生仪礼的繁复、重大历史事件的作用，以及宗教信仰、审美观点、政治观念、社会心理的差异等，各民族生活民俗也日趋多样化、复杂化，它所满足的已不仅是生理的需要，还包含安全的需要、归属的需要和自我实现的需要等更高层次的需要。

【相关知识】

一、汉族生活民俗

（一）姓氏

最初，中国汉族的姓、氏是有区别的。原始的姓是母系氏族公社的族号。“姓”字就是由“女”和“生”字合成。许多古姓都有“女”旁，如姜、姚、姬等。氏是姓的分支。由于子孙繁衍，一族分成若干支，散居各地，每一支都有一个特殊的记号作为标志，这就是氏。后来，姓和氏就没有多少差别了。

（二）婚姻

中国汉族婚礼习俗源远流长，民族色彩浓郁。早在春秋战国时期即已形成一套完整的礼仪，称之为“六礼”。

从古至今，婚俗虽因时代变化，或贫富相异而有繁简之别，但基本仪式程序相似。即使到了现代，自由恋爱兴起，仪程更趋简化，媒人（介绍人）通言、相亲、定亲和迎娶等习俗仍有一定保留。

（三）育俗

妇女怀孕，中国汉族俗称为“有喜”。

小孩出生后一个月即满月，称为“弥月”。旧俗要给孩子理胎发，俗称“剃头”，还要办酒席庆贺。现代中国汉族在小孩满月时往往要请满月酒。

周岁是小孩从出生以来最为隆重的日子。古俗，孩子周岁这一天要测试其前途。方法是置弓矢纸笔、刀尺针篓，以及各种食物、衣服于桌，让孩子自取，取中者为其前途之往兆。现代中国汉族对小孩周岁普遍较重视，不管是城市还是农村，一般都要给小孩拍照留念，并做新衣服，吃鸡蛋、面条以示祝贺。经济条件较好的家庭有的还办生日酒，款待亲戚朋友。江南农村还有包周岁粽子的习俗。这种粽子包得比一般的粽子长，寓意孩子快长大。

（四）祭祀

祭祀最明显的例子是清明节、中元节和寒衣节。这三个节日原是以祭祖为源，以祭祖事鬼为主要节俗活动。清明扫墓包含有怀念祖先，勉励后人之意。中元节，佛教称盂兰盆节，有放河灯拯孤照冥的习俗。寒衣节时人们在祖先墓前焚化纸衣。

二、少数民族生活习俗

中国共有 56 个民族，55 个少数民族。

（一）姓氏

我国少数民族姓氏，有的直接采用汉姓，如朝鲜族、壮族、土家族、白族等民族；有的既使用本民族的原有姓氏，也使用汉姓，如满族、蒙古族、彝族、藏族、景颇族等民族；有的无姓氏，如维吾尔族、哈萨克族、布朗族、傣族等。有的少数民族姓氏主要来源于：官位、职业，出生或居住的地名，动物、植物名称，生活用具和建筑材料，食物或事物名称，某种动物行为，图腾崇拜、原始宗教信仰，等等。少数民族姓氏起源与汉族姓氏起源十分类似。少数民族的姓氏与汉族有很多相似之处，从中可以看出中华民族姓氏发展的基本规律。

（二）婚姻

我国少数民族不仅有着奇异的婚姻风俗，而且婚礼也富有独特的民族传统风格，体现着其生活文化。至今有些地区青年人的婚礼仍保留着地方特色。如傣族青年男女结婚，一般实行从妻居的习俗，因此婚礼主要在女方家举行。婚礼开始前，有的新郎新娘先要到佛寺拜佛，祈求吉祥幸福，白头偕老。

（三）服饰

我国少数民族服装是各少数民族日常生活及节庆场合穿的服装。55 个少数民族的着装因地理环境、气候、风俗习惯、经济、文化等，形成不同风格，五彩缤纷，绚丽多姿，并具有鲜明的民族特征。

【任务思考与练习】

一、思考题

1. 中国汉族的传统节日都和什么有关？

二、选择题

1. 以下哪项不是古代春节的习俗？（　）

A. 洒扫除尘　　B. 贴门神　　C. 守岁　　D. 吃巧果

2. 农历正月初五要举行一系列活动，俗称“破五”。下列哪项不是“破五”的习俗？（　）

A. 吃饺子　　B. 迎财神　　C. 赏花灯　　D. 送穷土

任务二　生产民俗

【任务背景】

物质生产民俗贯穿人类生产实践活动的全过程，反映了人与自然、人与社会、人与自我的关系。其有四大特性，一是地域性，物质生产民俗的形成依附于不同生活环境的自我条件，反映生态环境的特征。如刀耕火种，将树木砍倒、晒干、放火烧，播种旱谷等作物，利用积聚在热带雨林中的矿物保证植物生长过程中微量元素的需要。二是季节性，气象的季节性和周期性变化规律制约着动植物的生长，以动植物作为生产对象的物质生产过程具有季节性、周期性。三是功能性，物质生产的目的（或主要目的）是满足人们物质生活的需要，脱离这种需要的物质生产民俗是不存在的。四是科学性，物质生产民俗是人们在长期的生产过程中的经验的总结，具有一定的科学意义。如大禹治水，大禹从其父鲧治水的失败中汲取教训，改变了"堵"的办法，对洪水进行疏导，历时十三年，三过家门而不入，总结出水由地中行、疏川导滞、积极治河的经验。

生产民俗是在各种物质生产活动中产生和遵循的民俗。这类民俗伴随着物质生产的进行，多方面地反映着人们的民俗观念，在历史上对保证生产的顺利进行有一定的作用。

我国的劳动生产民俗比较广泛，大体分为：农业民俗、牧业民俗、渔业民俗、林业民俗、养殖民俗、手工业民俗、服务业民俗、江湖习俗。

一、汉族生产民俗

二十四节气是中国汉族农历特有的重要部分，它的形成和创立与中国汉族古代劳动人民的农业生产习俗密切相关。随着一年四季气候的变换，农事和农活的内容也在变化。二十四节气名称本身都明显地反映了这一点。至今中国汉族农民仍习惯按节气进行农事，安排农活。

（一）《二十四节气歌》

二十四节气歌
春雨惊春清谷天，
夏满芒夏暑相连。
秋处露秋寒霜降，
冬雪雪冬小大寒。
每月两节不变更，
最多相差一两天。
上半年来六、廿一，
下半年是八、廿三。
（《新华字典》（第 11 版）附录：二十四节气歌）

（二）二十四节气介绍

立春：立是开始的意思，立春就是春季的开始。
雨水：降雨开始，雨量渐增。
惊蛰：蛰是藏的意思。惊蛰是指春雷乍动，惊醒了蛰伏在土中冬眠的动物。
春分：分是平分的意思。春分表示昼夜平分。
清明：天气晴朗，草木繁茂。
谷雨：雨生百谷。雨量充足而及时，谷类作物能茁壮成长。
立夏：夏季的开始。
小满：麦类等夏熟作物籽粒开始饱满。
芒种：麦类等有芒作物成熟。
夏至：炎热的夏天来临。
小暑：暑是炎热的意思。小暑就是气候开始炎热。
大暑：一年中最热的时候。
立秋：秋季的开始。
处暑：处是终止、躲藏的意思。处暑是表示炎热的暑天结束。
白露：天气转凉，露凝而白。
秋分：昼夜平分。
寒露：露水已寒，将要结冰。
霜降：天气渐冷，开始有霜。
立冬：冬季的开始。
小雪：开始下雪。
大雪：降雪量增多，地面可能积雪。
冬至：寒冷的冬天来临。
小寒：气候开始寒冷。
大寒：一年中最冷的时候

二、少数民族生产习俗

（一）农业

以贵州土家族为例，土家族是一个以农业生产为主的群体，农耕文化在其生产、生活中占有重要的地位。贵州土家族从事农业的历史悠久。据《华阳国志》记载，早在春秋战国时期，巴子国的领域里就有“植五谷”的记载。这里土地肥沃，气候温暖，很适合“植五谷”。土家族现代也改变了古代“刀耕火种”的落后生产方式，采用耕田地自然条件种植苞谷、高粱、小米、豆类等。

（二）手工业

古代少数民族人民利用山区自然资源制造各种铁、木、竹农具和生活用品。妇女们则用丝、棉、麻等生产土布。现代少数民族地区的传统手工艺是在长期发展过程中所形成的具有独特地方特色和民族文化特点的生产技艺。

（三）渔业

以海南渔民为例，他们临海而居，向海而生，在千百年的生产生活中，海南的渔民渐渐形成了生动而丰富的渔俗文化。“靠海吃海”“以海为田”“以海为商”，古代渔民的这些生存法则让他们由近海到远洋捕捞。“敬海”“祭海”都是沿海地带感恩海洋的民间活动。

（四）牧业

我国北方少数民族形成了别具一格的游牧文化，北方游牧民族为了适应高寒干旱的气候条件，终年实施严格的集体游动放牧的畜牧业经营方式，这是轮换使用不同的草场形成的生产方式。

【任务思考与练习】

一、思考题

1. 我国少数民族的生产方式有哪些？
2. 说说南北方不同的生活生产民俗。
3. 请背诵《二十四节气歌》。

二、思维拓展题

请选择一个喜欢的生产民俗并用思维导图形式画出来。

任务三　实践探索：民族电影观赏、少数民族民俗文化体验

【任务背景】

风俗习惯是特定社会文化区域内历代人共同遵守的行为模式或规范。风俗对社会成员有一种非常强烈的行为制约作用。风俗是社会道德与法律的基础和相辅部分，主要包括民族风俗、节日习俗、传统礼仪等。

【任务操作 1】

<table>
<tr><td>学　院</td><td></td><td>专　业</td><td></td></tr>
<tr><td>中文名</td><td></td><td>英文名</td><td></td></tr>
<tr><td colspan="4">接受任务：中华传统民俗故事电影欣赏</td></tr>
<tr><td colspan="4">前置知识：
1. 了解中国传统文化民俗知识。
2. 体验中国文化传统礼仪</td></tr>
<tr><td colspan="4">成绩：</td></tr>
</table>

计划实施：

1. 传统文化知识问答。

（1）传说春节的来由是为了驱赶一个怪兽，人们张灯结彩、放鞭炮。这个怪兽是？（　）

A.麒麟　　B.蒲牢　　C.年　　D.龙

（2）“儿童强不睡，相守夜欢哗。”这说的是春节哪项习俗？（　）

A.守岁　　B.拜年　　C.馈岁　　D.别岁

（3）新年伊始人们都喜欢张贴“福”字，祈求在新的一年里顺利如意。以下哪项不属于“福”字的传统含义？（　）

A.“寿”即长寿，长命百岁　　B.“富贵”即财多物丰

C.“靓”即美丽俊俏无疾患　　D.“康宁”即健康

2. 观看中国传统文化故事电影。

3. 分享中国传统文化故事电影精彩瞬间及感想。

考核：

1. 制作中华民俗手抄报。（50 分）

2. 讲故事比赛（50 分）

质量检查：

教师评分标准：

思路清晰(20分)	主题明确(20分)	整体布局合理（20分）	核心主题明确（20分）	赏心悦目，具有独创性（20分）

成绩：

【任务操作 2】

学　院		专　业	
中文名		英文名	

接受任务：少数民族民俗文化体验

前置知识：通过了解人生礼俗、各民族民俗传统、物质生活民俗及社会组织进一步了解中国民俗

成绩：

计划实施：

1. 参观贵州博物馆、观看各民族民俗宣传片。

2. 身临博物馆现场，听教师或解说员介绍民俗。

考核：

1. 将学生每 4 人划分成一个团队，每队中 2 人形成一个小组介绍民俗。（30 分）

2. 各小组介绍自己体验的民俗并和自己国家民俗进行对比（下围棋、画风筝、写书法等）。（40 分）

3. 队内各小组之间进行本次体验的心得、经验交流（30 分）

质量检查：

教师评分标准：

思路清晰(10分)	主题明确(10分)	整体布局合理（10分）	核心主题明确（10分）	赏心悦目，具有独创性（10分）

成绩：

【任务思考与练习】

1. 试讲讲“大禹治水”这个故事，并说说大禹为什么“三过家门而不入”。
2. 根据你自己的知识，说说中国古代有哪些传统的游乐活动。

项目十二 中国哲学思想与教育观念

教学目标

1. 了解中国哲学思想以及这些哲学思想对中国人的影响。
2. 感受中国哲学思想。
3. 了解中国教育发展简史和现代中国的教育体系。
4. 体验儒家文化。

教学知识点

1. 中国哲学思想和文化的简介以及代表人物介绍。
2. 中国教育发展简史和内容简介。
3. 儒家思想的主要代表人物、思想和文化内容介绍（详细阐述孔子）。

教学重点词汇

儒家 （rújiā） Confucianist
道家 （dàojiā） Taoists
禅宗 （chánzōng） the Chan sect
法家 （fǎjiā） Legalists
墨家 （mòjiā） Mohist School
兵家 （bīngjiā） military strategist in ancient China
老子 （lǎozǐ） Laozi
庄子 （zhuāngzǐ） Zhuangzi
韩非子 （hánfēizǐ） Han Feizi
私学 （sīxué） private school
书院 （shūyuàn） academy of classical learning

任务一 中国哲学思想

【任务背景】

一个国家和民族的哲学思想是这个国家和民族文化中最根本最核心的东西，在中国古代，人们通过实践生活和劳作，逐渐形成了自己的思想和认识，并形成了一套完整的哲学思想体系。这些哲学思想体系一直影响着中国人的思维方式和生活方式。中国的传统思想是由中华民族各种文化精神组成的。中国传统文化思想体系最基本的组成有儒家、道家、佛家，其他思想流派百家争鸣，也都影响着中国人的精神世界和行为。想要了解中国和中国人，就必须了解中国的传统思想。

【相关知识】

中国哲学思想介绍

（扫描后请先关注“交大 e 出版”）

一、儒家思想

儒家思想是中国传统文化的重要组成部分，是先秦诸子百家思想之一，由孔子创立，并由孟子和荀子将其发扬光大，之后经董仲舒和朱熹等人充实，儒家思想完整体系慢慢形成。在中国的元、明、清时期，科举考试都以儒家朱熹的理学内容为考试题目，对社会思想产生了很大的影响。儒家思想的内容非常丰富，主要有仁、义、礼、智、信、忠、孝、节、悌、勇等主要范畴。几千年来，儒家思想渗透在中国的社会生活中，儒家思想也对东亚，乃至全世界都产生了深远影响。

儒家思想的主要代表著作是“四书五经”。“四书”指的是《论语》《孟子》《大学》《中庸》，“五经”指的是《诗经》《尚书》《礼记》《易经》《春秋》。“四书五经”是南宋以后儒学的基本必读书目，也是科举考试的主要内容，成为当时人们为人处世的准则。

二、道家思想

先秦思想家老子开创了道家思想，之后由庄子继承和发扬光大。道家思想也可以称为“老庄思想”。作为一个思想文化流派，道家的核心范畴是“道”。道家崇尚自然，强调无为而治，与世无争，主张与自然和谐相处。

老子，又称老聃（生卒年不详），姓李名耳。他于春秋时期出生在苦县（今河南鹿邑县），与孔子是同一时代的人，其著作《老子》（又名《道德经》）中体现了他的思想体系。“道”的概念是老子思想体系的核心。他认为“道”是万物的开始，是万物运动的规律，因此，应该允许事物按照自然过程自由发展，人们不应改变它。老子强调“天人合一”，这意味着人类的所有思想和行为都应与自然保持一致和协调，而不是与自然相违背，更不用说破坏自然的和谐了。只有保持自然的和谐和生态的平衡，我们才能保护人类生存的环境和条件。

老子是一位伟大的哲学家，他的辩证思想对后人很有启发意义。他认为，任何事物都处于矛盾对立、运动变化之中。任何事物内都有相互对立的两个方面，这些矛盾的双方到了极端就会向对立方向转化，也就是“物极必反”。他强调要以柔克刚，因为表面柔弱的东西往往本质坚强。

在政治上，老子强调，只有“无为”，世界上的问题才能和平解决。统治国家的圣人必须遵守人民的意愿，遵循他们的本质，不能过多地干涉人民的意愿。在生活观方面，老子强调不要有竞争，反对竞争，主张“知足寡欲”，主张“返璞归真，顺应自然”。

庄子（约公元前 369 至公元前 286 年）姓庄名周，他是继老子之后道家最重要的人物，其思想体现在著作《庄子》中。他继承并发展了老子的学说，并认为世界上所有事物都是相对的。他认为，通过放弃生与死、荣誉与耻辱的所有观念，人们可以获得精神上的自由。他主张将所有外部事物与自我等同起来，并追求精神世界的超越与自由。

在庞大的中国传统文化体系中，道家的地位和作用不容忽视。与儒家对待世界的积极态度相反，道家更加关注人的内心世界，不与世界冲突，主张从自然中寻求自我救赎的生命之道。儒家和道家已经形成了两种不同的世界观。他们彼此对立，相互融合，逐渐成为对中华民族影响最大的两个思想体系。

道家思想对中国社会的各个领域都产生了深远的影响。它以各种形式渗透到儒家、佛教等的传统观念中，渗透到现实生活的方方面面，影响了中国人民的生活态度。道家追求精神上的宁静与自由，在指导现代人实现自我调节、促进心理健康方面发挥着重要作用。老子的“道法自然”思想在现代社会中帮助人们协调人与自然的关系。老子的“物极必反”的哲学使人们谦虚不再骄傲。道教提倡含蓄、自然、淡化和简单质朴的审美价值，在中国艺术方面也产生了重大影响。

三、禅宗思想

禅宗是中国佛教宗派之一，以专修禅定为主，故名，南朝宋末菩提达摩由天竺来华传授禅法而创立。禅宗的核心思想是：“不立文字，教外别传；直指人心，见性成佛。”它认为禅是一个超越思想和哲学的精神世界。“禅”的本意是静坐默念，以前是印度佛教的修炼方式之一。他们认为语言和字符会限制思想，因此他们不设置文字。他们还认为，要真正实现“悟道”，就应该超越文字和语言，避免抽象的论证，并以个人亲身经验来体验。

禅宗主张在修行中没有必要成为和尚或阅读经文，世俗活动都可以正常进行。这种方便、世俗的做法对中国人来说更容易理解和接受。禅宗不需要特殊的练习环境，修行者的日常生活与普通百姓没有不同。但是，在处理日常问题时，情绪不会受到外界影响。也就是说，凡人和佛陀之间的区别只是一个想法的不同。

禅宗思想认为，人有着与生俱来的佛性，每个人都有一颗善良、纯洁的心，通过实践，每个人都可以成为佛。但是人们没有意识到自己的纯洁之心是最宝贵的财富，因此他们有很多欲望，人们像春天的蚕一样被自己的欲望所束缚，无法挣脱出来。

禅宗认为，有两种摆脱束缚的方法：一种是渐悟，另一种是顿悟。逐渐的醒悟是一个缓慢地过程，强调辛苦的过程。顿悟是禅宗佛教的主流。它指的是一种超越时空、因果、过去和未来的自由感，以从世界上的所有事务中获得自由，从而超越神圣，不再固守世俗，但在这个过程中仍可以每天正常进行生活。禅宗思想对中华文化的发展有很大的影响。禅宗是高度理性的，几乎没有神学氛围。这一直影响着中国人的思维方式和生活态度，使普通百姓摆脱了礼节和时代文化的束缚。

禅宗不仅创造了一个新的实践领域，而且影响了中国文化和艺术。文学中有很多“禅诗”。例如，诗人王维被称为“诗佛”，他的作品“诗中有画，画中有诗”。佛经中的故事情节也已成为艺术家绘画的主题。曹不兴和吴道子都擅长佛教绘画。禅宗思想也适用于普通百姓的日常生活。人们的日常语言中包含许多体现禅宗思想和观念的词，例如烦恼、世界、业障、报应等。这种思维在现实生活中具有积极意义。

在中国传统思想中，儒教、道教和佛教禅宗都重视“人”。归根结底，三大流派的理论都是要解决人们如何生活在世界上的根本问题。禅宗的思想重视人类的作用。他认为人类有自己的信念和目标，他们需要培养和确立自己的价值观和生活原则。禅宗的信仰可以指导人们研究苦难和幸福的根源，产生关于人性的哲学观点，并指导人们积极而有意义地生活。

四、法家、墨家与兵家

中国传统思想由儒、佛、道三大流派所主导，但其他思想流派亦蓬勃发展。在春秋战国时期开放而活跃的学术氛围中，出现了许多学术流派，例如法家、墨家和兵家等。

（一）法家

法家是先秦学者中最重要的派系之一。他们主张“以法治国”，反对以“礼”治国的儒家思想。他们认为，一个国家只有依靠法律才能变得更强大。法家思想是封建统治者维护中央集权统治的理论基础。法家代表包括管仲、商鞅、韩非、李斯等。最著名的代表是战国末期的韩非子。

韩非子（约公元前 280 年至公元前 123 年）是法家思想的大师。他是《韩非子》一书的作者，这本书对后世影响很大。韩非子认为，治国要以法治为中心，全面运用“法”“势”和“术”。“法”是指国家健全的法律体系，“势”是指君主的权力和地位，“术”是指君主用来控制其官员和执行法律的策略和方法。韩非子认为，法律、武力和技巧是必不可少的，它们都是皇帝统治的工具。此外，韩非子还具有比较突出的辩证法思想。《韩非子》一书记录了大量流行的寓言。比较有名的包括“自相矛盾”“滥竽充数”“守株待兔”“老马识途”等。这些生动的寓言，是意识形态与艺术性的完美结合，不仅蕴含着深奥的哲学思想，而且具有很高的文学价值。法家为法学做出了贡献，讨论了法律的起源、本质和功能，以及法律与社会经济之间关系的基本问题——时代要求、国家权力、道德和习俗。法家认为，法律是用来客观、平等、权威、统一和可操作性地规范和衡量人们行为的标准。法家提倡对远古世界的保守思想进行更新，并相信历史在向前发展。尽管法家思想也有缺点，例如过于夸张法的作用，并强调使用重刑来治国，但法家思想的积极方面仍然对当今法治的建设具有参考意义。

（二）墨家

墨家学派的创始人是墨子（约公元前 468 年至前 376 年）。墨子是战国初期一位伟大的思想家和政治家，也是一位杰出的自然科学家。他的思想被保存在《墨子》一书中，其思想的核心是“兼爱”和“非攻”。“兼爱”是指人们应该彼此相爱，不应有等级上的区别，墨家反对儒家所强调的社会等级制的概念；“非攻”是指各国在那时不应相互攻击。墨家认为，人们发动战争的原因是他们彼此不相爱，只有世界上所有的人都“兼爱”，国家才能稳定。

此外，在选拔人才方面，墨家倡导“尚同”“尚贤”，也就是说，官员的选拔应该基于精英和才能。在日常生活中，墨家倡导“节用”“节葬”和“非乐”，也就是说，他们反对奢侈，倡导节俭。在宇宙学方面，墨家强调“尊天”“事鬼”和“非命”，并相信天堂和鬼魂存在，但命运无法控制人的财富，人们可以依靠努力改变命运。

（三）兵家

兵家是春秋战国时期百家学说中的一派，其主要代表是春秋时期的孙武和战国时期的孙膑。兵家思想包括许多科学管理观点。它将政治、经济、军事、天文学、地理和国际关系等各种客观因素视为决定胜利或失败的条件，并将它们视为相互联系并相互作用的统一整体。兵家强调战争的主观指导，即主体的决策、指挥、组织和作战研究的素质，由此引出了一系列赢得战争的策略。兵家所揭示的许多有规律的原则今天我们仍然遵守。许多著名的谚语已成为著名的管理座右铭，例如“知彼知己，百战不殆”“居安思危”“有备无患”等。

孙武的《孙子兵法》又称《孙武兵法》，是中国最早的兵书，也是世界上最早的军事著作。它被称为“兵学圣典”。此书讨论了战争的作用、对战争的态度、决定战争结果的因素、军事思想、作战原则、战略和战术的各个方面，内容丰富且见识深刻。它在军事理论和军事哲学方面达到了前所未有的高度，并得到了世界各国的高度评价。它已被翻译成英语、法语、日语、德语、俄语和其他语言。

关于战略（计谋）的论述是兵家思想中最丰富的部分。《三十六计》是中国古代的三十六种兵法战略。它起源于南北朝，并于明清成书，作者不详。这本书是中国古代优秀的军事思想和丰富的经验的总结。该策略分为六个部分，分别是胜战计、敌战计、攻战计、混战计、并战计、败战计。前三部分是有利条件下的措施，后三部分是不利条件下的措施。每个部分包含六个小节，共三十六个计谋。每个策略都包含简单的军事辩证法思想，这是古代军事战略家的总结，是军事战略的宝贵遗产。

中国传统思想以儒学为主流，思想体系是多代、多极化、并发且相互影响的。同时它也是多元的和整合的。它们在论争中相互吸收和借鉴，并在整合发展中不断创新。几千年来，中国传统思想深刻影响着中国人的精神世界和行为方式，不仅对中华文明而且对世界文化都产生了深远影响。

【任务思考与练习】

一、填空题

1. 孔子的思想包括政治、教育、道德、宗教、艺术等很多方面，其思想核心是____________和“礼”。

2. 老子的思想集中体现在哲学著作________________中，这本书大约只有 5 000 字，却对中国的哲学思想产生了深远的影响。

二、思考题

1. 道家的代表人物是谁？他们的思想核心是什么？
2. 韩非子认为应该运用“法”“势”“术”来治理国家，请说明它们分别代表什么？
3. 你最喜欢哪条战略计谋？为什么？

任务二　中国教育

【任务背景】

中国的教育源远流长，在中国自古就有重视教育的传统。古代儒学和科举制度对汉语教育产生了很大的影响。新中国成立以后，通过科教兴国的战略把科学技术和教育作为发展的优先重点，中国教育得到快速发展并取得突破性的成就。当代的国际交流与合作使中国的教育向更深层次发展。如今的中国有了自己的完备教育体系，已经慢慢成为独具特色的教育大国。

【相关知识】

一、中国古代教育

在原始社会晚期，中国就已经萌芽了教育。早在夏朝，学校教育的形式便在中国出现了。根据《孟子》一书，夏、商、周“设庠、序、学、校以教之”。该书不仅记录了中国古代学校教育的起源，还记录了当时中国教育的内容和目的。在奴隶社会和封建社会的漫长时期，尽管中国学校的名称和规模发生了变化，但教育的基本形式并没有太大变化。儒学和科举制度对中文教育产生了重大影响。在古代中国教育中，主要有两种类型的教育机构，即由政府直接建立的官学和由私人建立的私学。中国古代从孔子开始，就已经有了个人开办的学校，当时被称作“私塾”。

（一）官学

在西周时期，官学教学内容以礼、乐为中心，还包括射、御、书、数，这六门课统称“六艺”。教师是政府官员，学生是贵族家庭的孩子。自西汉武帝大力弘扬儒家文化以来，以孔子为代表的儒家思想和经书成为中国封建社会教育的主要内容。孔子的“有教无类”“因材施教”“温故知新”等教育思想的影响一直维持到现在。在中国古代，封建教育的主要目的是培训官员。隋朝时期，中国建立了科举考试制度，即通过科举考试来选拔官员，打破了以阶级和背景为基础的人才选拔传统，使背景较差或没有特殊背景的人可能通过科举改变自己的命运。但是，与此同时，科举制度也加强了对知识分子思想和人格的限制，使以后的官学完全服从于科举制度，成为做官的阶梯。1905 年，具有 1 300 年历史的科举考试制度被废除。

（二）私学

春秋战国时期私学教育开始兴起。孔子开创了私立学校，使普通老百姓也可以受到教育。汉代以来，私学已成为中国封建教育体系的主要形式。但是，由于私学属于私立学校，未受重视，因此古代社会中私学的发展极为困难。但是，在几千年的历史发展过程中，私学不仅没有消失，反而形成了相对独立的自成一体的教育体系。私学对官学产生了一定的影响，给教育带来一定的生机和活力，促进了中国古代教育的发展。

（三）书院

书院（见图 11.1）是中国古代的民办教育机构，主要由政府和群众经营。它起源于唐代，盛行于宋代。书院的地位与私立学校非常相似。像私立学校一样，它不属于官方学校，并且高度独立。它对下层阶级开放并面向乡村。以平民儿童为训练和教育的对象；它主要目的是素质教育，而不是升学。但是，书院不同于私学，它是一个有组织的制度化的教育系统。从某种意义上说，这是官立和私立学校结合的产物。书院以其浓厚的学习氛围吸引了大批学生。宋代四大书院（应天书院、岳麓书院、白鹿洞书院、嵩阳书院）享有很高的声誉。书院教育作为中国古代的主要教育形式之一，在人才培养和学术发展中发挥了重要作用，使传统民办学校更加成熟和完善。

尽管中国古代有不同的教育类型，但它们的基本特征是相同的。第一，教育的主要目标是训练官僚和文人为统治阶级服务。第二，教育的核心内容是尊崇孔子和阅读经文。数千年来，儒家文化思想一直是中国统治阶级认可的一种正统思想，强调天、神和人的结合。再次，教育的主要对象是富裕阶层。贵族享有教育的特权，平民百姓受教育的机会很少。最后，书院教育是教育的主要形式，教育的主要方法是背诵和记忆。

图 11.1　书院

（图片来源：https://baike.baidu.com/pic/%E9%98%B3%E6%98%8E%E7%A5%A0/1007755/2196415528/a1ad16fa2f2db8de59ee90ff?fr=lemma&ct=cover#aid=2196415528&pic=507c3897d9fea32455fb96ff，2022-04-26）

中国古代，人们学习的目的一般是通过科举考试，成为中国的管理官员。中国古代教育体现了古代中国人的智慧，对中华民族文化的传播和民族精神的形成起着非常重要的作用。在数千年的古代中国教育史中，涌现了如孔子、孟子、荀子、董仲舒、王夫之、韩愈、朱熹等大批杰出的教育家。他们丰富的教育思想不仅为中国的教育做出了巨大的贡献，也为世界的教育和文化史做出了杰出贡献。

二、中国近现代教育

具有现代意义的中国学校出现在 19 世纪 60 年代。1862 年，洋务派在北京建立了第一所“洋学校”，即京师同文馆，其目的是培养外语翻译和外交人才。1898 年，清政府建立了中国第一所国立大学——京师大学堂（北京大学前身）。它的建立标志着中国现代高等教育的开始。此后，清政府先后开设了许多新学校，主要是外语学校、军事学校、技术学校等，还派年轻人到英国、法国等西方国家学习军事等技术。

到了 20 世纪初，中国陆续建立了新型学校。例如，山东大学堂（山东大学前身）成立于 1901 年。它是继京师大学堂之后在中国成立的第二所国立大学，也是中国第一所按章程运作的大学。在建立新学校的过程中，清政府先后派青年学生和官员出国学习，大量自费海外学生也在民间出现。这对近现代中国新型知识分子群体的产生和形成起着非常重要的作用。

1912 年，新成立的中华民国对封建教育进行了全面的改革。首次提出了德、智、体和美的“四育平均发展”的教育方针。在新文化运动中，一些进步的知识分子和教育工作者大力倡导和推动了各种教育改革，例如使用白话、普及教育、在大学中实行学分制和对教育管理体制进行改革。

三、中国当代教育

1949 年 10 月 1 日，中华人民共和国成立。从那时起，教育在和平与稳定的社会环境中开始了新的发展。新中国的政府高度重视教育。政府不仅保障人民的基本教育权，而且还通过积极发展不同类型和层次的学校来建立和完善新的教育体系。1949 年至 1966 年的 17 年里，中国建立了大规模的学前教育、大学教育、小学教育和成人教育体系。中国的教育体系初见规模。

四、中国教育现状

如今，中国的教育结构主要包括：学前教育、义务教育、高中阶段教育、高等教育、成人教育培训和扫盲教育、特殊教育和民办教育。

（一）学前教育

学前教育或者说幼儿园教育是基础教育的重要组成部分。学前教育指的是 3—6 岁儿童在幼儿园接受的教育。2016 年 1 月 5 日，教育部发布了第 39 号令，颁布了《幼儿园工作规程》，明确规定幼儿园是 3 周岁以上学龄前儿童的保育和教育机构。该文件要求加强幼儿园的科学管理，规范办学行为，提高保育和教育质量，促进儿童身心健康。幼儿园（见图 11.2）实施育儿与教育相结合的原则，对儿童进行道德、智力、身体和审美发展方面的全面教育，以确保儿童身心的和谐发展，并为入学做准备。

图 11.2　幼儿园

（图片来源：https://www.pexels.com/zh-cn/photo/1449934/）

（二）义务教育

《中华人民共和国宪法》第四十六条规定："中华人民共和国公民有受教育的权利和义务。国家培养青年、少年、儿童在品德、智力、体质等方面全面发展。"1986 年，中国颁布了《中华人民共和国义务教育法》，开始实施九年义务教育，并规定 6 岁以上的儿童可以上小学。学制基本上是"六三制"，即小学六年、初中三年，多种学制共存。

（三）高中阶段教育

高中教育包括普通高中、普通中专、成人中专、职业高中和技术学校。它是国民教育体系的重要组成部分。高中阶段教育是巩固义务教育成果，完善现代职业教育体系，促进高等教育发展的重要阶段。

（四）高等教育

高等教育（见图 11.3）是指在中等教育基础上完成的职业教育，是培养高级专业人才的社会活动。高等教育包括学历教育和非学历教育，通常采用全日制和非全日制教育。高等学历教育分为大专教育、本科教育和研究生教育。大学教育应使学生掌握专业所必需的基本理论和知识，并具有从事本专业实践工作的基本技能和初步能力。专科和本科教育应使学生相对系统地掌握该学科和专业所需的基本理论和基本知识，掌握该专业所需的基本技能和方法以及相关知识，并具有进行实际工作和研究工作的初步能力。硕士研究生教育应使学生掌握该学科扎实的基础理论和系统的专业知识，掌握相应的技能、方法和相关知识，并具有从事该学科的实践工作和科学研究的能力。博士研究生教育应使学生掌握扎实而广泛的基础理论、系统和深入的专业知识、相应的技能和方法，并具有独立从事该学科的创造性科学研究和实践工作的能力。

图 11.3　大学

（图片来源：http://www.gzjtzy.net,2022-04-26）

（五）成人教育培训

成人教育不同于普通的全日制教育，其主要目的是提高在职员工的学历、职业发展和通识教育。成人教育分为学术教育和非学术教育。前者包括成人基础教育、成人中等专业教育、成人高中和成人高等教育，而后者包括继续教育、职业资格证书教育、专业证书教育和职业培训。这种教育过程可以鼓励受教育者提高能力，丰富知识，提高技能和专业资格，为今后的就业打下基础。

（六）特殊教育

特殊教育是指针对有特殊需要的群体，特别是指针对残障少年儿童进行的教育，其目的和任务是最大程度地满足社会的需求和特殊群体的教育需求，并发展他们的潜力，使他们有更多的知识、技能、个性、增强社会适应能力并成为对社会有用的人。

目前，中国的特殊教育办学是由政府教育部门主导，以残疾部门、卫生部门和社会公益团体为补充，以正规学校和特殊教育班级为主体，以送教上门、家庭和社区教育为辅的特殊教育发展模式。在特殊教育中，中国政府特别重视残疾儿童的教育。除特殊学校外，中国一半以上的残疾学生在普通学校定期上课。定期学习不仅可以帮助残疾儿童在普通学校环境中接受教育，还可以帮助他们获得适应社会的基本经验，并帮助他们更好地融入社会。

（七）高考制度

高考是普通高等学校招生全国统一考试的简称，是中国高等学校选拔新生的主要途径。1952 年之后，全国统一高等学校招生制度在中国建立，这个制度为中国培养出众多优秀的人才。后来由于各种原因，高考制度被迫停止，直到 1977 年高考才恢复。

在中国大部分地区，高考每年只举行一次，高考时间为每年 6 月 7 日至 6 月 8 日（少数地区为每年 6 月 7 日至 6 月 9 日）。现行主要的高考考试方案为“X+3”，其中，“3”

指的是语文、数学、外语三门课，“X”指由学生根据自己的意愿，自主从文科综合（涵盖政治、历史、地理）和理科综合（涵盖物理、化学、生物）两个综合科目中选择一个考试科目。这是目前全国应用最广、最成熟、最被人们接受的方案。高考总分为750分（语文150分，数学150分，外语150分，文科综合/理科综合300分）。考试结束后考生根据自己的分数或预估的分数填报志愿，各大高校根据考生的分数和他们填报的志愿进行择优录取。

当前，中国已基本形成了全面、多层次、广泛的教育开放格局，在深化综合改革、推进双向留学、支持中高层办学合作方面取得了积极进展。中国教育的国际化水平在不断提高，中国教育的国际地位、影响力和竞争力也在不断提高。中国的国际教育还在不断发展。

【任务思考与练习】

一、填空题

1. 中国古代教育主要有两种类型的机构，即由政府兴办的______________和由私人兴办的______________。

2. 作为中国古代一种独立的教育机构，______________教育对人才培养和学术发展起到了重要作用，使传统私学更加成熟和完善。

二、思考题

1. 简要说明什么是中国的科举制度，它有什么特点。
2. 简要说明中国古代的书院有什么特点。
3. 中国现代的教育形式有哪些？请列举3个以上。

任务三　实践探索：贵阳孔学堂——儒家文化以及孔子思想

【任务背景】

孔学堂（见图11.4和图11.5）位于贵州省贵阳市南郊，东邻大成山，西邻花溪河。它俯瞰着国家湿地公园的十里河滩。正在建设的区域有“教育区”“中国文化国际培训园”和“文化创意产业园”三期。

2011年3月，贵阳市委、市政府决定建立教育基地，以弘扬儒学传承传统文化。2011年7月3日，孔子学院第一期奠基。它于2012年9月28日在孔子诞辰日揭幕，并于2013年1月1日正式向公众开放。孔子学校公共教育区的第一阶段始于联门，越过盘桥，然后逐渐攀登。台阶穿过大成门、礼节广场、大成厅，最后到达星潭。左边是西山书院和演讲厅，右边是六一宫、相仙寺、阳明阁和奎文阁。它整合了祭祀活动、纪念馆、娱乐、旅游、文化产业和其他功能。它是在贵阳市传承和弘扬儒学的庙宇，是启蒙和发展新风格的基础。

图 11.4 贵阳孔学堂一（自摄）

图 11.5 贵阳孔学堂二（自摄）

孔子（公元前 551 年—公元前 479 年）是中国伟大的思想家、教育家，儒家学派的创始人（见图 11.6）。“儒”是指有学问的人，他们熟悉《诗》《书》《礼》《乐》，待人“温文尔雅”，是为贵族掌管道德教化、音乐礼仪的官员。因为孔子弟子众多，影响广大，渐渐地“儒”就成了孔门弟子的专称。

图 11.6 贵阳孔学堂孔子雕塑（自摄）

孔子培养了大批德才兼备的学生，被后世称为“圣人”。孔子的弟子们同样值得我们学习。每个弟子都有自己的特点，子路率直勇敢，颜回敏而好学，子贡谦虚精明，冉有城府深厚，曾参老实勤奋，宰予大大咧咧，樊迟老实忠厚。为了追求一个共同的理想他们聚集在孔子身边，同甘共苦，颠沛流离。

【任务操作】

<table>
<tr><td>学　院</td><td></td><td>专　业</td><td></td></tr>
<tr><td>中文名</td><td></td><td>英文名</td><td></td></tr>
<tr><td colspan="4">接受任务：参观贵阳孔学堂并了解孔子和儒家文化</td></tr>
<tr><td colspan="4">前置知识：
1. 对儒家文化的简单了解；
2. 对儒家代表人物孔子和他的思想的简单了解</td></tr>
<tr><td colspan="4">成绩：</td></tr>
<tr><td colspan="4">计划实施：
1. 参观孔学堂，了解鼎上铭文在纪录典章制度和册封、祭祀方面的深刻含义；
2. 聆听传统礼仪讲座、吟诵中华经典；
3. 汉服和美食体验；
4. 汉文化体验（如感受中国茶文化）</td></tr>
<tr><td colspan="4">成绩：</td></tr>
<tr><td colspan="4">质量检查：
1. 谈谈儒家学派的代表人物。
2. 师生一起行大揖礼。
3. 谈谈茶文化的精髓是什么</td></tr>
<tr><td colspan="4">成绩：</td></tr>
</table>

【任务思考与练习】

1. 在今天学习和体验的儒家文化中，你感受到什么？有什么想法？

2. 你喜欢汉服吗？为什么？

3. 听完传统的中国礼仪讲座，你有什么感受？这些礼仪和你的国家的礼仪有什么不同？请做对比。

贵阳孔学堂介绍

（扫描后请先关注“交大 e 出版”）

项目十二 中国艺术欣赏

教学目标

1. 了解中国文学艺术。
2. 了解唐诗宋词并能诵读简单的唐诗或者宋词。
3. 了解中国传统艺术。
4. 体验中国书法或绘画。

教学知识点

1. 中国文学简介（包含诗、词、歌、赋、小说等文学形式介绍和经典作品介绍）。
2. 唐诗和宋词的概述。
3. 著名诗人的简介和作品。
4. 中国传统艺术的简介（包含书法、绘画、舞蹈、音乐、戏剧等）。
5. 书法、绘画的发展史、概述（包含名家介绍与其作品介绍）。

教学重点词汇

普通话 （pǔtōnghuà） Putonghua（Standard Chinese）
方言 （fāngyán） dialect
诗歌 （shīgē） poetry
散文 （sǎnwén） prose
李白 （Lǐ Bái） Li Bai
杜甫 （Dù Fǔ） Du Fu
李清照 （Lǐ Qīngzhào） Li Qingzhao
苏轼 （Sū Shì） Su Shi
龚自珍 （Gōng Zìzhēn） Gong Zizhen
鲁迅 （Lu Xùn） Lu Xun
冰心 （Bīngxīn） Bingxin
朱自清 （Zhū Zìqīng） Zhu Ziqing
茅盾 （Máo Dùn） Mao Dun
网络小说 （wǎngluò xiǎoshuō） network novel
书法 （shūfǎ）chineses calligraphy
绘画 （huìhuà） painting
乐器 （yuèqì） musical instruments
舞蹈（wǔdǎo） dance

任务一　中国文学艺术

【任务背景】

中国的文学艺术源远流长，它是以语言文字为工具反映中国社会生活的艺术。中国文学艺术包括：诗歌、散文、戏剧、小说等。这些文学艺术反映了中国人的生活。要了解一个国家，就需要了解一个国家的文化，也必须了解这个国家的文学艺术。中国作为一个文明古国，文学艺术源远流长，为人类文明的发展做出了重大贡献。

【相关知识】

中国语言文字介绍
（扫描后请先关注“交大 e 出版”）

一、普通话和方言

中国地域辽阔，有很多地方都有自己的地方语言，也就是方言。方言和方言之间有的区别很大，假如不同地区的人用自己的方言来对话互相就会听不懂，产生很多笑话和误会。所以，中国人之间用一种通用的语言来交流，这种通用语就是普通话。学好普通话才能跟中国各个地方的人对话，甚至和全世界会说汉语的人进行交流。

二、古代汉语与现代汉语

汉语一直在经历着发展变化，也不断与其他民族语言交流融合。古代汉语的口语和书面语与现在不完全一样。在中国游览景点时，你经常可以看到对联和诗歌，其中大部分是用中国古代毛笔写的。现代汉语逐渐发展成熟，与古代汉语相比，现代汉语吸收了大量西方语法而且增加了许多双音节词。

三、汉 字

汉字的历史可以追溯到 5 000 年前。中国是世界上五大文字发源地之一，其余四大文字发源地的文字都已成为历史的陈迹，唯独中国的汉字“长生不老”。汉字记录并凝结了中华文化，被誉为中华文化的“活化石”。通过研究汉字，人们可以了解中国先民的生产与生活图景。汉字作为中华文化最主要的载体，承载了中华民族最深沉的精神诉求。甲骨文是迄今为止在中国发现的自成体系的一种最古老的文字。

四、古代文学

（一）诗 歌

诗歌是中国文学中最早的文学体裁，也是发展最为充分的体裁。现存的古代歌谣，字句简练，节奏流畅，既表达了诗人的思想感情，又生动地反映了当时的生活和劳动情景。广义上，中国诗歌包括各种韵脚，如赋、词、曲等，而狭义上，它只包括古代诗歌、近代诗歌和现代诗歌。

（二）先秦诗歌

秦朝统一各国之前的诗歌是先秦诗歌，它们是中国传统诗歌的源头。先秦诗歌包括《诗经》《楚辞》、春秋战国时期的一些传统民歌和一些原始社会歌曲。《诗经》是中国现实主义诗歌的源头，《楚辞》是中国浪漫主义诗歌的源头。

《诗经》是中国第一部诗歌总集，也是中国古代诗歌的第一个高峰。它包含了公元前11世纪到公元前6世纪的305首诗。《诗经》中的诗是用音乐写成的歌词。根据音乐和内容的不同，它们可以分为“风”“雅”和“颂”。“风”是地方民歌，“雅”是周朝直接统治地区的音乐，“颂”是寺庙祭祀的音乐。《诗经》内容丰富，包括爱情与婚姻、集会、战争与劳动、压迫与抵抗。《诗经》一般由四个字组成一个句子，使用“赋”“比”“兴”的表达手法，著名作品包括《关雎》《硕鼠》《风雨》等。

（三）《楚辞》

战国时期，楚国诗人屈原在南方民歌的基础上创造了一种新的诗体——《楚辞》。《楚辞》采用楚国方言，以六字七言为主，句式灵活，易于表达情感，其代表作有《离骚》《九歌》《九章》等。小说、散文和戏剧等文体都不同程度地受到楚辞的影响。

（四）两汉、魏晋南北朝诗歌

两汉及其之后的魏晋南北朝时期的诗歌，继承和发展了《诗经》和《楚辞》的优良传统，广泛地反映了当时的社会生活，并在体裁和形式上实现了由四言诗向五言诗和七言诗的转变。这一时期的主要文学成就有汉乐府民歌、建安诗歌、田园诗和山水诗，以及南北朝民歌。

汉乐府民歌中的“乐府”是指汉代的一种音乐机构，它的功能主要是收集文人诗和民间歌谣，并配上乐曲。被称为中国第一首长篇叙事诗的《孔雀东南飞》，就是汉乐府民歌中的精华。这首诗通过刘兰芝和焦仲卿自杀殉情的爱情悲剧，控诉了封建礼教的罪恶，表达了青年男女追求婚姻自由的愿望和决心。

（五）隋唐五代诗歌

隋唐五代是中国诗歌的繁荣时期，也是诗歌、散文、小说和通俗文学的黄金时代。唐代被后人称为中国诗歌的鼎盛时期。最著名的诗人是李白、杜甫、白居易等。在唐诗的创作方法上，现实主义和浪漫主义的风格同时发展，不仅在古诗创作上取得了丰硕的成果，而且创造了优美整洁的格律诗。

李白 李白被人们尊称为“诗仙”，他的诗歌奔放优雅，具有奇特的想象力和浪漫的色彩。他的“蜀道之难，难于上青天”（《蜀道难》）、“君不见黄河之水天上来，奔流到海不复回”（《将进酒》）、“飞流直下三千尺，疑是银河落九天”（《望庐山瀑布》）等诗句，大胆地使用夸张手法和巧妙生动的比喻，被人们代代相传。

杜甫 杜甫是中国伟大的现实主义诗人，被人们尊称为“诗圣”。他与李白合称“李杜”。杜甫生活于唐朝由盛转衰的历史时期，许多作品反映当时的民生疾苦和政治动乱，他用诗歌创作抒发忧国忧民之心。其代表作“三史”“三别”、《茅屋为秋风所破歌》《春望》等，表达了诗人对贫苦人民的深切同情和对战争的愤恨。

（六）宋元诗词

宋元时期是中国诗歌的过渡时期。词、诗、散文、小说等各种文体十分繁荣。词是中国古典诗歌的一种，它与音乐有着密切的联系，可以用音乐来演唱。词作为一种新的诗体，在宋代达到顶峰，成为一代文学的主要标志。《全宋词》共有作品 2 万余首，诗人 1 400 余人。宋词在中国文学史上占有重要地位。在宋词的发展过程中，出现了许多杰出的诗人，如北宋伟大的革新者苏轼、女诗人李清照和爱国诗人辛弃疾。

苏轼 苏轼是北宋词坛的伟大创新者。他拓展了词的意境和主题，丰富了词的表现手法，使词成为一种独立的抒情风格诗体。他推动了词律改革，改变了以往婉约的词风，创立了豪放词派。苏轼的主要代表作有《念奴娇 · 赤壁怀古》《水调歌头 · 明月几时有》等。

李清照 李清照是中国古代最优秀的女词人，是婉约词派的代表。李清照的词风格婉约，感情细腻，如描写春天景物的《如梦令》。她的后期作品将国破家亡的悲情与身世漂泊的伤痛融合在一起，感人心魄，如《声声慢 · 寻寻觅觅》等。

（七）明清诗歌

明清时期，古典诗歌逐渐走向消亡，但诗歌的艺术和理论却得到了发展。尤其是在清代，诗歌迎来了一个小高峰。在这一时期，诗歌作品和名家都呈现出繁荣景象。其中，代表人物有龚自珍、顾炎武、黄遵宪、黄宗羲等。

龚自珍 龚自珍是清代的思想家、诗人、作家和改良主义先驱。他主张废除腐败政策，抵抗外来侵略，曾全力支持林则徐禁烟。他的诗歌提倡“更法”“改图”，揭露了清朝统治者的腐败，充满爱国热情，被刘亚子誉为“三百年来第一流”。他是《定庵文集》的作者，著有 300 多篇文章和近 800 首诗歌。

中国古代小说、诗歌、散文，略早于戏曲。先秦两汉时期的神话、寓言、史传、“野史”传说等都孕育着小说艺术的因素。唐代出现的具有成熟形态的文言短篇小说，标志着中国古代小说作为一种文学体裁已真正成熟。从宋代开始，中国小说文言、白话两条线索交互发展，它们既有各自的特点，又相互吸收。宋代以后，小说在中国文学史上所占的分量越来越重，地位也越来越高，出现了一大批风格独特、闻名中外文坛的优秀作家作品。

四、现当代文学

（一）散文

《新青年》设立“随感录”栏目是在 1918 年，这标志着中国进入了现代文学发展时期。现代散文用白话文代替了文言文，表现形式更加多样，短评、小品、随笔、杂文、游记、通讯、书信等都属于散文，由于散文篇幅短小，形式自由，写法灵活，语言优美，能比较迅速地反映生活，所以深受人们喜爱。现当代散文作家主要有林语堂、余秋雨、鲁迅、冰心、朱自清、周作人等。

朱自清 朱自清的散文主要注重情景交融的意境刻画，完美表现了现代散文的语言与文体之美。朱自清的散文创作带有鲜明的时代印记，从清秀到质朴再到激进，显示出他独特的艺术风格和审美情趣。他叙事、写景、抒情都注入真挚、深厚的情感，构思缜密，意境悠远，代表作有名篇《背影》《荷塘月色》《桨声灯影里的秦淮河》等。

鲁迅 鲁迅是中国伟大的革命家、文学家、思想家。他的作品题材广泛，或辛辣犀利，充满人性批判与自省，或清新脱俗，饱含深情与自信，文笔简洁，观察深刻。其散文集有《野草》《朝花夕拾》等。《野草》是一部象征主义的艺术精品，其中最具艺术特色的是运用各种象征方法所创造的各种艺术形象。《朝花夕拾》较多地继承了传统散文的艺术特点，语言质朴，思想深邃，表达了对社会现实的批判。

冰心 冰心原名谢婉莹，她创造的文学语言与艺术风格具有鲜明的个性特色，宣扬自然爱、母爱、儿童爱，被称为“爱的哲学”。她的散文语言婉约典雅、轻灵隽丽，具有高度的艺术表现力，表现了乐观进取的时代精神，产生了广泛的影响。代表作有散文集《往事》《寄小读者》等。

（二）诗歌

中国现代诗歌主要指新诗，其特点是用白话语言写作，形式上灵活自由，打破了旧诗词格律的束缚，表现了科学、民主的新时代内容。新诗的倡导者和初期作家主要有胡适、刘半农等。代表新诗始创期最高成就的是浪漫主义诗人郭沫若，他打破了中国传统旧诗的格式，使用崭新的现代诗歌形式进行创作，其代表作诗集《女神》被称为新诗奠基之作，也是新诗真正取代旧诗的标志。

（三）小说

中国现代小说从时间上来说是新民主主义革命时期又指五四运动以后的小说，多数采用白话文形式表现中国人的情感方式和审美心态。这些小说植根于现实生活的土壤，既不同于中国历来的文言小说，也不同于传统的白话小说。中国现代小说以日常生活中普通的工人、农民、市民和知识分子为主要描写对象，具有现代民主主义的思想色彩。在艺术手法上，心理刻画趋于成熟细腻。主要采用现实主义创作方法，这些小说也具有与实际生活大为接近的显著特点。中国小说从五四时期起，彻底进入了一个与世界现代小说有共同“语言”的崭新阶段。

茅盾 茅盾是中国现代文学的先驱者之一。他注重选择具有时代性的主题，通过对错综复杂的社会生活的描写，反映当时的社会现实，具有鲜明的时代感和理性色彩。在叙事方面，茅盾追求宏大而严谨的布局，采用网状结构形式，擅长心理描写，注重对社会心理因素的探索。茅盾的小说集中体现了 20 世纪 30 年代中国社会小说的主要成就，《子夜》是茅盾的代表作，也是社会分析小说的典范。

新媒体和新技术的出现，使文学创作和表现方式更加多样化和便捷，极大地拓展了人们的写作欲望和阅读体验。一批草根作家在互联网上的迅速崛起，丰富了文学作品的来源和形式。随着移动终端和手机的普及与发展，“指尖文学”已经成为网络创作的时尚，尤其是手机的便捷，进一步加速了网络文学创作和阅读形式的变革。与旧的在线文学网站相比，基于移动终端阅读和创作的应用产品令人眼花缭乱。短篇小说的创作无处不在，描写方法简洁生动，这已成为手机文学时代的一个典型特征。网络文学从扎根到繁荣，经历了很短的时间，但却深刻地影响了人们的生活。一些网络小说不仅受众广泛，而且成为影视作品改编的重要来源，如《琅琊榜》《盗墓笔记》《花千骨》《芈月传》《何以笙箫默》《翻译官》等热播影视剧均由网络小说改编而来。

【任务思考与练习】

一、填空题

1. 中国第一部诗歌总集是________________，共有 305 篇，也叫“诗三百”。
2. 请写出两个宋代词人苏轼的代表作____________、____________________。

二、思考题

1. 唐代的“诗仙”指的是谁？你知道他的诗吗？
2. 李清照是哪一个朝代的人？她的代表作有哪些？
3. 你知道中国现代网络小说吗？你看过哪一部小说或者由小说改编的电视剧？

任务二　中国传统艺术

【任务背景】

中国传统艺术起源于新石器时代，主要代表性艺术有书法、绘画、音乐和戏曲等。中国传统艺术的遗产极其丰富并且辉煌。这些传统艺术有着中国的特色，都透着五千年文明古国深厚的文化底蕴。这是中华民族的宝贵财富，也是全人类的宝贵财富。中国传统艺术以其浓郁的乡土气息、淳厚的艺术内涵和生动的历史痕迹，越来越受到世界人民的喜爱和欣赏。

【相关知识】

一、书法与绘画

中国的书法的演变，从甲骨文到金文、从大篆到小篆，再到隶书、楷书、草书、行书，各种形体逐渐形成，每个时期的书法都有自己的特点。如，晋代书法流畅优美，飘逸奔放，呈现出一种静谧之美。晋代著名书法家王羲之被称为“书圣”，他的《兰亭集序》被誉为“天下第一行书”。唐代书法严谨完整，气魄雄伟，具有一种力度美，代表书法家有颜真卿、柳公权，他们的书法成就极高。宋代书法的风格有起有伏，代表书法家有苏轼、黄庭坚、米芾和蔡襄。不同时期书法的特点各不相同。

在新石器时代，工匠们开始用各种颜色在陶器上画动物和花卉，这成为中国最古老的绘画。周代宫殿壁画的高水平反映了壁画整体的高水平。秦汉时期，绘画艺术得到了前所未有的发展，尤其是汉代的墓葬壁画和墓葬绢画，不仅内容丰富，而且栩栩如生。

魏晋南北朝时期，由于佛教的流行，佛教绘画兴起。中国的四大石窟——敦煌莫高窟、云冈石窟、龙门石窟、麦积山石窟，保留了大量的壁画，艺术价值极高。这一时期的著名画家有顾恺之、张僧繇等，“画龙点睛”这个词最初就是形容张僧繇高超的绘画水平的。

隋唐时期，无论是画的种类，还是绘画的技巧，都达到了较高的境界。这一时期，佛教壁画仍然流行，山水画、花鸟画已经比较成熟，出现了王维、张璪等著名画家。五代两宋时期，中国绘画艺术进一步完善和成熟，宫廷绘画繁荣，画作数量迅速增加。北宋张择端的《清明上河图》是这一时期的代表作。

元明清时期绘画有了显著的发展。在题材上，山水画和花鸟画占据了绝对的地位，画家们开始将书法、题诗和篆刻融入绘画。与西方绘画相比，中国绘画非常重视水墨和“留白”。各种颜色的使用不是中国画的重点。中国画往往有一些空白的地方，留给那些看到这幅画的人想象。在中国绘画中，诗歌、书法、绘画和篆刻往往集中在一张薄薄的宣纸上。

从内容来说，中国画可以分为三类：人物画、山水画、花鸟画。人物画以人物形象为主体，绘画对象包括宗教人物、淑女、肖像、历史故事等；人物画强调人物在精神上的相似性，而不是形状上的相似性。山水画以山水自然风光为主体，注重意境的创造。花鸟画以花、竹、石、动物为主体，常见的对象是梅花、兰花、竹子、菊花、松树和其他植物和动物，如马和老虎等。

二、音乐、舞蹈

中原音乐、四域音乐、外国音乐是中国传统音乐的三大主要来源，中国传统音乐是在三者的交流融合之中形成发展起来的。中原音乐指的是以黄河流域为中心而发展起来的音乐，这是一种以汉族为主体的音乐文化。其中，殷商和西周时期的音乐文化具有代表意义。四域音乐指的是除中原音乐以外的中华大地各民族的音乐文化。其中，长江流域、珠江流域等地区，与黄河流域同为中华音乐文化的发祥地。

中外音乐交流源远流长。在汉代，随着佛教的传入，印度教音乐和天竺音乐开始传入中国。隋唐时期，大量外国音乐的传入，带来了乐器、节奏、音阶等方面的新因素。

（一）器乐

中国民族器乐有着悠久的历史。从西周到春秋战国时期民间流行鼓瑟、击筑、弹琴、吹笙、吹竽等器乐演奏形式，当时涌现了师涓、师旷等琴家和著名琴曲《高山》《流水》等。秦汉时的鼓吹乐，魏晋的清商乐，隋唐时的琵琶音乐，宋代的细乐、清乐，元明时的十番锣鼓、弦索等，演奏形式丰富多样。

按照制作材料，中国古代把金、石、丝、竹、匏、土、革、木八类乐器统称八音，金指用金属制作的乐器，如编钟；石指石头或玉石做的乐器，如磬；丝指用丝弦制成的乐器，如琴、瑟；竹指用竹子制成的乐器，如笛子、箫等；匏指用葫芦制成的乐器，如葫芦丝；土指用土制作的乐器；木指用木头制作的乐器，如笙；革指用动物皮革制作的乐器，如鼓。

中国民间音乐包括各种乐器的独奏和不同乐器组合的合奏。不同的曲目和表演风格形成了多种器乐的种类，包括独奏音乐、打击乐、锣鼓乐、丝竹音乐等。中国的传统器乐名曲有《高山流水》《十面埋伏》《春江花月夜》《阳关三叠》《二泉映月》等。

（二）舞蹈

中国的舞蹈起源于人民的劳动，已有五千多年的历史。中国传统舞蹈表现的内容归纳起来有三种：一是各种劳动生产和生活，二是民间风俗，三是祭祀活动。古典舞、民间舞、芭蕾舞、现代舞、当代舞构成了中国舞蹈文化的格局。其中，涌现出了《扇舞丹青》《雀之灵》《采茶扑蝶》《白毛女》等一批优秀的代表作。中国舞蹈艺术人才辈出，如戴爱莲、白淑湘、刀美兰、杨丽萍等，受到广大观众的喜爱。

三、戏剧

中国戏剧主要包括戏曲和话剧。戏曲是中国传统戏剧，经过长期的发展演变，逐渐形成了以“京剧、越剧、黄梅戏、平剧、豫剧”为核心的中国戏曲百花园。话剧是 20 世纪引进的一种西方戏剧形式。中国古典戏曲是中华民族文化的重要组成部分，是中国的国粹。它以其艺术魅力受到了人们的喜爱。此外，它在世界戏剧界也占有独特的地位。它与古希腊悲喜剧和古印度梵剧一起被称为世界三大古代戏剧。

戏剧音乐在剧目中表现人物的悲欢离合时，亦讲究声腔与曲调。

四、电影

中国电影事业开始发展于 20 世纪初。1905 年，北京丰泰照相馆创办人任庆泰（字景丰）拍摄了由谭鑫培主演的《定军山》片段，这是中国人自己摄制的第一部影片。1913 年，美国人经营的亚细亚影戏公司拍摄了由郑正秋编剧、张石川导演的中国第一部有故事情节的短片《难夫难妻》。1917 年上海商务印书馆拍摄时事短片。次年成立活动影戏部，此后拍摄了两部中国最早的长故事片《阎瑞生》和《红粉骷髅》。1922 年 ，张石川与郑正秋、周剑云等组建明星影片公司，1923 年完成由郑正秋编剧、张石川导演的《孤儿救祖记》，影片涉及当时的社会实际，表现手法具有较浓的生活气息。

1988 年，张艺谋导演的《红高粱》获得西柏林国际电影节（柏林国际电影节前身）最佳影片金熊奖，成为中国影史上第一部在三大国际电影节中获得最高奖的作品。中国第五代导演正式开始登上历史舞台，带领中国电影迅速发展。随后，侯孝贤导演的《悲情城市》（金狮奖，1989）、张艺谋导演的《秋菊打官司》（金狮奖，1992）、陈凯歌导演的《霸王别姬》（金棕榈奖，1993）、谢飞导演的《香魂女》（金熊奖，1993）、李安导演的《喜宴》（金熊奖，1993）等先后在三大国际电影节斩获最高奖，是中国电影在国际影坛的最高成就。同一时期，《菊豆》《大红灯笼高高挂》《霸王别姬》《喜宴》《饮食男女》先后提名奥斯卡金像奖最佳外语片。

演员方面，1992 年，张曼玉凭借《阮玲玉》获得柏林国际电影节最佳女演员，成为中国影史上首位三大国际电影节最佳演员；同年，巩俐凭借《秋菊打官司》获得威尼斯国际电影节最佳女演员；1994 年，葛优凭借《活着》获得戛纳国际电影节最佳男演员；同年，夏雨凭借《阳光灿烂的日子》获得威尼斯国际电影节最佳男演员，成为史上最年轻的威尼斯电影节最佳男演员；1995 年，萧芳芳凭借《女人四十》获得柏林国际电影节最佳女演员。

由此可见，20 世纪 90 年代初是中国电影和中国电影人第一次在国际影坛大放光彩的时期，优秀影片和优秀演员不断涌现，短短五六年间多部作品和多位影人获得国际大奖。2002 年 12 月 14 日，张艺谋导演的电影《英雄》上映。电影故事主要讲述了战国末期，三大侠客欲杀秦王的故事。《英雄》创造了国产电影的全球票房纪录，被美国《时代周刊》评为 2004 年度全球十大佳片第一名，提名奥斯卡金像奖和美国电影金球奖最佳外语片，获得多个国内外电影奖项。《英雄》的公映终结了内地电影市场近十年的低迷期，拉开了中国商业大片的帷幕，被认为是中国电影“大片时代”的里程碑，对中国电影产业的发展起到重要的推动作用。

五、杂技

中国杂技是历史悠久的传统表演艺术之一。中国杂技大约在新石器时代就已经萌芽。秦统一中国后，吸收各国角抵的优点，形成了一种娱乐性的杂技节目——角抵戏。

汉代，角抵戏的内容更充实，品种更丰富，技艺更高超。到东汉时，则形成了一种以杂技艺术为中心、汇集各种表演艺术于一堂的新品种——“百戏”体系。

南北朝时期，各族艺术交流频繁，使这一时期的杂技呈现出多姿多彩的特点，不仅民间基础丰厚，而且表演形式也丰富多彩。唐代时，一些节目得到了惊人的发展，出现了前所未有的高超技艺。其中“载竿”之技艺极高，马术节目也有很大发展，驯兽也达到了相当高的水平。

自宋代起，杂技艺术开始从宫廷走向民间，创造了名目繁多的新节目。宋代还有专业的杂技班和培养新人的“科班”。

宋代以后，杂技的社会地位江河日下。元朝建立后，杂技沦落为走江湖、耍把戏的江湖艺术。清代艺人则多以家庭亲属为基础单位演出，以维持生计。新中国成立后，杂技艺术获得新生。杂技艺术从简单的技巧表演发展到有乐队、舞蹈、灯光等配合的综合艺术表演。当代中国杂技已经成为深受全世界人民喜爱的艺术奇葩。

【任务思考与练习】

一、填空题

1. 晋代著名书法家王羲之被称为“____________________”，他的《兰亭集序》被誉为天下第一行书。

2. 中国绘画作品中，北宋张择端的《____________________》是这一时期的代表作。

二、思考题

1. 你觉得中国的书法有什么特点？你的国家有文字书法吗？如果有，请对比你的国家的书法与中国的书法。

2. 你知道哪些中国的传统乐器？

3. 中国的五大戏剧是什么？

任务三　实践探索：体验中国书画

【任务背景】

欣赏古今梅、兰、竹、菊“四君子”作品，了解其思想内涵与表现形式，体会中国笔墨的情趣。

【任务操作】

学　院		专　业	
中文名		英文名	
接受任务：学习中国书法与绘画并进行创作			
前置知识： 1. 了解中国画和书法所用的工具； 2. 了解中国画和书法的创作过程			
成绩：			
计划实施： 1. 欣赏中国书法和绘画作品； 2. 教师示范简单的书画创作过程之后，学生进行创作； 3. 对自己和同学的作品进行自评和互评			
成绩：			
质量检查： 1. 回忆中国书法和绘画的工具有哪些，至少说出 2 种； 2. 完成简单的中国书画作品			
成绩：			

【任务思考与练习】

1. 你觉得中国的书法或者绘画有什么特点？
2. 你喜欢创作书法或者中国画吗？请谈谈你创作时的感受。

项目十三

中国体育文化

教学目标

1. 了解中国传统体育。
2. 了解中国竞技体育项目。
3. 体验中国武术——太极拳。

教学知识点

1. 中国传统体育项目。
2. 中国竞技体育项目的内容简介和发展史。

教学重点词汇

武术（wushù） martial art
气功（qìgōng） Qigong
赛龙舟（sài lóngzhōu） Dragon-boat Racing
放风筝（fàng fēngzhēng） fly a kite
扭秧歌（niǔ yāngge） yangko dance
乒乓球（pīngpāng qiú） table tennis
排球（páiqiú） volleyball
太极拳（tàijí quán） Taiji boxing

任务一　中国传统体育

【任务背景】

中国体育的发展历史悠久。体育随着中国社会的发展而发展。不同时代的中国人以体育活动的形式进行锻炼和娱乐。今天，运动和健身在中国人的生活中变得越来越重要。在中国各地的专业场馆、公园、广场和街道上，可以看到各年龄阶段的人们参加各类体育活动。

【相关知识】

中国传统体育是中国体育的重要组成部分。许多优秀的民族传统体育项目，如赛龙舟、舞龙、气功、武术等，不仅可以锻炼身体，而且具有很高的艺术价值和丰富的娱乐和教育功能。

一、武术

中国武术是指用拳和使用刀、枪、剑和棍棒等武器的一种技艺。中国的武术种类繁多、体系庞大，包括各种器械、套路和对抗形式。它的发展受到中国哲学、军事科学、中医养生以及古代舞蹈的影响。武术不仅能保持健康，还能自卫。它也有很强的欣赏价值。人们常说“内练一口气，外练筋骨皮”，这是指武术内外家的区别。内家以练气为主，代表有“武当”等；外家注重锻炼肌肉和骨骼，代表有“少林”等。

武术从格斗攻防技术中抽象出踢、打、摔、拿、刺等动作，形成武术套路。它需要持续地做出动作，快速而敏捷，并保持独特的节奏，以及意识、呼吸和行动的和谐。真正的武打往往只用几个回合就能分出胜负，例如流行于福建、广东一带的咏春拳，通常 10 秒内就能分出胜负。

中国武术分为拳术、器械和摔跤等类别。拳包括长拳、太极拳、形意拳、南拳、八卦拳等；器械包括刀、剑、矛和棍子；摔跤起源于中国古代的摔跤和相扑。中国武术不仅是一种格斗技能，也是一种博大精深的精神文化。中国功夫被认为是中国文化的重要象征，功夫这个词已经被写入了英语词典。

二、气功

气功是一种独特的健身术，在中国已有五千多年的历史。气功主要讲究调整自然之气和先天之气的关系，先天之气指的是天生的、循环在人体中的元真气。练功者通过控制意念、调整呼吸，实现身心和谐，达到锻炼身体、治疗疾病的目的。气功对陶冶性情也有很好的作用。

中国气功源远流长，历史悠久，流派众多，内容丰富。它一般分为动功和静功。动功的特点是强调身体运动与气相结合，而静功是通过意识和呼吸的自我控制来进行的。从现代医学的角度来看，气功锻炼是一种有益于身心健康的活动。经过反复训练，它成为人体的条件反射行为。从心理学的角度来看，气功主要通过自我暗示促进意识自我催眠，通过“心理生理形态”调节身心平衡，达到锻炼的目的。

三、赛龙舟

龙是中华民族的象征。中国古人按照龙的样子造成木船，并取名龙舟。赛龙舟是中国民间传统水上体育娱乐项目，是端午节的重要活动。各地的龙舟大小略有不同，舟长一般二三十米，每条船上约三十名水手

一般是在规定距离内，多人集体划桨，多条龙舟同时起航，在河面上你追我赶，以到达终点先后决定名次。龙舟上都备有鼓，专门有人负责敲打，比赛因而具有浓厚的竞争性和娱乐性。在中国，尤其是南方水乡地区，赛龙舟一直是一项非常普遍的体育活动。

四、放风筝

中国是风筝的发源地。风筝也被称为纸鸢和纸鹤，有两千多年的历史。风筝是中国古代的重要发明之一。它被称为人类最早的“飞机”。据说，在春秋时期，著名的建筑工人鲁班曾做过一只木风筝，然后飞上天空。之后，人们用纸代替木头，这被称为“纸鸢”。从汉代开始，人们开始用风筝来测量距离和传递信息；在唐代，风筝被引入朝鲜和日本等邻国；到了宋代，放风筝逐渐成为一种民间娱乐游戏活动。

风筝通常用细竹条绑成骨架，用纸或丝的布粘贴，再用长线绑着。放风筝需要耐心和技巧，而不需太多体力，所以很多中国人都非常喜欢。一年一度的山东潍坊国际风筝节吸引了大批中外风筝爱好者和游客前往比赛和参观。

五、扭秧歌

秧歌是一种独特的民间舞蹈，主要流行于中国北方广大地区。最具代表性的有东北秧歌、陕北秧歌、河北秧歌和山东秧歌。它是农民在插秧时进行的一项活动。它起源于农业生产劳动，集锣鼓伴奏、歌舞于一体。跳秧歌时，人们手里拿着扇子、手帕和彩色丝绸，踩着锣鼓点，嘴里唱着歌，轻轻地走着，一边扭动一边跳舞。这种活动简单、有趣，适合不同年龄的人，尤其是中老年女性。扭秧歌不仅能锻炼关节、肌肉和骨骼，增强心肺功能，还能使人身心愉悦。直到今天，它仍然是中国人在节日和聚会上表演的主要节目类型。

【任务思考与练习】

1. 你知道哪些中国传统体育项目？
2. 赛龙舟一般是在中国的哪个传统节日举行？

任务二　中国现代竞技体育

【任务背景】

中国的竞技体育是一项制度化、系统化的竞技体育活动。它旨在击败竞争对手，充分发挥运动员在比赛中的能力，追求运动成绩的最优化。竞技体育有统一的国际规则。因其

激烈的对抗性、丰富的娱乐性和欣赏性，吸引了众多爱好者。新中国成立以来，中国运动员在世界竞技赛场上屡创佳绩，成为世界体坛一支令人瞩目的力量。

【相关知识】

中国竞技体育的不断发展得益于日益完善的竞技体育训练体系。以青少年业余体校和基层体育俱乐部为基础，以省、自治区、直辖市运动队为骨干，国家运动队为最高层次水平。这一训练体系使中国优秀运动员全年保持在两万人左右，已成为中国体育和世界体育的主力军。经过很多年的发展，我国竞技体育已从青苗长成参天大树，并取得了丰硕的成果。在乒乓球、女排、跳水等项目上形成了一定优势，在网球、田径、冰雪等相对薄弱的项目上实现了跨越式发展。

一、竞技体育项目

（一）乒乓球

乒乓球是中国群众基础最广泛的竞技体育项目。它对场地要求低、参与性强，是一项健体、健脑又健心的全身运动，相对于足球、篮球等运动，它没有直接的身体对抗，可以控制运动量，非常有利于普及，因此受到中国人的普遍喜爱。在中国，大到综合性体育场馆，小到街道中的全民健身公园，都不难找到乒乓球爱好者的身影。乒乓球也是中国取得世界冠军最多的运动项目之一。1959 年，容国团在第 25 届世界乒乓球锦标赛中获得了男子单打冠军，成为中国体育史上的第一个世界冠军。截至 2017 年，中国乒乓球队已经获得了 213 个世界冠军，并且常常出现包揽某项赛事所有冠军的现象。乒乓球虽然起源于英国，但最终在中国成就斐然，成为中国的“国球”。

中国拥有健全的乒乓球运动员培养机制，每位获得冠军的运动员都经历了无数磨难和艰辛。这使得中国乒乓球队被称为“王者之师”，集中了全世界最顶尖的乒乓球高手。在中国乒乓球国家队中，世界冠军和奥运冠军层出不穷，王楠、马龙、邓亚萍、刘国梁、孔令辉、张继科等都曾经为中国多次争得荣誉。

（二）排球

说到排球，恐怕所有中国人都会首先想到中国女排。中国女排，就是中国女排国家队，是中国最优秀的运动团队之一。从 1982 年到 1986 年，中国女排连续获得了亚运会冠军、奥运会冠军和世界杯冠军，再加上 1982 年和 1986 年两座世锦赛冠军奖杯，中国女排完成了令世界惊叹的“五连冠”。在 2003 年、2004 年奥运会、2015 年世界杯和 2016 年奥运会上 4 次获得冠军，共 9 次成为世界冠军。中国女排是中国“三大球（排球、篮球、足球）”中唯一获得世界冠军奖杯的球队。20 世纪 80 年代中国女排五连冠后，女排队员无私、团结、坚强、爱国的精神鼓舞了中国人民。“女排精神”已经成为一种社会文化符号。每当中国女排有重大比赛时，人们都会通过电视观看女排比赛。女排姑娘们一次又一次地跳跃、进攻和防守。这种不离不弃的精神影响深远。虽然女排队员一批又一批地更换，但“女排精神”一直受到中国人民的赞誉和关注，堪称中国体育精神的代表。

（三）跳水

在中国的竞技体育中，跳水是除乒乓球外又一项值得称道的运动。中国女子跳水队和男子跳水队都是当之无愧的“无敌之师”。100 多枚世界金牌的辉煌纪录，使中国国家跳水队成为世界眼中的“梦之队”。中国跳水队人才济济，涌现出许多明星，如吴敏霞、伏明霞、郭晶晶等。

除了上述体育项目以外，举重、体操、羽毛球、射击等也都是中国竞技体育的强项。我国竞技体育发展全面、多元化，涌现出一大批优秀的教练员和运动员。“体操王子”李宁曾 14 次获得世界冠军，共获 106 枚金牌；“中国飞人”刘翔打破了男子 110 米栏世界纪录，成为第一个赢得奥运会田径男子短跑冠军的亚洲人；“全球特奥大使”姚明是最优秀的篮球运动员之一。

二、中国与奥运会

奥运会是人类历史上最古老、规模最大的体育赛事。中国参加奥运会的历史可以追溯到 1939 年。1979 年，中国恢复了在国际奥委会的合法席位，并回到奥林匹克大家庭的怀抱。1984 年洛杉矶奥运会上，中国运动员许海峰在男子手枪自选赛中获得了中国第一枚奥运会金牌。

2001 年 7 月 13 日，北京获得了 2008 年第 29 届夏季奥运会的主办权，举国上下一片欢腾，中国人终于圆了一个世纪的奥运梦想。2008 年 8 月 8 日至 24 日，来自 204 个国家和地区的 1 万余名运动员来到北京。传递友谊与和平的“福娃”、富有传统文化底蕴的祥云火炬、充满现代活力的中国印，向世界各地的人们展示了传统与现代交融的中国魅力。北京奥运会以良好的组织、周到的服务、一流的设施，赢得了国际社会的高度评价，在奥林匹克史上留下了辉煌的一笔。

北京奥运会的 37 个场馆中，最引人注目的是国家体育场“鸟巢”和国家游泳中心“水立方”。“鸟巢”是 2008 年北京奥运会的主体育场，由一系列弧形钢结构组成，结构简单，设计新颖。“鸟巢”可容纳 10 万观众，承担奥运会开幕式和闭幕式的任务，并可举办田径和男足决赛等重要比赛。“水立方”是一个像水一样半透明的场地，其凭借新颖的设计成为人们关注的焦点。“水立方”由五个游泳区组成，共有一万七千个座位，承担游泳、跳水、水球等比赛任务。

2008 年北京奥运会后，中国政府将每年的 8 月 8 日定为“全民健身日”，这极大地促进了我国国民身体素质的提高和群众体育的发展。2015 年 7 月 3 日，北京和张家口获得 2022 年冬季奥运会主办权。2022 年 2 月，第 24 届冬季奥运会在北京举行。

【任务思考与练习】

一、填空题

1. 放风筝是一项有趣的中国体育传统活动，每年的国家风筝节在中国山东省____________市举办。

2. 2008 年北京奥运会的主体育场馆是“__________________”，它能容纳 10 万人。

二、思考题

1. 中国的“国球”是什么球?

2. 2008 年奥运会在北京的游泳中心叫什么名字?

任务三　实践探索：体验太极拳

【任务思考与练习】

中国的众多传统体育健身项目都有良好的群众基础。它们与中国政府积极倡导的全民健身相互促进、相辅相成，形成了完整的体育健身体系。国家级非物质文化遗产之一的太极拳，是以中国传统儒道哲学中的太极、阴阳辩证理念为核心思想，集养性情、强身健体、技击对抗等多种功能为一体，结合易学的阴阳五行之变化、中医经络学、古代的导引术和吐纳术形成的一种内外兼修、柔和、缓慢、轻灵、刚柔相济的中国传统拳术。

【相关知识】

“太极”一词出自《周易》，有至高、至极、绝对、唯一的意思。太极拳是中国武术的代表之一，源于河南省温县陈家沟，至今已有三四百年的历史。它综合了历代各家拳法，结合了道家的养生术、阴阳与经络学说，吸取了古典哲学和传统的中医理论，内外兼练，动作柔和，缓慢、舒展、连贯、轻灵、优美。它要求用意念引导身体，意念、气息、身体三者要协调配合，讲究以静制动、以柔克刚。太极拳有陈式、杨式、孙式等多种流派。

中华人民共和国成立后，为了推行简易的太极拳套路，1956 年在杨式太极拳的基础上，去掉复杂和重复的动作，编成“二十四式简化太极拳”。1979 年又在此基础上，吸取其他各式太极拳之长，编成“四十八式简化太极拳”。简易太极拳对太极拳的传播和普及起到了重要作用，使其不仅在国内蓬勃发展，而且走出国门，在世界上广为传播，成为世界上参与人数最多、最受人们喜爱的武术运动和健身活动之一。据统计，全世界的太极拳练习者和爱好者多达 3 亿人以上。2006 年，太极拳被列入中国第一批国家级非物质文化遗产名录。

二十四式简化太极拳招式列举如下：起势、左右野马分鬃、白鹤亮翅、左右搂膝拗步、手挥琵琶、左右倒卷肱、左揽雀尾、右揽雀尾、单鞭、云手、单鞭、高探马、右蹬脚、双峰贯耳、转身左蹬脚、左下势独立、右下势独立、左右穿梭、海底针、闪通臂、转身搬拦锤、如封似闭、十字手、收势。

【任务操作】

学　院		专　业	
中文名		英文名	
接受任务：学习二十四式太极拳			
前置知识： 1. 了解太极拳的相关知识和文化背景； 2. 了解简化太极拳为二十四式，并知晓有哪些招式			
		成绩：	
计划实施： 1. 首先了解二十四式太极拳的招式； 2. 跟随老师或者视频学习其中前三式； 3. 跟着音频反复练习前三式			
		成绩：	
质量检查： 1. 回忆二十四式太极拳的招式名称（至少说出三个）； 2. 学生跟随音频单独进行前三式的展示； 3. 师生共同进行前三式的展示			
		成绩：	

【任务思考与练习】

1. 你喜欢中国武术吗？为什么？
2. 在学习二十四式太极拳的过程当中你感受到什么？
3. 你最喜欢二十四式当中的哪一式？为什么？

二十四式太极拳

（扫描后请先关注“交大 e 出版”）

项目十四 中国文化遗产

教学目标

1. 了解中国物质文化遗产。
2. 了解中国非物质文化遗产。
3. 了解中国历史遗址。
4. 了解中国历史建筑。
5. 了解中国传统技艺。

教学知识点

1. 中国物质文化遗产和中国非物质文化遗产。
2. 中国历史遗址。
3. 中国历史建筑。
4. 中国传统技艺。

教学重点词汇

中国物质文化遗产（zhōngguó wùzhì wénhuà yíchǎn） China's cultural heritage

中国非物质文化遗产（zhōngguó fēi wùzhì wénhuà yíchǎn） China's intangible cultural heritage

故宫（gùgōng）The Palace Museum

贵州播州海龙屯历史遗址（bōzhōu hǎilóngtún lìshǐ yízhǐ） Guizhou Bozhou Hailongtun Historical Site

秦始皇陵及兵马俑（qín shǐhuáng líng jí bīngmǎ yǒng）Qin Shihuang's Mausoleum and Terracotta Warriors and Horses

剪纸（jiǎnzhǐ） paper-cutting

蜡染（làrǎn） batik

任务一　中国文化遗产概况

【任务背景】

文化遗产从存在的形态上可以分为物质文化遗产和非物质文化遗产，也叫有形文化遗产和无形文化遗产。物质文化遗产是指那些具有历史性、艺术性和科学价值的文物；非物质文化遗产是指以非物质形态存在的、与百姓生活息息相关且世代传承的传统文化。

中华人民共和国国家文物局为保护和保存在中国境内的宝贵的历史遗址、历史文物、艺术形式，启动了“中国文化遗产计划”。

中国文化遗产概况
（扫描后请先关注“交大 e 出版”）

【相关知识】

一、物质文化遗产

物质文化遗产（有形文化遗产）就是我们通常说的“文化遗产”，根据《保护世界文化和自然遗产公约》（简称《世界遗产公约》），物质文化遗产包括历史建筑、历史文物和人类文化遗址。

具体来说，物质文化遗产包括：古建筑、古墓葬、古遗址、石窟寺、石刻、壁画、近现代重要的历史遗迹和代表性历史建筑等不可移动的文物，历史上各个时代的重要艺术品、实物、手稿、文献、图书资料等可移动的文物；在建筑样式等方面具有突出价值的历史文化名城（街区、村镇）。

二、非物质文化遗产

根据联合国教科文组织《保护非物质文化遗产公约》的定义，非物质文化遗产（无形文化遗产）是指“被各群体、团体、有时为个人视为其文化遗产的各种实践、表演、表现形式、知识和技能及其有关的工具、实物、工艺品和文化场所”。

非物质文化遗产包括：社会风俗、礼仪、节日；传统的手工艺技能；口头传说和表述，包括某种语言；表演艺术；有关自然和宇宙的知识及实践。

三、中国对世界遗产事业的贡献

中国的世界遗产数居世界第一。目前，我国已有 100 多个项目的遗产预备清单，是提交给世界遗产委员会数量最多的国家之一。中国已经具有的世界遗产，涵盖了文化、自然、文化与自然双重、文化景观等世界遗产名录中的全部种类。除此之外，还有包括古琴、昆曲和新疆维吾尔族木卡姆艺术以及蒙古族长调民歌在内的四项“人类口述和非物质遗产代表作”，还有京剧、皮影戏、中医针灸、蜡染、剪纸等非物质文化遗产，是名副其实的世界遗产大国。

中国是世界遗产事业的先行者。世界遗产专家也肯定了我国在世界遗产保护方面的工作。中国的文物保护工作已在实践和理论上迅速与国际接轨，专家队伍逐渐成熟和壮大，保护的手段和设备也在不断地改进。中国政府还制定了有关法律法规，以加强对世界遗产的保护和保存。这些措施得到了联合国教科文组织、世界遗产委员会和世界上许多专家的充分肯定。特别是，世界遗产专家高度赞扬了中国世界遗产管理模式的创新。例如我国对黄山的保护经验，被世界遗产委员会点评道“有许多做法都是实际工作中的创举，应推广到全世界其他遗产地学习和借鉴”。中国基本完成了世界遗产地风景名胜区管理信息系统的建设，使世界遗产资源的管理走上了信息化的道路。

中国是世界遗产事业的推动者。在世界遗产管理上，中国建立了世界遗产自然环境保护体系，包括国家森林公园、风景名胜区、国家地质公园等在内，世界自然遗产也被纳入该保护体系中；建立了文化遗产保护体系，包括重点文物保护单位、非物质文化遗产、档案遗产在内，此外，还设立了各类遗产的国家级和地方级名录，以方便分类进行保护与管理。中国从国家、部门和地方等各个层面发布相关法律、法规、规章等文件，为各类遗产的保护与管理提供法律支撑和保障；相关国家机构和高校等还会举办大量培训班和研讨会等集思广益，为世界遗产保护事业提供学术和智力上的支持。

中国是世界遗产保护事业的践行者。为提高百姓对世界文化遗产的认识与了解，教育部在中小学及高校里开展了不同形式的世界遗产教育活动，例如：设立“世界遗产日”，建立研究机构，开展系列活动，以及通过拍摄纪录片、媒体报道等宣传方式，展示世界遗产包含的文化和价值，使民众深入感知世界遗产的精神、文化价值，逐步增强保护世界遗产的意识。

同时，对世界文化遗产的不断发掘、认识和宣传，加深了我国文化遗产的国际交流和传播，也增强了中华民族的凝聚力和文化信心。当前，中国已经向世界推广了许多优秀的文化遗产，并赢得了世界的认可和赞赏。它增强了世界人民对中国的了解，增强了中国文化对世界的吸引力和影响力，并促进了世界各国的文化交流与互动。

【任务思考与练习】

一、填空题

1. 文化遗产分为____________________和____________________。

二、思考题

1. 图 14.1 至图 14.4 中哪些是物质文化遗产，哪些是非物质文化遗产，请填写出来。

图 14.1　天坛____________________

（图片来源：https://www.pexels.com/zh-cn/photo/5846484/,2022-04-24）

图 14.2　马头琴__________________

（图片来源：https://www.pexels.com/zh-cn/photo/4348093/,2022-04-24）

图 14.3　敦煌莫高窟_____________

（图片来源：自摄）

图 14.4　长城____________

（图片来源：https://www.pexels.com/zh-cn/photo/2412603/,2022-04-24）

2. 请列举你们国家的物质文化遗产和非物质文化遗产。

任务二　中国物质文化遗产

第一部分 中国历史遗址

【任务背景】

中国是一个具有五千多年辉煌历史的文明古国，勤劳智慧的中华先民创造了灿烂的文化，留下了丰富的人文古迹。中华大地上的历史古迹的数量是世界上任何一个国家都无法比拟的。在我国古代，盛行为皇帝修建陵墓，因此，皇家陵墓数量多且规模大，其中所发现的历史文物也为世人所注目。我国著名的帝王陵墓主要有黄帝陵、成吉思汗陵、禹陵、秦始皇陵、昭陵、明十三陵等。我国考古人员于1974年在秦始皇陵东侧发现了面积达14 260平方米的兵马俑坑，坑内有成千上万个陶马和武士俑，被誉为“世界第八大奇迹”。

【相关知识】

秦始皇陵及兵马俑

一、概况

秦始皇陵是中国历史上第一个皇帝嬴政（公元前259年—公元前210年）的陵墓，位于中国北部陕西省临潼县城东5千米处的骊山北麓。秦始皇陵建于公元前246年至公元前208年，历时39年，是中国历史上第一个规模庞大、设计完善的帝王陵寝。

秦始皇陵筑有内外两重夯土城垣，象征着都城的皇城和宫城。陵冢位于内城南部，呈覆斗形，现高51米，底边周长1 700余米。据史料记载，秦陵中还建有各式宫殿，陈列着许多奇异珍宝。秦陵四周分布着大量形制不同、内容各异的陪葬坑和墓葬，现已探明的有400多个。

兵马俑坑是秦始皇陵的陪葬坑，位于秦陵陵园东侧1 500米处。目前已发现3座，坐西向东呈品字形排列。其中共出土了约7 000个秦代陶俑及大量的战马、战车和武器，代表了秦代雕塑艺术的最高成就。兵马俑陪葬坑均为土木混合结构的地穴式坑道建筑，像是一组模拟军事队列、旨在拱卫地下皇城的“御林军”。从各坑的形制结构及其兵马俑装备情况判断，一号坑（见图14.5）象征由步兵和战车组成的主体部队，二号坑（图14.6）为步兵、骑兵和车兵穿插组成的混合部队，三号坑（图14.7）则是统领一号坑和二号坑的军事指挥所。

图 14.5　兵马俑一号坑

（图片来源：http://www.qinling360.com/bingmayong/yihaokeng/, 2022-04-24）

图 14.6　兵马俑二号坑

图 14.7　兵马俑三号坑

（图片来源：http://www.qinling360.com/bingmayong/sanhaokeng/，2022-04-24）

二、历史背景

人殉是奴隶制时期盛行的一项残酷而野蛮的丧葬制度。人殉最兴盛的时代是殷商时期，商代贵族大墓中都有殉人。春秋战国时期出现以俑殉葬，即用陶俑、木俑等来代替人殉。“俑”的本意就是人殉，当人殉逐渐淡出人们的视野之后，“俑”便成了墓葬中陶塑、石雕、人像的专有名词。秦兵马俑就是以俑代人殉葬的典型，也是以俑代人殉葬的顶峰。秦俑之所以在规模、写实程度上达到如此的高度，除了工匠的智慧之外，还与中国历史上第一个封建皇帝秦始皇的意志分不开。

三、出土文物

兵马俑从身份上区分，主要有士兵与军吏两大类，军吏又有低级、中级、高级之别。一般士兵不戴冠，而军吏戴冠，普通军吏的冠与将军的冠又不相同，甚至铠甲也有区别。其中的兵俑包括步兵、骑兵、车兵三类。根据实战需要，不同兵种的武士装备各异。

俑坑中最多的是武士俑，军吏头戴长冠，数量比武将多。秦俑的脸型、身材、表情、眉毛、眼睛和年龄都有不同之处。

（一）车兵俑

车士，即战车上除驭手、驾车者之外的士兵。一般战车上有两名军士，分别为车左俑和车右俑。车左俑身穿长襦，外披铠甲，胫着护腿，头戴中帻，左手持矛、戈、戟等长兵器，右手作按车状。车右俑的装束与车左俑相同，而姿势相反。他们都是战车作战主力（见图 14.8）。

图 14.8　车兵俑

（图片来源：http://39.98.66.177/Detail?dbID=4&dbName=QLIMAGE&sysID=27
http://39 .98.66.177/Detail?dbID=4&dbName=QLIMAGE&sysID=29
http://39.98.66.177/Detail?dbID=4&dbName=QLIMAGE&sysID=28，2022-04-24）

（二）立射俑

在秦俑中是一个较为特殊的兵种，出土于二号坑东部，所持武器为弓弩，与跪射俑一起组成弩兵军阵。立射俑位于阵表，身着轻装战袍，装束轻便灵活（见图 14.9）。

图 14.9　立射俑

（图片来源：http://39.98.66.177/Detail?dbID=4&dbName=QLIMAGE&sysID=45，2022-04-24）

（三）跪射俑

跪射俑与立射俑一样，出土于二号坑东部，所持武器为弓弩，与立射俑一起组成弩兵军阵。立射俑位于阵表，而跪射俑位于阵心。跪射俑身穿战袍，外披铠甲，左腿蹲曲，右膝着地，上体微向左侧转，双手在身体右侧一上一下作握弓状，表现出一个持弓的单兵操练动作（见图 14.10）。在跪射俑的雕塑艺术中，有一点非常可贵，那就是他们的鞋底，疏密有致的针脚被工匠细致地刻画出来，反映出极其严格的写实精神，让后世的观看者从秦代武士身上感受到一股十分浓郁的生活气息。

图 14.10　跪射俑

（图片来源：http://39.98.66.177/Detail?dbID=4&dbName=QLIMAGE&sysID=50，2022-04-24）

跪射俑是所有出土的兵马俑中，唯一的发现时就极其完整的兵马俑。他身后的铠甲上还残留有红色涂层，十分珍贵。

（四）武士俑

武士俑，平均身高约 1.8 米。作为军阵主体，武士俑（见图 14.11）在秦俑坑中出土数量为最，依着装可分为两类，即战袍武士和铠甲武士。他们作为主要的作战力量分布于整个军阵之中。战袍武士俑大多分布于阵表，灵活机动；铠甲武士俑则分布于阵中。两类武士皆持实战兵器，气质昂扬，静中寓动。

图 14.11　武士俑

（图片来源：http://39.98.66.177/Detail?dbID=4&dbName=QLIMAGE&sysID=41,2022-04-24）

（五）军吏俑

军吏俑从身份上讲低于将军俑，有中级、下级之分。在秦俑坑中数量极少，出土不足十件。军吏俑除了服饰上与将军俑不同外，精神气度上也略有差异，军吏俑的身材一般不如将军俑丰满魁伟，但整体上比较高大，双肩宽阔，挺胸伫立，神态肃穆，更多的表现出勤于思考、勇武干练的一面（见图 14.12）。

图 14.12　军吏俑

（图片来源：http://39.98.66.177/Detail?dbID=4&dbName=QLIMAGE&sysID=47,2022-04-24）

（六）骑兵俑

骑兵俑出土于一、二号坑，有 100 多件。骑兵多用于战时奇袭。由于兵种的特殊，骑兵的装束显然与步兵、车兵不同。他们头戴圆形小帽，身穿紧袖、交领右衽双襟掩于胸前的上衣，下穿紧口连裆长裤，脚蹬短靴，身披短而小的铠甲，肩上无披膊，手上无护甲。衣服短小轻巧，一手牵马，一手持弓（见图 14.13）。从这种特殊的装束中，我们可以清楚地看出，从古代骑兵战术出发，骑士的行动敏捷是一项基本的要求。二号坑出土的骑兵形象，是迄今为止中国考古史上发现的最早的骑兵实物。因而对研究当时骑兵服饰和装备提供了十分珍贵的考古资料。

图 14.13　骑兵俑

（图片来源：http://39.98.66.177/Detail?dbID=4&dbName=QLIMAGE&sysID=51,2022-04-24）

（七）驭手俑

驭手俑为驾驶战车者，在三座俑坑中均有出土。驭手俑身穿长襦，外披铠甲，臂甲长及腕部，手上有护手甲，胫着护腿，脖子上围有颈甲，头上戴有巾帻及长冠，双臂前举作牵拉缰绳的驾车姿态（见图 14.14）。由于古代战争中战车的杀伤力极强，因而驭手在古代战争特别是车战中，地位尤为重要，甚至直接关系着战争的胜负。

图 14.14　驭手俑

（图片来源：http://39.98.66.177/Detail?dbID=4&dbName=QLIMAGE&sysID=52,2022-04-24）

（八）秦陵铜车马

秦陵铜车马出土于秦始皇陵西侧 20 米处，1980 年局部试掘铜车马坑时，在一木椁内出土一前一后纵置的两辆大型铜车马，出土时已残破，经修复后恢复原状。

铜车马通体彩绘，马为白色，彩绘时所用颜料均为用胶调和的矿物颜料，利用胶的浓度塑造出立体线条。车、马和俑的大小约相当于真车、真马、真人的二分之一（见图 14.15）。它完全仿实物精心制作，真实地再现了秦始皇帝车驾的风采。

图 14.15　秦陵铜车马

（图片来源：http://www.bmy.com.cn/html/public/zl/jbcl/8bc67e95cde8435c8a224f570e8e1671.html, 2022-04-24）

秦代的金属加工技术有了辉煌的成就，在秦陵铜车马的制造上集中体现出来。秦铜车马主体为青铜所铸，一些零部件为金银饰品。秦陵铜车马共有三千多个零件，秦代工匠巧妙地运用了铸造、焊接、镶嵌、销接、活铰连接、子母扣连接、转轴连接等各种工艺技术，将此结合为一个整体，达到了非常高的水平。特别是一、二号车的伞盖，其厚度仅 0.1～0.4 厘米，而面积分别为 1.12 和 2.3 平方米，整体用浑铸法一次铸出，即使在今天，要铸成这么大而薄、均匀呈穹隆形的铜件也非易事。

至今，铜车马上的各种链条仍转动灵活，门、窗开闭自如，牵动辕衡，仍能载舆行驶。秦陵铜车马被誉为中国古代的“青铜之冠”。

四、秦俑的特点

兵马俑的形象基本上和现实生活中的人物一样，手法细腻、明快。每个陶俑的装束、神态都不一样。人物的发式就有许多种，手势也各不相同，面部的表情更是各有差异。从他们的装束、神情和手势就可以判断出是官还是兵，是步兵还是骑兵。总体而言，所有的秦俑面容中都流露出秦人独有的威严与从容，具有鲜明的个性和强烈的时代特征。

兵马俑雕塑采用绘塑结合的方式，虽然年代久远，但在刚刚发掘出来的时候还依稀可见人物面部和衣服上绘饰的色彩。在手法上注重传神，构图巧妙，技法灵活，既有真实性又富装饰性。正因为如此，秦兵马俑在中国的雕塑史上占有重要的地位。

【任务思考与练习】

一、填空题

1. 秦始皇陵位于___________省___________市，由皇帝___________营建的。
2. 秦始皇陵是中国历史上第____________个皇帝陵园。
3. 秦始皇陵目前发掘__________个兵马俑坑，分别是__________、__________、__________。

二、思考题

1. 秦俑的特点是什么？
2. 对于秦始皇陵兵马俑，你感受到什么？有什么想法？

【相关知识】

播州海龙屯历史遗址

一、概况

海龙屯位于今贵州省遵义市汇川区高坪镇海龙屯村双龙村民组境内的龙岩山上，又被称为龙岩屯，距遵义市主城区 28 千米。它地处云贵高原向四川盆地过渡的斜坡北段，雄踞在巍峨的大娄山东支的龙岩山上，是宋、元、明时期西南播州杨氏土司文化的重要遗存。

遵义古称播州，唐末时，由于唐王朝衰败，地方上藩镇割据，军阀林立，南昭国（今云南）侵占播州，山西太原人杨端在乾符三年（公元 876 年）领兵平叛，自此拉开了杨氏家族世袭统治播州长达 725 年的历史，直到公元 1600 年平播之役宣告结束统治。

海龙屯这座古军事屯堡就是杨氏土司统治期间这段历史的见证，蕴含和传承的文化源远流长。

2014 年初，国家文物局正式确定由贵州省播州海龙屯土司遗址、湖北省唐崖土司城遗址和湖南省永顺老司城遗址联合代表中国土司遗产，作为中国 2015 年申报世界文化遗产项目。经过 2 年的保护和修缮，遗址的关键部分考古发掘工作已全部完成，文物本体的修缮和相关工作均已竣工，遗产的保护管理规划也已编制完成。

2014 年 9 月，世界文化遗产评估专家对海龙屯土司遗址申请世界文化遗产进行了验收评估，2015 年 7 月 4 日在德国宣布申遗成功，列入《世界遗产名录》，实现了贵州省世界文化遗产零的突破。

二、结构

屯上最高海拔 1 354 米，屯下海拔 974 米，相对高差 300~400 米。屯顶平阔，面积约 1.59 平方千米。屯上前后建有九关。屯前有六关，分别是：铜柱关、铁柱关、飞虎关、飞龙关、朝天关、飞凤关；屯后建有三关，分别为：万安关、二道关、头道关。九关之间有护墙相连，随山势绵延十余里，别有一番气象。屯顶建有衙署和练兵场等建筑，规模宏大且壮观。

三、主要建筑

（一）铁柱关、铜柱关

铜柱关像一个身披铠甲的勇士，守卫着南面的入屯通道，它与北面的铁柱关形成犄角之势，紧锁着入屯的南北大门，关上有箭楼，城墙从铜柱关向左延伸到腰带岩悬崖，向右延伸到铁柱关，再由铁柱关笔直而上至三十六步天梯与飞虎关相连。

连接铜、铁二关的城墙高数十米，探身下看，只觉头晕目眩、心惊肉跳，关隘成拱卷形，高约 5 米，整个关隘全用巨石砌成，结构巧妙、造型美观、强度高。

铜、铁二关关名匾额在平播之役时遭受毁坏，连接两关中间的这一地带是播军的兵营所在地，平播之战时，这里又是播军的前沿军事指挥中心。由于城墙坚固，关隘紧锁，确似铜墙铁壁一般，铜、铁二关因此而得名（见图 14.16 和图 14.17）。

图 14.16　铁柱关

（图片来源：https://nwx.we ijingtong.net/article/19060?openId=1.204.107.65&userId=1.204.107.65&time=1638368288&sign=0f6bbafc1741bb9fc41e0cc531a557b6,2022-04-24）

图 14.17　铜柱关

（图片来源：https://nwx.weijingtong.net/article/19060?openId=1.204.107.65&userId=1.204.107.65&time=1638368288&sign=0f6bbafc1741bb9fc41e0cc531a557b6，2022-04-24）

（二）飞虎关

飞虎关，又名吊桥关，关隘建在悬崖峭壁上，关前有两丈多深、一丈来宽的壕沟，关下设有吊桥，吊桥与三十六步天梯连接。此关建在绝壁上，犹如猛虎跃涧之势，因此叫作飞虎关，进入关内，一条用人工开凿的古道呈现在我们面前，它就是龙虎大道，此道连接飞龙、飞虎两关。全长四百七十四米，沿山开凿而成。道壁开有排水沟。道旁有城墙，可惜遭到战争的破坏，只留下底层基石供游客们凭吊（见图 14.18）。

图 14.18　飞虎关

（图片来源：https://nwx.weijingtong.net/article/19060?openId=1.204.107.65&userId=1.204.107.65&time=1638368288&sign=0f6bbafc1741bb9fc41e0cc531a557b6,2022-04-24）

（三）天梯

从铜柱关至此平台，七十二步石梯盘曲而上，从平台至飞虎关下的吊桥，三十六步石梯（见图 14.19）呈四十五度斜直而上，每节石梯长约六尺（1 尺约为 0.33 米），宽约二尺五，高约两尺。两边各有两尺多高的护栏。那么杨应龙（杨端的后代）为什么要修三十六步天梯呢？

图 14.19　三十六步天梯

（图片来源：https://nwx.weijingtong.net/article/19060?openId=1.204.107.65&userId=1.204.107.65&time=1638368288&sign=0f6bbafc1741bb9fc41e0cc531a557b6，2022-04-24）

原来杨应龙非常迷信易经学说，他是按三十六天罡、七十二地煞星宿而建。天梯与吊桥，飞虎关连成一体，造型美观，气势磅礴，确是一夫当关，万夫莫开之军事设施。它高架于山梁绝壁，象征杨氏王权至高无上。他为什么要修得这么高这么陡这么斜呢？

这样的修砌主要有三大功能：第一，天梯建立在裸露的山梁上，如果修成平行，山洪暴发，容易冲毁基脚，修成斜形可以排水，增强天梯的牢固性；第二，能够缩短台阶的跨度，便于攀爬；第三，增强滚木礌石的冲击力。

（四）龙虎大道

连接飞龙关和飞虎关之间的重要军事通道称为龙虎大道（见图 14.20），系在悬崖上开凿出来的一条登屯通道，全长 292 米，宽 1.5~4 米，主要功能应是作为飞龙关和飞虎关之间的藏兵之地。大道外临悬崖，上筑有女墙，沿山逶迤，下临沟谷，倚崖凿壁而成；内侧凿有排水沟。既凿通了道路，又取得了筑墙和关隘所需石材，可谓一举两得。平播战役后此道被淹没于地下，1999 年重见天日。通道岩壁现存当年修建通道时留下的钎眼遗迹，这些钎眼遗迹的发现，对研究明代时期播州生产力水平、施工工艺、施工技术、工程建设状况等有较高的价值。

图 14.20　龙虎大道

（图片来源：https://nwx.weijingtong.net/article/19060?openId=1.204.107.65&userId=1.204. 107.65&time=1638368288&sign=0f6bbafc1741bb9fc41e0cc531a557b6，2022-04-24）

（五）飞龙关

雄伟的飞龙关傲然挺立，它是入屯通道上最险要的一关。关门正中“飞龙关”三字完好无缺，每字二尺见方，是杨应龙亲笔手书，笔画刚劲有力（见图 14.21）。

图 14.21　飞龙关

（图片来源：https://nwx.weijingtong.net/article/19060?openId=1.204.107.65&userId=1.204. 107.65&time=1638368288&sign=0f6bbafc1741bb9fc41e0cc531a557b6，2022-04-24）

（六）朝天关

朝天关是屯前六大关隘中保存较为完好的一道关隘，关名、落款清晰可见，它建在屯前峡谷上，为海龙屯平添了几分肃杀之气，也给杨氏土司增加了几分威严（见图 14.22）。

图 14.22　朝天关

（图片来源：https://nwx.weijingtong.net/article/19060?openId=1.204.107.65&userId=1.204. 107.65&time=1638368288&sign=0f6bbafc1741bb9fc41e0cc531a557b6，2022-04-24）

再看关隘，巨石砌成，石块重达几百甚至数千斤。石与石之间的黏合物是山上猕猴桃的根茎捣烂后加清水形成一种黏液，加上生石灰、糯米面、桐油搅拌而成。朝天关历经战乱和四百年来的风雨侵蚀，仍巍然耸立，不减当年雄姿。

（七）飞凤关

飞凤关是一组建筑群，不同于前面的所有关隘，它的关顶上有箭楼，下设厅堂（见图 14.23）。

图 14.23　飞凤关

（图片来源：https://nwx.weijingtong.net/article/19060?openId=1.204.107.65&userId=1.204. 107.65&time=1638368288&sign=0f6bbafc1741bb9fc41e0cc531a557b6,2022-04-24）

飞凤关内有杨应龙亲笔书写的严禁碑一口，全称是“骠骑将军示谕龙岩囤严禁碑”全碑 387 字，颜体楷书。飞凤关是进入海龙屯的最后一道关隘，也是稽查防奸的最后一道屏障。平播之役时，成为播军的前沿军事指挥中心。

（八）新王宫

新王宫，传为由明代播州土司杨应龙建造。但根据海龙屯文物考古队领队、省文物考古所副所长、考古学博士李飞的考古手记，新王宫出土有“大明宣德年制”“大明万历年制”等铭款的青花瓷器，表明新王宫确应为明代建筑群。可以肯定，这里正是杨应龙最后的居所，但其未必为杨应龙之首创。如此庞大的建筑群，要在杨应龙主播的 20 余年间完成，是不可想象的。从宣德到万历，间隔了 100 多年。宣德瓷器的出土，表明新王宫可能在宣德年间（1426—1435）便已具规模，历经数代播州土司的修整，方有杨应龙时的规模，亦即我们今天看到的模样。新王宫的考古发掘被评为 2012 年全国十大考古新发现。（见图 14.24）

图 14.24　新王宫

（图片来源：https://nwx.weijingtong.net/article/19060?openId=1.204.107.65&userId=1.204.107.65&time=1638368288&sign=0f6bbafc1741bb9fc41e0cc531a557b6，2022-04-24）

新王宫是土司在战争时期的政治中心，具有衙署的功能，其格局也与同一时期的衙署比较相似，兼具休闲、憩息、生活等功能，有殿宇、宫室、厅堂、亭、阁、池、仓库、营房等，在飞凤关中看到的“严禁碑”上所说的“总管厅”就位于此，总面积达 2 万余平方米。

建筑群以东面进口多级垂带踏道为中轴线，呈两翼展布，由下至上，五重平台，天井贯通。现保存的殿宇石基台宏大坚固，最大的面阔 50 米，石柱基础直径达 0.5 米，主要建筑室内地平铺 40 厘米见方素面青砖，天井以石板铺砌，做工非常精美。

四、海龙屯的特点

（一）海龙屯：土司制度的重要遗存

土司指元、明、清各朝在边远民族地区授予其首领的世袭官职，也指被授予这类官职的人。在土司的统治下，土地和人民归土司世袭所有。土司制度更是元、明、清中央与地方各民族统治阶级互相联合、斗争的一种妥协形式。

海龙屯是已发现的历史最久、规模最大、保存最完整的土司城堡，完整见证了我国古代少数民族政策从唐宋时期的“羁縻之制”，到元明时期的“土司制度”，到明代改土归流的变迁，为研究土司制度提供了完整有力的样本。

（二）海龙屯：杨氏家族统治播州 725 年的主要见证

播州杨氏是一个煊赫的家族，从唐代杨端到明末杨应龙，一直是遵义的实际统治者。海龙屯正是这段历史的最好见证。杨家世守这片土地长达 725 年，其传袭之久远，几乎胜过任何一个中原王朝。

（三）古代防攻建筑的典范

借自然天险筑军事城堡，设立远、中、近的军事防御体系，屯兵于民，建立自给自足的军事给养保障 ，是海龙屯军事城堡防御思想的集中体现：海龙屯居群山之巅，山顶上建阁楼、兵营、仓库、水牢、绣花楼；屯前设九关，各关之间有护墙相连，凭险设关，关关相联，以石块垒砌的高大城墙关隘，随山势绵延十余里，别有一番气象。

海龙屯城堡在军事防御思想、堡址选择、军事防御体系布防等方面体现了冷兵器时代“以弱御强”的战略防御思想。除此之外，作为军事建筑与宫殿建筑合二为一的建筑，海龙屯建筑工艺也甚为精湛。

【任务思考与练习】

一、填空题

1. 贵州播州海龙屯遗址位于____________省____________市。

2. 海龙屯遗址是贵州境内目前仅见的一处大型____________与 ____________合二为一的遗址。

3. 海龙屯遗址中的____________是土司在战争时期的政治中心。

二、思考题

1. 海龙屯仅仅只是一座宫殿建筑吗？它还有什么作用？

第二部分 中国历史建筑

【任务背景】

中国有五千多年的悠久历史，在朝代的变迁中，每个王朝都会建造一些宫殿或其他建筑物。尽管它们中的大多数已损毁，但还有一部分建筑经历了很长一段时间，稳固到现在，告诉你那些年的起伏。例如“世界八大奇迹”之一的万里长城、敦煌璀璨的莫高窟、具有江南水乡魅力的苏州园林以及极具盛名的北京故宫。

中国自古是一个统一的多民族国家，这些民族所居住的地域，由于东西南北的自然环境不同与气候条件的差异，也由于不同地区各自产有不同的建筑材料。世代以来，各民族便依自然条件与可能获取的材料，按照各自生产和生活的不同需要与习惯，创造了互不相同的建筑，并在长期发展中形成各自的建筑方式与建筑风格。

在北方黄土地区，古代人们利用黄土的特性，或用土坯，或夯土筑墙，或构筑窑洞以居住。在南方，气候潮湿多雨，人们便以竹木为建筑材料构筑房屋居住。西南少数民族地区地处亚热带，常用竹木搭成杆栏式建筑。而青藏高原，少雨干旱，昼夜温差大，则多砌筑厚墙式平顶碉房。在北方草原地区，人们依逐水草而居的游牧习惯而搭制帐篷式住房（蒙古包），这种房屋易于拆架迁移。西部伊斯兰教建筑则喜欢采用尖拱形建筑。各族人民构筑了不同民族风格的建筑，共同丰富了中国古代建筑的内容，共同为发展中华民族的建筑文化做出了贡献。

【相关知识】

北京故宫

一、概况

故宫（见图 14.25）始建于公元 1406 年，1420 年基本竣工，由明朝皇帝朱棣始建。故宫南北长 961 米，东西宽 753 米，总建筑面积 17 万平方米。相传故宫一共有 9 999 间房，实际据 1973 年专家现场测量，故宫有大小院落 90 多座，房屋 980 座，共计 8 707 间（“间”并非现今房间之概念，此处“间”指四根房柱所形成的空间）。宫城周围环绕着高 10 米，长 3 400 米的宫墙，形式为一长方形城池，墙外有 52 米宽的护城河环绕，形成一个森严壁垒的城堡。故宫宫殿建筑均是木结构、黄琉璃瓦顶、青白石底座，饰以金碧辉煌的彩画。

依照中国古代星象学说，紫微垣（即北极星）位于中天，乃天帝所居，天人对应，是以故宫又称紫禁城。1911 年，辛亥革命推翻了中国最后的封建帝制——清王朝，1924 年逊帝溥仪被逐出宫禁。在这前后五百余年中，共有 24 位皇帝曾在这里生活居住和对全国实行统治。

故宫前部宫殿，当时建筑造型要求宏伟壮丽，庭院明朗开阔，象征封建政权至高无上，太和殿坐落在紫禁城对角线的中心，四角上各有十只吉祥瑞兽，生动形象、栩栩如生。故宫的设计者认为这样能显示皇帝的威严，震慑天下。后部内廷却要求庭院深邃，建筑紧凑，因此东西六宫都自成一体，各有宫门宫墙，相对排列，秩序井然，再配以宫灯联对、绣榻几床，都是适应皇家生活需要的布置。内廷之后是宫后苑。后苑里有岁寒不凋的苍松翠柏，有秀石迭砌的玲珑假山，楼、阁、亭、榭掩映其间，幽美而恬静。

图 14.25 故宫

（图片来源：https://www.pexels.com/zh-cn/photo/6560976,2022-9-28）

二、布局

故宫宫殿沿着一条南北向中轴线排列，三大殿、后三宫、御花园都位于这条中轴线上，并向两旁展开，南北取直，左右对称。这条中轴线不仅贯穿紫禁城，而且南达永定门，北到鼓楼、钟楼，贯穿了整个城市，气魄宏伟，规划严整，极为壮观。

故宫有四个大门，正门名为午门（见图 14.26）。其平面为凹形，宏伟壮丽。午门后有五座精巧的汉白玉拱桥通往太和门。东门名东华门，西门名西华门，北门名神武门（见图 14.27）。故宫的四个城角都有精巧玲珑的角楼，角楼高 27.5 米，十字屋脊，三重檐迭出，四面亮山，多角交错，是结构奇丽的建筑。

图 14.26 午门

（图片来源：https://www.pexels.com/zh-cn/photo/10578436,2022-9-28）

图 14.27　神武门

（图片来源：https://www.pexels.com/zh-cn/photo/6560967,2022-9-28）

三、主要建筑

（一）太和殿

太和殿（见图 14.28）俗称“金銮殿”，位于紫禁城南北主轴线的显要位置，明永乐十八年（1420 年）建成，称奉天殿。嘉靖四十一年（1562 年）改称皇极殿。清顺治二年（1645 年）改今名。自建成后屡遭焚毁，又多次重建，今天所见为清代康熙三十四年(1695年)重建后的形制。

图 14.28　太和殿

（图片来源：https://pixabay.com/zh/photos/china-beijing-tiananmen-4644682,?Download2022-9-28)

太和殿面阔 11 间，进深 5 间，建筑面积 2 377.00 平方米，高 26.92 米，连同台基通高 35.05 米，为紫禁城内规模最大的殿宇。其上为重檐庑殿顶，屋脊两端安有高 3.40 米、重约 4 300 千克的大吻。檐角安放 10 个走兽（见图 14.29），数量之多为现存古建筑中所仅见。

图 14.29　脊兽

（图片来源：https://pixabay.com/zh/photos/forbidden-city-china-beijing-roof-4892680, 2022-9-28）

太和殿的装饰十分豪华。檐下施以密集的斗栱，室内外梁枋上饰以和玺彩画。门窗上部嵌成菱花格纹，下部浮雕云龙图案，接榫处安有镌刻龙纹的鎏金铜叶。殿内金砖铺地，明间设宝座，宝座两侧排列 6 根直径 1 米的沥粉贴金云龙图案的巨柱，所贴金箔采用深浅两种颜色，使图案突出鲜明。宝座前两侧有四对陈设：宝象、甪（音录）端、仙鹤和香亭。宝象象征国家的安定和政权的巩固；甪端是传说中的吉祥动物；仙鹤象征长寿；香亭寓意江山稳固。宝座上方天花正中安置形若伞盖向上隆起的藻井。藻井正中雕有蟠卧的巨龙，龙头下探，口衔宝珠。

太和殿前有宽阔的平台，称为丹陛，俗称月台。月台上陈设日晷、嘉量各一，铜龟、铜鹤各一对，铜鼎 18 座。龟、鹤为长寿的象征。日晷是古代的计时器，嘉量是古代的标准量器，二者都是皇权的象征。殿下为高 8.13 米的三层汉白玉石雕基座，周围环以栏杆。栏杆下安有排水用的石雕龙头，每逢雨季，可呈现千龙吐水的奇观。

明清两朝 24 个皇帝都在太和殿举行盛大典礼，如皇帝登基即位、皇帝大婚、册立皇后、命将出征，此外每年万寿节、元旦、冬至三大节，皇帝在此接受文武官员的朝贺，并向王公大臣赐宴。清初，还曾在太和殿举行新进士的殿试，乾隆五十四年（1789 年）始，改在保和殿举行，“传胪”仍在太和殿举行。

太和殿是紫禁城内体量最大、等级最高的建筑物，建筑规制之高，装饰手法之精，堪列中国古代建筑之首。

（二）中和殿

中和殿（见图 14.30）为故宫外朝三大殿之一，位于紫禁城太和殿、保和殿之间。始建于明永乐十八年（1420 年），明初称华盖殿，嘉靖时遭遇火灾，重修后改称中极殿，现天花内构件上仍遗留有明代“中极殿”墨迹。清顺治元年（1644 年），清皇室入主紫禁城，第二年改中极殿为中和殿。殿名取自《礼记 · 中庸》：“中也者，天下之本也；和也者，天下之道也”之意。

图 14.30　中和殿

（图片来源：自摄）

中和殿平面呈正方形，面阔、进深各为 3 间，四面出廊，金砖铺地，建筑面积 580 平方米。屋顶为单檐四角攒尖，屋面覆黄色琉璃瓦，中为铜胎鎏金宝顶。殿四面开门，正面三交六椀槅扇门 12 扇，东、北、西三面槅扇门各 4 扇，门前石阶东西各一出，南北各三出，中间为浮雕云龙纹御路，踏跺、垂带浅刻卷草纹。门两边为青砖槛墙，上置琐窗。殿内外檐均饰金龙和玺彩画，天花为沥粉贴金正面龙。殿内设地屏宝座。

中和殿门窗的形制取自《大戴礼记》所述的“明堂”，避免了三座大殿的雷同。

明清两朝，太和殿举行各种大典前，皇帝先在中和殿小憩，并接受执事官员的朝拜。凡遇皇帝亲祭，如祭天坛、地坛，皇帝于前一日在中和殿阅视祝文，祭先农坛举行亲耕仪式前，还要在此查验种子和农具。皇太后上徽号，皇帝在此阅视奏书。玉牒告成，恭进中和殿呈御览，同时要举行隆重的存放仪式。

（三）保和殿

保和殿（见图 14.31）为故宫外朝三大殿之一。位于中和殿后，建成于明永乐十八年（1420 年），初名谨身殿，嘉靖时遭火灾，重修后改称建极殿。清顺治二年（1645 年）改为保和殿。

图 14.31　保和殿

（图片来源：自摄）

保和殿面阔 9 间，进深 5 间，建筑面积 1 240.00 平方米，高 29.50 米。屋顶为重檐歇山顶，上覆黄色琉璃瓦，上下檐角均安放 9 个小兽。上檐为单翘重昂七踩斗栱，下檐为重昂五踩斗栱。内外檐均为金龙和玺彩画，天花为沥粉贴金正面龙。六架天花梁彩画极其别致，与偏重丹红色的装修和陈设搭配协调，显得华贵富丽。殿内金砖铺地，坐北向南设雕镂金漆宝座。东西两梢间为暖阁，安板门两扇，上加木质浮雕如意云龙浑金毗庐帽。建筑上采用了减柱造做法，将殿内前檐金柱减去六根，使空间宽敞。

保和殿于明清两代用途不同，明代大典前皇帝常在此更衣，清代每年除夕、正月十五，皇帝赐外藩、王公及一二品大臣宴，赐额驸之父、有官职家属宴及每科殿试等均于保和殿举行。每岁终，宗人府、吏部在保和殿填写宗室满、蒙、汉军以及各省汉职外藩世职黄册。清顺治三年（1646 年）至十三年（1656 年），顺治帝福临曾居住保和殿，时称“位育宫”，大婚亦在此举行。康熙自即位至八年（1669 年）亦居保和殿，时称“清宁宫”。二帝居保和殿时，皆以暂居而改称殿名。清代殿试自乾隆年始在此举行。

【任务思考与练习】

一、填空题

1. 故宫位于__________市，由皇帝__________始建的。

2. 故宫又称__________，有__________门，分别为__________、__________、__________。

3. __________是紫禁城内体量最大、等级最高的建筑物，建筑规制高，装饰手法精，为中国古代建筑之首。

二、思考题

1. 龟、鹤、日晷、嘉量是什么的象征？

第三部分　中国民族建筑

【任务背景】

我国是多民族融合国家，中华民族文化灿烂辉煌，源远流长。各少数民族特色及文化在少数民族建筑上体现得淋漓尽致。贵州民族建筑具有丰富的民族文化特征及地域特征，苗族吊脚楼、布依族石板楼和侗族鼓楼三类较具代表性的传统建筑，体现了贵州少数民族的建筑形态及生存形式。

【相关知识】

一、苗族吊脚楼

吊脚楼，也叫“吊楼”，为苗族（重庆、贵州等）、壮族、布依族、侗族、水族、土家族等族传统民居，在渝东南及桂北、湘西、鄂西、黔东南地区分布较多。吊脚楼多依山靠河就势而建，呈虎坐形，以“左青龙，右白虎，前朱雀，后玄武”为最佳屋场，后来讲究朝向，或坐西向东，或坐东向西。吊脚楼属于干栏式建筑，但与一般所指干栏有所不同。

干栏应该全部悬空，所以称吊脚楼为半干栏式建筑（见图 14.32）。

图 14.32 吊脚楼

（图片来源：http://pic169.huitu.com/pic/20210910/2955576_20210910185342420020_0. jpg,2022-04-29）

吊脚楼最基本的特点是正屋建在实地上，厢房除一边靠在实地和正房相连，其余三边皆悬空，靠柱子支撑。吊脚楼有很多好处，高悬地面既通风干燥，又能防毒蛇、野兽，楼板下还可放杂物。吊脚楼还有鲜明的民族特色，优雅的“丝檐”和宽绰的“走栏”使吊脚楼自成一格。这类吊脚楼较成功地摆脱了“栏杆”的原始性，具有较高的文化层次，被称为巴楚文化的“活化石”。

吊脚楼的妙处：一是防潮避湿，通风干爽；二是节约土地，造价较廉；三是依山傍水或靠着田坝而建，悬柱之间往往留有一定的空地，可喂养家畜。

二、布依族石板房

布依族民居多为干栏式楼房或半边楼（前半部正面看是楼，后半部背面看是平房）式的石板房。贵州的镇宁、安顺等布依族地区盛产优质石料，当地布依族因地制宜、就地取材，用石料修造出一幢幢颇具民族特色的石板房（见图 14.33）。

石板房以石条或石块砌墙，墙可垒 5 至 6 米高；以石板盖顶，风雨不透。除檩条、椽子是木料外，其余全是石料，甚至家用的桌、凳、灶、钵都是石头凿的。一切都朴实无华，坚固稳定。这种房屋冬暖夏凉，防潮防火，只是采光较差。

镇宁布依族苗族自治县县府所在地城关镇，绝大多数房屋都是石头建造，三四层的石楼就有几十栋。由于石料是浅灰白色，加工后更显晶洁，所以白天看镇宁银光闪烁，月夜看镇宁凝霜盖雪。

图 14.33　布依族石板房

（图片来源：https://f11.baidu.com/it/u=3302359558,843423315&fm=173&app=25&f=JPG?w=500&h=373&s=BF036181780BB6C62ABD350C0300E0C1&access=215967316,2022-04029）

三、侗族鼓楼

侗族民族建筑中以鼓楼与风雨桥最具代表性。侗族民居多为干栏式吊脚楼，侗寨中的建筑形态丰富，结构巧妙，是一道亮丽的风景线。作为侗族的标志性建筑，鼓楼最独特之处在于通体不用钉铆而是使用杉木凿榫衔接。鼓楼因楼顶层悬一大鼓而得名，鼓楼层数不定，一般高达二十米。由于楼檐一般为四角、六角或八角故像宝塔；鼓楼底部多为方形，中间有一火塘，长凳摆设在底部火塘四周围，用以歇息、聚会、闲聊等。与民居不一样，鼓楼的作用是快速传信召人和作为集会的场所。因此鼓楼必须建于侗寨中央，民居分布环绕在四周，这样才有利于集会和传信。这样的层层延展的结构体现出侗族亲和团结的民族文化内涵（见图 14.34）。

鼓楼在侗寨中的历史悠久，侗族人民遇外来骚扰或需集结众族人商议大事时，均击鼓以号召寨中族人。平日里侗族人民会在鼓楼社交、聚会，鼓楼是侗族文化的载体和精华。

鼓楼的建造从选材、选址、基地处理、设计，到木料的加工、拼装组装、上梁、加瓦、放鼓，环环相扣。鼓楼结构严密坚固，楼身可百年不朽不斜。以前，鼓楼的设计比较朴实简单，但是随着社会的发展、人民生活的富足，鼓楼在侗族人的生活中功能不再单一，增加了其他如娱乐、休闲等功能。侗族人在鼓楼中对歌、跳舞等，舞蹈多为侗族民族的多耶舞，因此叫鼓楼也被称为“多耶楼”。

图 14.34 侗族风雨桥

（图片来源：http://i1.sinaimg.cn/IT/ul/2008/1213/U1235P2DT20081213100228.jpg，2022-04-29）

【任务思考与练习】

1. 说说具有贵州特色的建筑有哪些？
2. 少数民族村寨的建筑特色以什么为主？

任务三　中国非物质文化遗产

【任务背景】

根据《中华人民共和国非物质文化遗产法》第二条，非物质文化遗产是指各族人民世代相传并视为其文化遗产组成部分的各种传统文化表现形式，以及与传统文化表现形式相关的实物和场所。传统技艺与人民群众的日常生活联系紧密，涉及衣、食、住、行等多个领域，是非物质文化遗产的重要门类。我国各民族在长期的生产生活中，习得、传承和发展了各式传统技艺，如蜡染、剪纸等。

【相关知识】

苗族蜡染技艺

一、概况

蜡染是贵州省丹寨县、安顺县、织金县苗族世代传承的传统技艺，古称“蜡缬”，苗语称“务图”，意为“蜡染服”。

丹寨县、安顺县及织金县是以苗族为主体的多民族聚居区，在长期与外界隔绝的艰苦环境中，这里的居民逐渐形成了自给自足的生活方式，古老的蜡染技艺因此得以保留下来。按苗族习俗，所有的女性都有义务传承蜡染技艺，每位母亲都必须教会自己的女儿制作蜡染。所以苗族女性自幼便学习这一技艺，她们自己栽靛植棉、纺纱织布、画蜡挑秀、浸染剪裁，代代传承。在此状况下，这些苗族聚居区形成了以蜡染艺术为主导的衣饰装束、婚姻节日礼俗、社交方式、丧葬风习等习俗文化。

苗族蜡染是为生产者自身需要而创造的艺术，其产品主要为生活用品，包括女性服装、床单、被面、包袱布、包头巾、背包、提包、背带、丧事用的葬单等。

二、工艺特征

苗族蜡染有点蜡和画蜡两种技艺，从图案上可分为几何纹和自然纹两大类。丹寨苗族蜡染的作者们更喜欢以自然纹为主的大花，这种图案造型生动、简练传神、活泼夸张，乡土气息十分浓厚。安顺苗族蜡染以几何纹样为主，图案结构松散、造型生动。织金苗族蜡染以细密白色为主，布满几何螺旋纹，图案结构相互交错，浑然一体。蜡染制品多为靛蓝单色染，即蓝底白花，用色两种以上的制品很少，这是因为蜡质不耐高温，染色只能在常温或低温中进行，而靛蓝便是一种可在常温下染色的染料；再者进行复色染须考虑不同颜色的相互浸润，花纹不能设计得太小，而大花纹又不适于衣着服饰，故复色蜡染制品只是一些用量相对较少的幛子、帷幔等大的装饰用布。

三、工艺流程

蜡染的制作工具主要有铜刀（蜡笔）、瓷碗、水盆、大针、骨针、谷草、染缸等。制作时先用草木灰滤水浸泡土布，脱去纤维中的脂质，使之易于点蜡和上色。然后把适量的黄蜡放在小瓷碗里，将瓷碗置于热木灰上，黄蜡受热熔化成液体后，即可往布上点画。点好蜡花的布再用温水浸湿，放入已发好的蓝靛染缸，反复浸泡多次，确认布料已经染好，即可拿到河边漂洗，让清水冲去浮色，再放进锅里加水煮沸，使黄蜡熔化浮在水面上，回收后以备再用。之后，再将蜡染反复漂洗，使残留的黄蜡脱净，即算完工。丹寨蜡染在这之后还要拼涂红色和黄色，涂红的一般用茜草根，黄色则用栀子提取。为了避免褪色，一般要待蜡染品制成后才着色。除上述步骤外，蜡染还有制作蓝靛和发染缸等工序，各道工序前后连接，构成一套完整、成熟的技艺和操作规程。

【任务思考与练习】

中国非物质文化遗产介绍

（扫描后请先关注“交大 e 出版”）

一、填空题

1. 蜡染制品多为__________色染，即__________。
2. 蜡染是贵州省______、______、______苗族世代传承的传统技艺。

二、思考题

1. 苗族蜡染的图案可分为哪两类？
2. 苗族蜡染的制作工具主要有哪些？

剪纸（苗族剪纸）

苗族剪纸俗称“花纸”“剪花”“绣花纸”，苗语称“西给港”“西给榜”，意为“动物剪纸”和“花卉剪纸”。

剑河苗族剪纸不同于汉民族和北方少数民族的窗花剪纸，其主要用途是作为苗族服饰刺绣纹样稿。类型可分为革东和新民、新合两种，手法主要采用剪、刻、扎等方式。题材范围涉及苗族神话传说和自然界中花、鸟、虫、鱼、动物形象等，内容反映了苗族对远古图腾和自然的崇拜，蕴涵着大量神秘的宗教文化信息和原始的艺术特征。2008 年，它被列入第一批国家级非物质文化遗产扩展项目名录。

一、应用

苗族没有汉族和北方少数民族剪窗花的习惯，除在宗教活动中偶用几种图案极简单的剪纸外，只有刺绣才广用剪纸，而且花样繁多，因此人们所称的苗族剪纸，指的就是绣花剪纸。

苗族制作刺绣时，有些绣法如挑花等，是按织物经纬线纵横交叉点定针脚位，不需要画底图就能作出几何点、线组成的规整图案，其他如平绣、辫绣等一些绣法则需先在绣面绘画出底图才能刺绣。直接在绣面上绘画图样一是有难度和缺陷：绣面要求非常干净、整洁，直接绘画不易修改，稍不留心就会弄污；二是费工，相同的图样也必须一一重复绘画。使用剪纸就便利得多，相同的图案通过一次叠剪便成，复杂的图样经过反复修画再剪，剪出来干干净净。同时，剪纸贴在绣面上比画的图醒目，并可作工艺上的提示，比如施洞型刺绣，需要锁边的线条就剪空，不锁边的线条只剪破。因而除少数人、少数地区因习惯仍沿用直接在绣面绘图样外，绝大多数人采用剪纸。

二、传承方式

剪纸是苗族妇女一生的主要工作之一，从小孩时就开始学习，一般都能自画自剪，也有些画得不太好或个别不会画的人，就向别人讨要。一些头脑灵活、画剪得好的人便剪些花样子去卖，在剪纸流行地区，几乎每逢赶场天（赶集市）都可见到市场上摆卖剪纸的摊子。这类卖剪纸的妇女，由于趋于专业化，剪艺好，刀法熟练，制作的剪纸十分精致，对推动剪纸艺术的完善和发展起了很大作用。

三、技法

苗族剪纸一般都是用刀口很尖细的小剪刀剪，由于用剪刀剪不能把纸层叠太厚，有些卖剪纸的艺人便改用刻刀刻，一次可多刻几层剪纸。用刻刀刻时，纸下垫一块木板。无论剪或刻，都先把图案在表层纸上画好。所用的纸，旧时只有当地手工作坊生产的白皮纸、黄草纸，有些地区使用苗族家庭自制的丝绵纸。白皮纸用竹、构皮等纤维浆制作，薄而韧性非常好，经得搓揉。丝绵纸是将蚕放在木板上让其吐丝结成的薄皮，既挺括又柔和，是最好用的纸，它还可代替布料作绣面或染色时作贴绣材料。20 世纪 60 年代后，大量工厂化的现代机制纸输入苗区。这些纸价格便宜，于是苗族妇女多采用 28 克以下的书写纸，有用白色纸的，也有用红、绿等带颜色纸的。多层纸叠合剪刻时，苗族妇女们习惯用白皮纸捻或缝衣线将纸穿钉成本子，一幅图案视大小固定数个点， 以保证剪刻中各层不错移。

白皮纸捻如小铁钉，长约 2 厘米，一头粗，一头尖，剪刻完撕揭时不用去掉纸捻，以纸捻尖的那层纸揭起，要几张，揭几张，剩余的下层不松散，方便保管。

【任务思考与练习】

一、填空题

1. 苗族剪纸不同于汉民族和北方少数民族的窗花剪纸，其主要用途是__________。
2. 剪纸是__________的主要工作之一。

二、思考题

1. 设计一幅剪纸图案。

任务四　实践探索：了解贵州播州海龙屯遗址、秦始皇陵及兵马俑和北京故宫，体验苗族剪纸和蜡染

贵州播州海龙屯遗址（参观或宣传片观看）

【任务背景】

海龙屯遗址是贵州境内目前仅见的一处大型军事建筑与宫殿建筑合二为一的遗址，也是当今中国乃至亚洲保存完好的中世纪城堡遗址。2015 年 7 月 4 日，海龙屯遗址同湖南永顺老司城、湖北唐崖土司城遗址一起，在第 39 届世界遗产大会上获准列入《世界遗产名录》。这座沉睡 700 多年的土司古城堡，因此受到全球关注。

在学习贵州播州海龙屯遗址相关知识后，为了加深和巩固知识，到遗址现场进行实地学习或观看相关宣传片、视频。

【任务操作】

<table>
<tr><td>学　院</td><td></td><td>专　业</td><td></td></tr>
<tr><td>中文名</td><td></td><td>英文名</td><td></td></tr>
<tr><td colspan="4">接受任务：学习播州海龙屯遗址历史和主要结构</td></tr>
<tr><td colspan="4">前置知识：
1. 了解播州海龙屯遗址是集军事屯堡、衙署与“行宫”为一体的“土司”遗存。
2. 简单了解播州海龙屯遗址的主要结构</td></tr>
<tr><td colspan="4">成绩：</td></tr>
<tr><td colspan="4">计划实施：
1. 观看贵州播州海龙屯遗址介绍视频或去遵义参观贵州播州海龙屯遗址。
2. 将学生每 4 人划分成一个团队，每队中 2 人形成一个实践小组。
3. 每小组进行知识抢答或知识问答（30 分）。
（1）海龙屯遗址在哪里？</td></tr>
</table>

（2）海龙屯遗址属于什么文化的遗存？
（3）海龙屯遗址的主要建筑有哪些？
（4）新王宫传闻是谁建造的？
（5）海龙屯遗址的特征有哪些？

4. 说出图片中的画面是贵州播州海龙屯遗址中哪个部分？（20 分）

a（　　　　　　　　）

b（　　　　　　　　）

c（　　　　　　　　）

d（　　　　　　　　）

质量检查：

1. 教师对各小组的抢答结果进行评分。

2. 各小组分享本次参观过程中印象最深的文物或建筑（50 分）

思路清晰，有肢体语言表达，语言流畅（10 分）	音量适当，语速适宜（10 分）	普通话发音标准（10 分）	重点突出，表达自然（10 分）	语句规范，口齿清晰（10 分）

成绩：

【任务思考与练习】

1. 新王宫的作用是什么？
2. 说一说海龙屯的遗址特征。

秦始皇陵及兵马俑（宣传片观看）

【任务背景】

秦始皇陵位于陕西省西安市以东 35 千米的临潼区境内，秦始皇陵是中国历史上第一个多民族的中央集权国家的皇帝——秦始皇于公元前 246 年至公元前 208 年营建的，也是中国历史上第一个皇帝陵园。它以巨大的规模、丰富的陪葬物居历代帝王陵之首，是最大的皇帝陵。据史载，秦始皇为造此陵征集了 70 万工匠，建造时间长达 38 年。

主要陪葬坑有铜车坑、马坑、珍禽异兽坑、马厩坑以及兵马俑坑等，有成千上万的重要历史文物出土。1980 年发掘出土的一组两乘大型的彩绘铜车马——高车和安车，是迄今中国发现的体形最大、装饰最华丽，结构和系驾最逼真、最完整的古代铜车马，被誉为“青铜之冠”。1987 年 12 月，秦始皇陵及兵马俑被列入世界遗产名录。

我们已经学习了秦始皇陵及兵马俑历史背景、建筑结构、出土文物（各式兵马俑）和秦俑的特点，为了加深和巩固知识，观看相关宣传片或视频。

【任务操作】

学　院		专　业	
中文名		英文名	
接受任务：学习秦始皇陵及兵马俑概况、历史背景和建筑结构			
前置知识： 1. 了解秦始皇陵及兵马俑概况、历史背景和建筑结构 2. 简单了解各式兵马俑的特点			
成绩：			

计划实施：

1. 观看秦始皇陵及兵马俑介绍视频。
2. 将学生每4人划分成一个团队，每队中2人形成一个实践小组。
3. 每小组进行知识抢答或知识问答（50分）

   （1）秦始皇陵在哪里？

   （2）秦始皇陵是中国历史上第几个皇帝陵园？

   （3）有几个陪葬坑？

   （4）说出至少两种兵马俑的类型？

   （5）兵马俑的特点是什么？
4. 说出图片中的兵马俑的名称。

a（　　　　　　）

b（　　　　　　）

c（　　　　　　）

d（　　　　　　）

质量检查：

1. 教师对各小组的抢答结果进行评分。
2. 各小组分享本次参观过程中印象最深的文物或建筑（20分）

思路清晰，有肢体语言表达，语言流畅（4分）	音量适当，语速适宜（4分）	普通话发音标准（4分）	重点突出，表达自然（4分）	语句规范，口齿清晰（4分）

3. 作为导游，以小组形式简单介绍秦始皇陵及兵马俑的其中一部分（30分）

思路清晰，有肢体语言表达，语言流畅（6分）	音量适当，语速适宜（6分）	普通话发音标准（6分）	重点突出，表达自然（6分）	语句规范，口齿清晰（6分）

成绩：

【任务思考与练习】

1. 说说你对秦陵铜车马的了解。
2. 你对哪一个兵马俑印象最深？为什么？

北京故宫

【任务背景】

故宫于 1987 年被联合国教科文组织世界遗产委员会列为世界文化遗产。故宫，又称紫禁城，是明清两代的皇宫，是世界上现存规模最大最完整的古代木结构建筑群，为我国现存最大最完整的古建筑群。它始建于明永乐四年（公元 1406 年），历时 14 年才完工，共有 24 位皇帝先后在此登基。

故宫是无与伦比的古代建筑杰作，它占地 72 万多平方米，宫殿众多，都是木结构、黄琉璃瓦顶、青白石底座，饰以金碧辉煌的彩画。这些宫殿是沿着一条南北向中轴线排列，并向两旁展开，南北取直，左右对称。这条中轴线不仅贯穿紫禁城，而且南达永定门，北到鼓楼、钟楼，贯穿整个城市，气魄宏伟，规划严整，极为壮观。建筑学家们认为故宫的设计与建筑，实在是一个无与伦比的杰作，它的平面布局、立体效果，以及形式上的雄伟、堂皇、庄严、和谐，都可以说是世上罕见的。它展现了我国悠久的文化传统，显示着五百多年前匠师们在建筑上的卓越成就。

在学习了北京故宫的规模、历史和布局的相关知识后，为了加深和巩固已学知识，观看相关宣传片或视频，并根据已学知识制作简单的北京故宫模型。

【任务操作】

<table>
<tr><td>学　院</td><td></td><td>专　业</td><td></td></tr>
<tr><td>中文名</td><td></td><td>英文名</td><td></td></tr>
<tr><td colspan="4">接受任务：学习故宫的规模、历史和布局</td></tr>
<tr><td colspan="4">前置知识：
1. 了解故宫的规模、历史和布局
2. 简单了解故宫的主要建筑：太和殿、中和殿和保和殿</td></tr>
<tr><td colspan="4">成绩：</td></tr>
<tr><td colspan="4">计划实施：
1. 观看北京故宫介绍视频。
2. 将学生每 4 人划分成一个团队，每队中 2 人形成一个实践小组。
3. 每小组进行知识抢答或知识问答。（20 分）
（1）故宫在哪儿？又名什么？
（2）故宫的主要建筑有哪些？</td></tr>
</table>

4. 各小组根据已学知识，制作简单的故宫模型。（30 分）		
符合故宫布局（10 分）	做工精美，模型和原图一致（10 分）	在规定时间内完成模型制作（10 分）

质量检查：

1.教师对各小组的抢答结果进行评分。

2.根据北京故宫布局图，以小组形式充当导游为大家进行介绍。（50 分）

思路清晰，有肢体语言表达，语言流畅（10 分）	音量适当，语速适宜（10 分）	普通话发音标准（10 分）	重点突出，表达自然（10 分）	语句规范，口齿清晰（10 分）

成绩：

【任务思考与练习】

1. 查阅相关资料，指出脊兽的作用是什么。
2. 观看故宫介绍视频后，你对故宫印象最深的是什么？为什么？

苗族剪纸

【任务背景】

苗族剪纸历史悠久，黔东南一带苗族世代传唱的《苗族古歌·跋山涉水》中就有关于剪纸的描述。

学习苗族剪纸的应用、传承方式、技法后，为了加深和巩固已学知识，到花溪非物质文化遗产传习基地进行实地学习和操作。

【任务操作】

学　院		专　业	
中文名		英文名	
接受任务：学习苗族剪纸			
前置知识： 了解苗族剪纸的历史技艺、工艺特技法和传承方式			
成绩：			
计划实施： 1. 到花溪非物质文化遗产传习基地现场示范学习或观看剪纸视频。 2. 将学生每 4 人划分成一个团队，每队中 2 人形成一个训练小组。			

3. 每小组自行设计出剪纸图案

质量检查：

1. 每小组组员共同合作完成剪纸作品（50分）

作品完整，布局合理（10分）	线条流畅，自然平整，毛刺少（10分）	设计思路新颖（10分）	能够运用点、线、面进行造型（10分）	富有装饰性（10分）

2. 各小组将自己的剪纸作品进行展示并介绍自己的设计（50分）

思路清晰，有肢体语言表达，语言流畅（10分）	音量适当，语速适宜（10分）	普通话发音标准（10分）	重点突出，表达自然（10分）	语句规范，口齿清晰（10分）

成绩：

【任务思考与练习】

1. 苗族剪纸的题材范围有哪些？
2. 简述剪纸的步骤。

剪纸介绍
（扫描后请先关注“交大e出版”）

苗族蜡染

【任务背景】

蜡染是中华民族古老的民间传统印染工艺之一，早在秦汉时期，苗族人民就已掌握了蜡染技术，宋代达到鼎盛。2006年5月20日，苗族蜡染技艺经国务院批准被列入第一批国家级非物质文化遗产名录。

学习苗族蜡染的历史渊源、工艺特征和工艺流程后，为了加深和巩固已学知识，到苗族蜡染技艺工艺区进行实地学习和操作。

【任务操作】

学　院		专　业	
中文名		英文名	

接受任务：学习苗族蜡染

前置知识：
1. 了解苗族蜡染的历史技艺、工艺特征和工艺流程
2. 简单了解苗族蜡染技艺（如川黔滇、黔东、湘西等地蜡染）

成绩：

计划实施：
1. 到苗族蜡染技艺基地现场学习
简单的蜡染步骤有：

（1）布的洗练。

（2）点蜡：这是蜡染工艺中的重要环节，关键在于“透”，一定要使蜡液渗透织物，透的要领在于掌握适当温度。

（3）染色：浸染下缸前用温水将布打湿，慢慢将布放入染缸内，不断轻轻翻动，二三十分钟后取出来晾干，让其与空气中的氧进行反应，再放入缸内进行第二次浸染，这样下缸三次，便可去清洗，晾干后又继续浸染，浸的次数越多，颜色越深。浅色染两三次即成，深色要染七八次，甚至十多次。在最后几次浸染前还要刷豆浆一至两次，以提高染料的固着力。

（4）退蜡：染好的蜡染织品，一般用锅加热煮沸水褪蜡，放少许苏打。蜡浮于水面用勺舀出或用纸、布沾蜡后取出，再放入 60 度左右温水中进行二次褪蜡，最后水洗。被煮落的蜡收集起来可以重复使用，被称为“老蜡”。

（5）清洗：经脱蜡后，布上仍会有浮色，需经皂煮，然后在水中浸漂一昼夜洗净，晾干之后，整个蜡染的工序就完成了。

2. 将学生每 4 人划分成一个团队，每队中 2 人形成一个训练小组。

3. 每小组自行设计出蜡染图案

质量检查：

1. 每小组组员共同合作完成蜡染作品（50 分）

作品完整，布局合理（10 分）	线条流畅，轮廓清晰（10 分）	设计思路新颖（10 分）	染色的均匀度及色彩的应用（10 分）	整体艺术效果（10 分）

2. 各小组将自己的蜡染作品进行展示并介绍自己的设计（50 分）

思路清晰，有肢体语言表达，语言流畅（10 分）	音量适当，语速适宜（10 分）	普通话发音标准（10 分）	重点突出，表达自然（10 分）	语句规范，口齿清晰（10 分）

成绩：

【任务思考与练习】

1. 清末到民国年间，湘西方言蜡染的花纹主要是什么？一般用来做什么？

2. 黔东方言的蜡染中祖先遗留下来的纪念花纹是什么？

参考文献

[1] 郝志鑫．中国近代史基本线索[J]．时代人物，2020(4)：11.
[2] 张岂之．中国历史十五讲[M]．北京：北京大学出版社，2003.
[3] 宁继鸣．中国概况[M]．北京：北京语言大学出版社，2018.
[4] 程裕祯．中国文化要略[M]．北京：外语教学与研究出版社，2003.
[5] 冯友兰．中国哲学简史[M]．北京：北京大学出版社，2013.
[6] 龚贤．中国文化导论[M]．北京：九州出版社，2018.
[7] 韩鉴堂．中国文化[M]．北京：北京大学出版社，2001.
[8] 金元浦，谭好哲，陆学明．中国文化概论[M]．北京：首都师范大学出版社，1999.
[9] 林冠夫．中国科举[M]．北京：东方出版社，2016.
[10] 李约瑟．中国科学技术史[M]．北京：科学出版社，1990.
[11] 张岱年，方克立．中国文化概论[M]．北京：北京师范大学出版社，1994.
[12] 张沛，袁超．中国天眼选址的影响因素分析[J]．现代工业与经济信息化，2017(7)：19-21.
[13] 徐艳文．西江苗寨地吊脚楼[J]．观筑，2018(11)：56-58.
[14] 徐艳文．肇兴侗寨古建筑之美[J]．建筑，2021(4)：54-55.
[15] 李前．“一带一路”：“六大经济走廊”如何走？[J]．进出口经理人，2017(6)：34.
[16] 《中国工业概况》编委会．中国工业概况[M]．北京：机械工业出版社，2010.
[17] 徐秀军．走进“一带一路”六大经济走廊[J]．当代金融家，2015(7)：113-115.
[18] 成晓旭．播州杨氏土司遗址：海龙屯[J]．明日风尚，2018(11)：336.
[19] 程雨田．传统技艺焕发时代魅力[J]．课堂内外创新作文(高中版)，2020(10)：49.
[20] 梁莹．论全球化背景下中国世界遗产事业的责任与地位[J]．沧桑，2012(5)：93-95.
[21] 罗明亮．浅论苗族剪纸的继承与发展[J]．理论与当代，2015(10)：48-49.
[22] 王雅兴．探析贵州苗族蜡染图案的审美内涵[J]．明日风尚，2021(3)：163-164.
[23] 王耀全．武术与养生[M]．北京：清华大学出版社，2015.
[24] 魏浩．2019 中国进口发展报告[R]．江苏：长江产业经济研究院(南京大学)，2019.
[25] 俞建华．中国绘画史[M]．南京：东南大学出版社，2009.
[26] 张应杭，蔡海榕．中国传统文化概论[M]．上海：上海人民出版社，2000.
[27] 交通概况 [EB/OL].(2021-05-20)[2021-08-23]. https://www.mot.gov.cn/jiaotonggaikuang/201804/t20180404_3006639.html
[28] 秦始皇陵博物 [EB/OL]． (2015-01-01)[2021-09-22]. http://www.bmy.com.cn/html/public/index.html.
[29] 乔雪峰，夏晓伦.交通运输部“晒”出 2019 年成绩单：高速公路新增 7000 公里[EB/OL].(2020-05-12)[2021-05-7].http://finance.people.com.cn/n1/2020/0512/c100431705742.html.
[30] 建筑[EB/OL].（2001-01-01）[2021-11-13]. https://www.dpm.org.cn/explore/buildings.html.

[31] 世界文化遗产海龙屯 [EB/OL]. (2016-08-13)[2021-10-23]. https://nwx.weijingtong.net/article/19060?openId=1.204.107.65&userId=1.204.107.65&time=1638368288&sign=0f6bbafc1741bb9fc41e0cc531a557b6.

[32] 云中雪.我国近现代农业的发展（2）[EB/OL]. (2010-01-29)[2021-05-7].http://www.dljs.net/dlsk/nongye/11588_2.html.

[33] 中国经济网[EB/OL].[2021.01.01]. http://www.ce.cn/.

[34] 中国一带一路网[EB/OL].[2017.09.15]. https://www.yidaiyilu.gov.cn/.

[35] 国情历史概况：中华人民共和国年鉴近代史[EB/OL].(2020-10-29)[2021-10-10]. http://www.gov.cn/guoqing/2020-10/29/content_5555766.htm.

[36] 中国政府网. 中华人民共和国行政区划.国情相关[EB/OL]. [2005-06-15]. http://www.gov.cn/guoqing/2005-09/13/content_5043917.htm.

[37] 侗族萨玛节[EB/OL].[2021-11-03]. https://www.ihchina.cn/project_details/14968/.

[38] 火把节（彝族火把节）[EB/OL]. [2021-11-03]. https://www.ihchina.cn/project_details/14946/.

[39] 瑶族盘王节[EB/OL].[2021-11-03]. https://www.ihchina.cn/project_details/14954/.

[40] 民族饮食文化概述[EB/OL].(2018-12-25)[2021-11-06]. http://travel.people.com.cn/n1/2018/1225/c41570-30486454.html.

[41] 王永民，全根先.汉字：文化自信的伟大基石[EB/OL]. (2017-10-13)[2021-11-10]. http://culture. people.com.cn/n1/2017/1013/c1013-29586064.html.

[42] 回顾中国女排世锦赛征程 五连冠时代最辉煌[EB/OL].(2014-10-13)[2021-11-13]. http://sports. people.com.cn/n/2014/1013/c22176-25821548-2.html.

[43] 世界文化遗产：秦始皇陵[EB/OL].(2006-03-28)[2021-11-10].http://www.gov.cn/test/2006-03/ 28/content_238263.htm.

Project 1 Chinese History

Teaching Objectives

1) Learn about Chinese ancient history and modern history. Learn about the ancient history of China from the Xia Dynasty to the Opium War, as well as the modern history from the Opium War to the founding of the People's Republic of China. Learn about the name, age and evolution of Chinese dynasties, as well as the general situation of politics, economy, science and technology, and social life in ancient China.

2) Learn about the contemporary history of China.

3) Visit the Guizhou Provincial Museum to learn about the human history and natural ecological environment of Guizhou Province.

Knowledge Points

1) Overview of ancient and modern Chinese history.

2) Overview of contemporary Chinese history.

Task 1 Chinese Ancient History and Modern History

【Task Background】

China is an ancient civilization with a long history and splendid culture. It has been in the forefront of the world for a long time in history. Chinese history began in Xia, Shang and Zhou dynasties, experienced the brilliance of Qin, Han, Sui, Tang, Song, Yuan and Ming dynasties, then declined in Qing Dynasty, experienced the wars and disputes in the period of the Republic of China and the struggle of Chinese people to save the nation and finally met the founding of the People's Republic of China. Chinese history has lasted for thousands of years, and the longer the history is, the more vigorous it is.

【Related Knowledge】

1. Xia Dynasty (about 2070 BC–1600 BC)

The Xia Dynasty was the first dynasty in ancient China. It was generally believed that the Xia Dynasty was a country formed by several tribes living along the Yellow River.

2. Shang Dynasty (about 1600 BC–1046 BC)

The handicraft industry in Shang Dynasty is complete in categories and high in technology, and the most representative industry is bronze smelting and casting.

3. Zhou Dynasty (about 1046 BC–256 BC)

The Zhou Dynasty is divided into two periods: the Western Zhou Dynasty (1046 BC-771 BC) and the Eastern Zhou Dynasty (770 BC-256 BC).

4. Qin Dynasty (221 BC–206 BC)

The Qin Dynasty was the first unified dynasty in Chinese history.

The Qin Dynasty set up three councilors and nine ministers in the Central Government to manage state affairs and replaced the enfeoffment system at the local level with the system of prefectures and counties. It also completed the uniformity of script and the standardization of wheelbase, the weights and measures.

5. Han Dynasty (206 BC–220 AD)

The Han Dynasty was a unified dynasty after the Qin Dynasty, which was divided into the Western Han Dynasty and the Eastern Han Dynasty, with a total of 426 years. The Han

Dynasty and the Roman Empire in Europe at the same time were ranked as the most advanced civilizations and powerful empires in the world at that time.

6. Three Kingdoms (220 AD–280 AD)

The Three Kingdoms are divided into Wei, Han and Wu regimes.

In 220 AD, Cao Pi proclaimed himself emperor, with Luoyang as its capital, and the name of the country was "Wei".

In 221 AD, Liu Bei proclaimed himself emperor, with Chengdu as its capital, and the country name was "Han".

In 229 AD, Sun Quan established its capital at Jianye, with the country name "Wu".

In 280 AD, State of Jin annihilated State of Wu and unified China. The Three Kingdoms Period ended.

7. Jin Dynasty (265 AD–420 AD)

The Jin Dynasty was divided into two periods: the Western Jin Dynasty (265 AD-316 AD) and the Eastern Jin Dynasty (317 AD-420 AD).

The Western Jin Dynasty was founded by Emperor Sima Yan, with Luoyang as its capital city. The Eastern Jin Dynasty was founded by Emperor Sima Rui, with Jiankang as its capital city and the Jin Dynasty lasted for a total of 155 years.

8. Northern and Southern Dynasties (420 AD–589 AD)

During the Northern and Southern Dynasties, the south and north of China were divided. The Southern and Northern Dynasties began in 420 AD and ended in 589 AD.

1) Southern Dynasties included Song Dynasty, Qi Dynasty, Liang Dynasty and Chen Dynasty.

2) The Northern Dynasties included the Northern Wei Dynasty, the Eastern Wei Dynasty, the Western Wei Dynasty, the Northern Qi Dynasty and the Northern Zhou Dynasty.

9. Sui Dynasty (581 AD–618 AD)

Sui Dynasty was a unified dynasty with a total of 38 years.

In 581 AD, Yang Jian established the Sui Dynasty and established the capital of Daxing City (now Xi'an, Shaanxi). He worked hard to govern, creating a prosperous country.

In Sui Dynasty, commerce was developed, and Chang'an and Luoyang were large-scale and prosperous cities. The trade routes of Sui Dynasty were divided into silk road and sea trade.

10. Tang Dynasty (618 AD–907 AD)

Tang Dynasty was a unified central plains dynasty after Sui Dynasty, with a total of 289 years. Tang Dynasty was famous for its prosperous economy, vigorous culture, powerful strength and high international status.

11. Five Dynasties and Ten Kingdoms (907 AD–979 AD)

The Five Dynasties and Ten Kingdoms was a period of division in Chinese history, which is the combination of "Five Dynasties (907 AD-960 AD)" and "Ten Kingdoms (902 AD-979 AD) ".

"Five Dynasties" refers to the Five Dynasties successively established in northern China after the downfall of the Tang Dynasty, which included the later Liang Dynasty, the later Tang Dynasty, the later Jin Dynasty, the later Han Dynasty and the later Zhou Dynasty.

In addition, more than ten local secessionist regimes established in southern China at the same time. Among them, the typical ten regimes were the earlier Shu, the later Shu, Southern Wu, Southern Tang, Wu-Yue, Min, Southern Chu, Southern Han, Nanping and Northern Han, collcctively referred to as "Ten Kingdoms".

12. Song Dynasty (960 AD–1279 AD)

The Song Dynasty was divided into two periods, the Northern Song Dynasty and the Southern Song Dynasty, for a total of 319 years.

During the Song Dynasty, agriculture, handicraft industry and commerce flourished, and cities sprang up. The agricultural planting area was increasing. Champa rice was popularized and the grain yield was greatly improved.

13. Yuan Dynasty (1271 AD–1368 AD)

The Yuan Dynasty was the first unified dynasty established by ethnic minorities in Chinese history, and the ruler was Mongolia Boerjujin. The capital of the Yuan Dynasty was Dadu (now Beijing).

14. Ming Dynasty (1368 AD–1644 AD)

Nanjing was established as the capital in the early Ming Dynasty and Beijing as the capital in the period of Emperor Chengzu of the Ming Dynasty, totaling 276 years.

During the reign of Yongle (1403 AD-1424 AD), Zheng He led a large fleet to go to sea seven times and went to the eastern coastline of Africa, reaching more than 30 regions and countries.

15. Qing Dynasty (1636 AD–1911 AD)

The Qing Dynasty was founded in 1616, originally called Houjin, and changed its country name to Qing in 1636.

Qing Dynasty, the last feudal dynasty in Chinese history, was ruled by the Aisin-gioro clan of Manchuria for 296 years.

16. Modern Chinese History (1840 AD–1949 AD)

The time of modern Chinese history was from the Opium War in 1840 to the eve of the founding of the People's Republic of China in 1949. The modern history of China can be divided into two stages. The first stage was from the Opium War in 1840 to the May 4th Movement in 1919.The second stage was from the May 4th Movement in 1919 to the eve of the founding of the People's Republic of China in 1949.

【Thinking and Practice】

1. Fill in the Blanks

1) Around 105 AD, during the Eastern Han Dynasty, a standard papermaking process was invented by ____________ to produce materials with good writing effect and light weight.

2) The Sui Dynasty built ________________________________to enhance exchanges between the north and south of China and improve land and water transportation lines.

3) The earliest existing prints in China is ____________________printed in the Tang Dynasty in 868.

4) Song Yingxing wrote ____________________, which was honored as "Encyclopedia of Science and Technology" of China in the 17th century.

5) ____________________ is the last feudal dynasty in Chinese history.

2. Thinking Questions

1) Which dynasty was the first unified dynasty in China?

2) In which dynasty was the imperial examination system for selecting officials through examinations founded?

3) Which dynasty was the first unified dynasty created by ethnic minorities in China?

4) In which dynasty did Zheng He's voyages took place?

Task 2　Contemporary History of China

【Task Background】

The founding of the People's Republic of China in 1949 is the beginning of contemporary Chinese history. Under the leadership of the Communist Party of China, the Chinese people have established a socialist system and an independent industrial system, creating a miracle of development that has attracted worldwide attention.

【Related Knowledge】

On October 1, 1949, the People's Republic of China was founded.

Contemporary Chinese history refers to the history since the founding of the People's Republic of China in October 1949.

The founding of the People's Republic of China has realized China's great leap from thousands of years of feudal autocratic politics to people's democracy, strengthened the power of world peace, democracy and socialism, and inspired the struggle for liberation of the oppressed nations and people in the world.

【Thinking and Practice】

1. Fill in the Blanks

1) The Central People's Government of the People's Republic of China was founded on__________________.

2) The capital of the People's Republic of China is located in__________________.

2. Thinking Questions

1) Please collect relevant materials and briefly introduce the national flag, anthem and emblem of the People's Republic of China.

2) When did your country establish diplomatic relations with the People's Republic of China? How about the current relationship between the two countries?

Task 3 Practice and Exploration: Visit Guizhou Provincial Museum

【Task Background】

Visit the Guizhou Provincial Museum and see the prehistoric cultural relics, historical relics and ethnic relics collected by the museum. By observing Guizhou prehistoric cultural relics such as dragon fossils, sea dragon fossils and ichthyosaur fossils, admiring ancient precious cultural relics such as bronze chariots and horses, large bronze cauldrons, bronze drums, bronze handle iron swords, golden crowns of the Ming Dynasty, colored glaze terracotta troupes, and appreciating national handicrafts such as embroidery, batik, flower picking, tapestry and silver decoration, students' understanding of Guizhou's natural ecology and human culture is enhanced.

【Task Operation】

College		Major	
Chinese name		English name	

Task: visit Guizhou Provincial Museum to learn about the historical process of Guizhou and the cultural history of Guizhou ethnic minorities.

Pre-knowledge:

1.Understand the basic situation of Guizhou Province, including human history, geography and geology, natural ecology and modernization development achievements.

2.Learn about other Chinese cultural exhibits in Guizhou Provincial Museum, including calligraphy, Chinese painting, lacquerware, embroidery, porcelain, bronzes, terracotta warriors and horses, etc.

3. Learn about the stories related to traditional festivals in China.

Score:

Plan Implementation:

1. Students visit Guizhou Provincial Museum.The teacher briefly explains the pictures and text content to the students.

2. The content includes the composition of Guizhou ethnic groups, population, cultural characteristics, ecological environment, the struggle history of various ethnic groups in developing Guizhou, and the achievements of Guizhou's modernization since the founding of the people's Republic of China.

3. Students take videos, take photos, and briefly summarize the information they have learned.

4. Divide the students into groups of 2-4. Each group asks questions and answers (50 points)

1) The main ethnic groups in Guizhou Province are________, ________ , ________,________,________.

2) The abbreviation of Guizhou Province is________ or ________.

3) Guizhou Province is a mountainous province located in the plateau of ________________.

4) ________________ is from the No. 8 tomb of Wantun, Xingyi, Guizhou, and it is the most exquisite and complete one of the tombs of the Han Dynasty unearthed in China so far, which is of great value to the understanding of the carriage system and smelting technology of the Han Dynasty.

Score:

Quality Test:

1. The teacher grades the question-and-answer results of each group.

2. Each group produces a promotional video introducing the Guizhou Provincial Museum.(50 points)

Clear thinking, fluent language, and appropriate body language. (10 points)	The volume is right and the speed is right. (10 points)	Standard pronunciation of Putonghua. (10 points)	Highlight the key points and enrich the content. (10 points)	The video has good art effect. (10 points)

Score:

【Thinking and Practice】

1. Fill in the Blanks

1) Guizhou is a province inhabited by many ethnic groups, including________ , ________, ______________ , ________________and so on.

2) The abbreviation of Guizhou Province is__________ or __________.

3) As of March 2021, Guizhou Province has jurisdiction over 6 prefecture-level cities, namely, ____________, ____________, Liupanshui, Anshun, Bijie and Tongren, and 3 ethnic autonomous prefecture, namely Qiandongnan____________________, ____________________.

2. Thinking Questions

1) Please briefly introduce the ethnic composition of Guizhou Province.

2) Please briefly introduce the characteristics of the costumes of ethnic minorities in Guizhou Province.

3) Please briefly introduce the characteristics of the traditional architecture of ethnic minorities in Guizhou Province.

4) Is there any similarity between Guizhou ethnic groups' culture and your national culture? Please give a brief explanation.

Project 2 Administrative Divisions of the People's Republic of China

Teaching Objectives

1) Learn about the general situation of the territory and territorial sea of the People's Republic of China.

2) Learn about the administrative divisions of the People's Republic of China.

3) Visit the geography training room to learn more about China's administrative divisions.

Knowledge Points

1) The territory of the People's Republic of China.

2) Administrative divisions of the People's Republic of China.

3) Overview of the provincial administrative regions of the People's Republic of China.

Task 1 Introduction to China's Administrative Regions

【Task Background】

Administrative division is a kind of regional division of different levels for the administration. At present, China has 34 provincial administrative regions, including 23 provinces, 5 autonomous regions, 4 municipalities directly under the Central Government and 2 special administrative regions. Beijing is the capital of China.

【Related Knowledge】

1. Basic Situation of China's Territory

The People's Republic of China is located in eastern Asia and the west coast of the Pacific Ocean, with a land area of 9.6 million square kilometers and a land boundary of more than 20, 000 kilometers.

The territorial sea of the People's Republic of China consists of the Bohai Sea, the Yellow Sea, the East China Sea, and the South China Sea. There are 7,600 large and small islands in the sea area, of which Taiwan Island is the largest, with an area of 35,798 square kilometers.

2. A Brief Introduction to China's Administrative Divisions

The administrative divisions of the People's Republic of China are composed of provincial, prefecture, county and township levels.

There are 34 provincial administrative regions in the People's Republic of China, including 23 provinces, 5 autonomous regions, 4 municipalities directly under the Central Government and 2 special administrative regions.

3. Neighboring Countries of the People's Republic of China

China's land boundary is 22,800 kilometers long, bordering the Democratic People's Republic of Korea in the east, Mongolia in the north, Russia in the northeast, Kazakhstan, Kyrgyzstan and Tajikistan in the northwest, Afghanistan, Pakistan, India, Nepal and Bhutan in the west and southwest, and Myanmar, Laos and Vietnam in the south.

The east and southeast of China faces the Republic of Korea, Japan, the Philippines, Brunei, Malaysia and Indonesia across the sea.

【 Thinking and Practice 】

1. Fill in the Blanks

1) The People's Republic of China has_______provincial-level administrative region, including 23_______________, 5_______________________, 4 _______________ and 2 special administrative regions.

2) The territorial sea of the People's Republic of China consists of the Bohai Sea, the Yellow Sea, the East China Sea, and the_____________.

3) The biggest island in China is the ____________island.

2. Thinking Questions

1) Mark the location of Beijing, the capital of China, on the map.

2) Mark the location of Guizhou Province on the map and tell which area of China Guizhou Province is located in.

3) Does your country border China on land?

4) Is your country across the sea from China?

Task 2 Division of China's Administrative Regions

Part 1 Introduction to China's Municipalities Directly under the Central Government

【 Task Background 】

Municipalities directly under the Central Government are one of the administrative divisions in China, and their administrative status is the same as that of provinces, autonomous regions and special administrative regions.

【 Related Knowledge 】

1. Beijing

Beijing, referred to as "Jing" for short, is the capital, political center, cultural center, international communication center, scientific and technological innovation center of the People's Republic of China. It is also a world-famous ancient capital and modern international city.

2. Shanghai

Shanghai, referred to as "Hu" for short, is located in the eastern part of China, at the mouth of the Yangtze River and facing the Pacific Ocean. It is China's international economic, financial, trade, shipping, scientific and technological innovation center.

3. Tianjin

Tianjin, referred to as "Jin" for short, is the main node of the China-Mongolian-Russian economic corridor and the strategic point of the Maritime Silk Road. It is also an important sea outlet for neighboring inland countries, and the largest port city in northern China.

4. Chongqing

Chongqing, referred to as "Yu" for short, is located in the upper reaches of the Yangtze River. Chongqing is the largest industrial and commercial city in Southwest China and an important modern manufacturing base in China.

Part 2 Introduction to China's Provinces

【Task Background】

Province is the largest administrative region in China, directly under the Central Government. There are several cities and counties under the province.

【Related Knowledge】

1. Heilongjiang Province

Heilongjiang Province, referred to as "Hei" for short, is located in Northeast China. It is the northernmost and highest latitude province in China, bordering Russia. The provincial capital is Harbin.

2. Jilin Province

Jilin Province, referred to as "Ji" for short, is located in Northeast China. Changbai Mountain Nature Reserve has been designated by the United Nations as a "human and biosphere" natural reserve, which breeds endangered wild species such as Amur tiger and Oriental white crane. The provincial capital is Changchun.

3. Liaoning Province

Liaoning Province, referred to as "Liao" for short, is located in Northeast China. Eastern

Liaoning is across the river from the DPRK and across the sea from Japan and the ROK. The provincial capital is Shenyang.

Liaoning Province is one of the important old industrial bases in China. The equipment manufacturing industry and raw material industry in the province are relatively developed.

4. Gansu Province

Gansu Province, referred to as "Gan" for short, is located in Northwest China. The provincial capital is Lanzhou.

5. Qinghai Province

Qinghai Province, referred to as "Qing" for short, is located in Western China. It is named after Qinghai Lake, the largest inland salt lake in China. Qinghai is the birthplace of the Yangtze River, Yellow River and Lancang River, so it is known as the "source of rivers", and the "water tower of China". The provincial capital is Xining.

6. Sichuan Province

Sichuan Province, referred to as "Chuan" or "Shu" for short, is located in Southwest China and the upper reaches of the Yangtze River, known as the "land of abundance". The provincial capital is Chengdu.

7. Yunnan Province

Yunnan Province, referred to as "Dian" or "Yun" for short, is located in Southwest China. Yunnan Province is China's gateway to Southeast Asia and South Asia, bordering Myanmar, Vietnam and Laos, and linking Thailand and Cambodia through the Lancang-Mekong River. The provincial capital is Kunming.

8. Guizhou Province

Guizhou Province, referred to as "Qian" or "Gui" for short, is located in southwest China. Guizhou Province is a transportation hub in southwest China, a world-famous mountain tourism destination and a major province of mountain tourism, and a national ecological civilization experimental area. The provincial capital is Guiyang.

9. Hunan Province

Hunan Province, referred to as "Xiang" for short, is located in Central China. It is named "Hunan" because most of the area is in the south of Dongting Lake. The provincial capital is Changsha.

10. Hubei Province

Hubei Province, referred to as "E" for short, is located in Central China. Hubei is known as "the province of thousands of lakes", and lakes are mainly distributed in Jianghan Plain. The provincial capital is Wuhan.

11. Jiangxi Province

Jiangxi Province, referred to as "Gan" for short, is located in the southeast of China. The provincial capital is Nanchang.

12. Anhui Province

Anhui Province, referred to as "Wan" for short, is located in the Yangtze River Delta. The provincial capital is Hefei.

13. Jiangsu Province

Jiangsu Province, referred to as "Su" for short, is located in the Yangtze River Delta, with many lakes and flat terrain. The landform is composed of plains, waters, low mountains and hills. The provincial capital is Nanjing.

14. Zhejiang Province

Zhejiang Province, referred to as "Zhe" for short, is located in the Yangtze River Delta in Southeast China, and the largest river in the territory is Qiantang River. The provincial capital is Hangzhou.

15. Fujian Province

Fujian Province, referred to as "Min" for short, is located in the southeast coast of China. Fujian is an important outlet for Chinese mainland and an important window and base for Chinese mainland exchanges with the rest of the world. There are many hills in Fujian, which account for more than 80% of the total area of the province. The provincial capital is Fuzhou.

16. Guangdong Province

Guangdong Province, referred to as "Yue" for short. Guangdong is an important inheriting place of Lingnan culture. It has a unique style in terms of language, customs, living habits, history and culture. Guangdong is also the most populous province in China. The provincial capital is Guangzhou.

17. Hainan Province

Hainan Province, referred to as "Qiong" for short. The administrative area of Hainan Province includes the islands and reefs of Hainan Island, Xisha Islands, Zhongsha Islands, Nansha Islands and their sea areas. The provincial capital is Haikou.

18. Shandong Province

Shandong Province, referred to as "Lu" for short, is located in the east coast of China. The provincial capital is Jinan.

19. Shanxi Province

Shanxi Province, referred to as "Jin" for short, is located in the middle of the Yellow River Basin. Because it is to the west of Taihang Mountain, it is named Shanxi. The provincial capital is Taiyuan.

20. Shaanxi Province

Shaanxi Province, referred to as "Shan" for short, is located in Western China. The provincial capital is Xi'an.

21. Hebei Province

Hebei Province, referred to as "Ji" for short, is located in North China. It is the only province in China with plateau, mountain, hill, plain, lake and seashore. The provincial capital is Shijiazhuang.

22. Henan Province

Henan Province, referred to as "Yu" for short, is located in North China. As most of the area is located in the south of the Yellow River, so it is called Henan. The provincial capital is Zhengzhou.

23. Taiwan Province

Taiwan, referred to as "Tai" for short, is located in Southeast China, east of the Pacific Ocean. Taiwan Province consists of Taiwan Island, surrounding islands and Penghu Islands. The provincial capital is Taipei.

Taiwan has been an inalienable part of China's sacred territory since ancient times. Since 1949, due to the continuation of China's civil war and the interference by external forces, the two sides of the Taiwan Straits have fallen into a state of long-term political confrontation. Although Taiwan has not yet been unified with the mainland, China's sovereignty and territory have never been divided, and the fact that the two sides belong to one China has never changed.

Part 3 Introduction to China's Autonomous Region

【Task Background】

The autonomous region is one of the administrative divisions in China, which is at the same level as provinces, municipalities directly under the Central Government and special administrative regions, and is a provincial administrative region of the People's Republic of China.

The autonomous region is a provincial-level ethnic regional autonomous area established in areas inhabited by ethnic minorities in China.

The autonomous region is a local administrative area under the unified exercise of sovereignty of the People's Republic of China.

【Related Knowledge】

1. Guangxi Zhuang Autonomous Region

Guangxi Zhuang Autonomous Region, referred to as "Gui" for short, is located in the south of China. Guangxi is the only coastal area in Western China, an important gateway for China towards ASEAN and the world, and the most convenient port to the sea in Southwest China.

2. Tibet Autonomous Region

The Tibet Autonomous Region, referred to as "Zang" for short, is located in the west and south of the Qinghai-Tibet Plateau. It is the highest place in the world.

3. Xinjiang Uygur Autonomous Region

Xinjiang Uygur Autonomous Region, referred to as "Xin" for short, is located in the middle of the Eurasian continent and the northwest of China, with a total area of 1.66 million square kilometers, accounting for one sixth of the total land area of the country.

4. Ningxia Hui Autonomous Region

Ningxia Hui Autonomous Region, referred to as "Ning" for short, is located in Northwest China.

5. Inner Mongolia Autonomous Region

Inner Mongolia Autonomous Region, referred to as "Nei Menggu" for short, is located in northern China, bordering Russia and Mongolia.

Part 4 Introduction to China's Special Administrative Region

【Task Background】

A special administrative region refers to an administrative region established in accordance with the provisions of the Constitution and laws of the People's Republic of China that has special legal status and implements special social, political, economic and cultural systems.

In 1997, the People's Republic of China established the Hong Kong Special Administrative Region.

In 1999, the People's Republic of China established the Macao Special Administrative Region.

【Related Knowledge】

1. Hong Kong Special Administrative Region

The Hong Kong Special Administrative Region, referred to as "HK" for short, is located in southern China east of the Pearl River Estuary. The territory of the Hong Kong Special Administrative Region includes Hong Kong Island, Kowloon, the New Territories and 262 surrounding islands.

2. Macao Special Administrative Region

The Macao Special Administrative Region is located on the west bank of the Pearl River Delta. Macao consists of the Macao Peninsula, Taipa Island and Coloane Island.

【Thinking and Practice】

1. Fill in the Blanks

1) The municipalities directly under the Central Government of China are Beijing, ____________ , ____________, ____________.

2) The provincial administrative region with the largest land area and the largest number of neighboring countries in China is____________.

3) The abbreviation of Guizhou Province is____________, and the provincial capital is____________.

2. Thinking Questions

1) Which provincial administrative region of China is closest to your country? What modes of transportation do the two peoples communicate with each other?

2) Tell us which provincial administrative region of China is most familiar to the people of your country, and which one maintains the most frequent cultural exchange with your country.

Task 3　Practice and Exploration: Learn the Map of China's Administrative Divisions

【Task Background】

There are a total of 34 provincial administrative districts in China. By learning the knowledge of China's administrative divisions, learners can accurately understand and find China's 34 provincial administrative districts on the map of China, and remember their names, abbreviations, locations, locations of administrative centers, and the outline characteristics of the territory.

【Task Operation】

<table>
<tr><td>College</td><td></td><td>Major</td><td></td></tr>
<tr><td>Chinese name</td><td></td><td>English name</td><td></td></tr>
<tr><td colspan="4">Task: Learn the map of China and accurately understand the 34 provincial administrative regions of China.</td></tr>
<tr><td colspan="4">Pre-knowledge:
1.Understand the names of China's provincial administrative divisions—provinces, autonomous regions, municipalities directly under the Central Government, and special administrative regions.
2.Understand the geographical location, outline characteristics, topographic characteristics, and provincial administrative centers of Chinese provinces, autonomous regions, municipalities directly under the Central Government, and special administrative regions.
3. Understand the geography, topography, and humanistic characteristics of the province, autonomous region, and municipality directly under the Central Government where the student is located.</td></tr>
<tr><td colspan="4">Score:</td></tr>
<tr><td colspan="4">Plan Implementation:
1.Visit the geography training room and watch the map of China's administrative divisions.
2.Watch the maps of China's provinces, provincial videos, and video clips of "Aerial Photography of China" to further deepen your understanding of the natural and cultural profiles of each province, district, and city.
3.Divide the students into groups of 2 to 4 people.Each group conducts knowledge questions and answers.(50 points)</td></tr>
</table>

1) Based on the knowledge they have learned, students can complete the puzzle of China's administrative divisions.

2) Students introduce the names and abbreviations of Chinese provinces, districts, and cities on the map of China's administrative divisions.

3) Students introduce the location of the provincial administrative district where their school is located, the location of the administrative center, and the outline characteristics of the territory.

4) Students briefly introduce the administrative divisions of their country to other team members.

Score:

Quality Test:

1.The teacher grades the question-and-answer results of each group.

2.Each group selects one of the provinces, autonomous regions, or municipalities directly under the Central Government to produce a promotional video introducing the region.(50 points)

Clear thinking, fluent language, and appropriate body language. (10 points)	The volume and the speed is appropriate. (10 points)	Standard pronunciation of Putonghua. (10 points)	Highlight the key points and enrich the content. (10 points)	The video has good art effect. (10 points)

Score:

【Thinking and Practice】

1) The provincial administrative district where our school is located is____________, the abbreviation is ____________.

2) The largest province in China is ____________.

3) Name two coastal provinces and two inland provinces.

4) Name the nearest Chinese province or region to your country.

Project 3 Geography of China

Teaching Objectives

1) Learn about the basic situation of Chinese geography.

2) Learn about the cultural landscape and natural landscape of Guizhou.

Knowledge Points

1) Basic situation of Chinese geography.

2) Cultural landscape and natural landscape of Guizhou.

Task 1 Topography of China

Part 1 Overview of China's Topography

【Task Background】

China has a variety of topography, including majestic plateaus, undulating mountains, vast plains, low hills, and large and small basins surrounded by mountains. The five basic topographic types on land are all distributed in China. The mountain area accounts for 2/3 of the total area of the country.

【Related Knowledge】

The terrain of China is high in the West and low in the East. Mountainous and plateau areas are vast. The distance between the east and the west is about 5,000 kilometers, and the coastline of the mainland is more than 18,000 kilometers. China can be divided into four parts: northern region, southern region, northwest region and Qinghai-Tibet region.

Due to its vast territory and large geographical span, China covers almost all kinds of terrain, including mountains, plateaus, hills, basins, plains and deserts.

Overlooking the land of China from the air, the terrain is like a ladder, gradually descending from west to east. Its distribution is as follows:

The first ladder: the first step of the topography is the Qinghai-Tibet Plateau, with an average elevation of more than 4,000 meters. Mount Qomolangma, the main peak of the Himalayas on the plateau, is 8,848.86 meters high, making it the highest peak in the world.

The second ladder: the second ladder is composed of Inner Mongolia Plateau, Loess Plateau, Yunnan-Guizhou Plateau, Tarim Basin, Junggar Basin and Sichuan Basin, with an average altitude of 1,000-2,000 meters.

The third ladder: the third ladder is dotted with vast plains, hills and low mountains. The third ladder mostly falls to under 500 m, with Northeast Plain, North China Plain, Middle and Lower Reaches of the Yangtze River Plain, and low mountains and hills distributed from north to south.

Part 2 China's Main Plains, Basins and Plateaus

【Task Background】

China's topography is complex and diverse, with mountains of different orientations intertwined vertically and horizontally, and distinctive plateaus, basins, plains, and hills are scattered among them.The terrain types of land are plains, plateaus, mountains, hills, and basins. Mountains and rivers are used as dividing lines between different terrain areas.

【Related Knowledge】

1. North China Plain

The North China Plain is the second largest plain in China and the most populous plain in China. The North China Plain is a typical alluvial plain with a vast area, low and flat terrain, and an altitude below 50 meters.

2. Northeast China Plain

The Northeast China Plain is the largest plain in China, located in Northeast China, across Heilongjiang, Jilin, Liaoning and Inner Mongolia.

Thc Northeast China Plain is one of the three most fertile black soil areas in the world with fertile land and vast arable land. The Northeast China Plain is an important production base of grain, soybean and animal husbandry in China, as well as an important base of coal, steel, machinery, energy and chemical industry in China.

3. Middle–lower Yangtze Plain

The Middle-lower Yangtze Plain refers to the plain along the middle and lower reaches of the Yangtze River in China.

The Middle-lower Yangtze Plain is the area with the most abundant water resources in China, and the famous freshwater lakes include Poyang Lake, Dongting Lake and so on.

The plain has a warm and humid climate and is an important cotton and grain production area in China. The main industries in the plain are iron and steel, machinery, electricity, textile and chemistry, which is not only an important industrial base in China, but also one of the most economically developed areas in China.

4. Sichuan Basin

Sichuan Basin is one of the four major basins in China, with a total area of more than 260,000 square kilometers, located in Southwest China.

Sichuan Basin is rich in coal, oil, natural gas and other fossil energy, as well as salt, sulfur and other minerals, of which natural gas reserves are the highest in China. With a series of arable land, the basin is the largest rice and rapeseed growing area in China.

5. Qaidam Basin

Qaidam Basin is a plateau basin, located in the northwest of Qinghai Province, mainly in Haixi Mongolian and Tibetan Autonomous Prefecture, covering an area of about 240,000 square kilometers. Qaidam Basin is rich in iron, copper, tin, salt and other minerals, so it is called “cornucopia”.

6. Tarim Basin

Tarim Basin, located in the south of Xinjiang, is the largest inland basin in China, with an area of about 400,000 square kilometers and an altitude of 800-1,300 meters. The terrain is high in the west and low in the east.

7. Junggar Basin

Junggar Basin, located in the north of Xinjiang, is the second largest inland basin in China.

Junggar Basin is rich in oil and gas resources. Karamay area is one of the most concentrated oil fields in Junggar Basin. Karamay Oilfield is also the first large oil field to be developed and built after the founding of the People's Republic of China.

There are many oases in Junggar basin. Kazak, Mongolian and other ethnic minorities live in the Junggar Basin.

8. Yunnan–Guizhou Plateau

The Yunnan-Guizhou Plateau, located in southwest China, is one of the four major plateaus in China, with a total area of about 500,000 square kilometers. The Yunnan-Guizhou Plateau includes the eastern part of Yunnan Province, the whole province of Guizhou, the northwest of Guangxi Zhuang Autonomous region and the borders of Sichuan, Hubei, Hunan and other provinces. The topography of the Yunnan-Guizhou Plateau is high in the northwest and low in the southeast.

9. Loess Plateau

The Loess Plateau is one of the four major plateaus in China. The Loess Plateau is one of the regions with the most serious soil erosion and the most fragile ecological environment in the world. Most of them are covered by thick loess. After a long period of strong erosion, the Loess Plateau has formed a fragmented landform.

10. Inner Mongolia Plateau

Inner Mongolia Plateau is the second largest of the four major plateaus in China and is part of the Mongolian Plateau.

The Inner Mongolia Plateau is an important pasture in China. The grassland accounts for about 80% of the plateau area and is part of the Eurasian temperate steppe.

11. Qinghai–Tibet Plateau

The Qinghai-Tibet Plateau, an inland plateau in Asia, is the largest plateau in China and the highest in the world. It is known as the "roof of the world" and the "third pole".

The total area of the Qinghai-Tibet Plateau is about 2.5 million square kilometers. it includes all of Tibet and parts of Qinghai, Xinjiang, Gansu, Sichuan, Yunnan in China, as well as Bhutan, Nepal, India, Pakistan, Afghanistan, Tajikistan and Kyrgyzstan.

With an average elevation of more than 4,000 meters, the Qinghai-Tibet Plateau is the birthplace of many major rivers in East, Southeast and South Asia. There are many lakes on the Qinghai-Tibet Plateau, including Namtso Lake, Qinghai Lake and so on.

【Thinking and Practice】

1. Fill in the Blanks

1) ____________ is an important pasture in China, with grassland area accounting for about 80% of the plateau area.

2) ____________ is one of the most developed typical karst areas in the world.

3) ____________ is one of the three great plains in China with the largest population.

2. Thinking Questions

1) Mark the North China Plain, Northeast Plain and the middle and lower reaches of the Yangtze River Plain on the topographic map.

2) Mark the Yunnan-Guizhou Plateau, Loess Plateau and Qinghai-Tibet Plateau on the topographic map.

3) Where is Guizhou Province located?

4) Which plateau is Mount Qomolangma located?

5) Do any rivers in your country originate from the Qinghai-Tibet Plateau? If so, please name the river and find the birthplace of the river on the map.

Task 2 Natural Landscape with Chinese Characteristics

【Task Background】

China is famous for its profound history and natural scenery. In China, there are magnificent mountains, rivers and deserts everywhere, showing the wonderful creation of nature.

Guizhou Province is located in the center of South China karst area, the largest karst area in the world. It is one of the most developed karst provinces in China. Guizhou's natural landscape lies in the beauty of mountains, water, trees and karst caves, and it is one of the areas with complete karst landforms in China.

【Related Knowledge】

1. Caohai Lake in Weining

Caohai Lake, located in the southwest of Weining County, Guizhou Province, is a complete and typical plateau wetland ecosystem. It is one of the three major plateau freshwater lakes in China, together with Erhai Lake and Dianchi Lake. Caohai Nature Reserve is an important wetland in China, one of the world's top ten bird watching bases, and one of the world's famous wintering places for black necked cranes.

2. Jiabang Terraced Field

Jiabang terraced field is located in Congjiang County, Southeast Guizhou Province. The terraced filed in Jiabang is large, and the mountain villages and terraces complement each other. The Miao people not only plant rice on the terraces, but also raise fish in the terraces, reflecting the beauty of harmony between human and nature.

3. Xiaoqikong (Small Seven Holes) Scenic Area in Libo

Xiaoqikong (small seven holes) Scenic Area is located in the southwest of Libo County, Guizhou Province. It has a subtropical monsoon humid climate with warm and humid climate, abundant rainfall and suitable climate. It provides superior climatic conditions for the development of primitive karst forest in the scenic spot, and is known as the "Emerald" on the Earth's belt.

4. Huangguoshu Waterfall

Huangguoshu Waterfall is located in Zhenning Buyi and Miao Autonomous County, Anshun City, Guizhou Province. The waterfall is 77.8 meters high and 101 meters wide. Huangguoshu Waterfall is known as "the largest waterfall in Asia" and enjoys the reputation of "the first waterfall in China". It is the third largest waterfall after Niagara Falls and Victoria Falls.

Huangguoshu Waterfall group consists of 18 waterfalls of different sizes, among which Huangguoshu Waterfall is the most beautiful and magnificent waterfall, so it is collectively referred to as Huangguoshu Waterfall group. Huangguoshu waterfalls are the most typical and spectacular Karst Waterfalls in the world. There are many karst caves around them, forming a famous underground world in Guizhou.

5. Fanjing Mountain

Fanjing Mountain, located in Tongren City, Guizhou Province, is the fifth largest Buddhist sacred mountain in China. In 1986, Fanjing Mountain was accepted by UNESCO as a member of Man and Biosphere Programme (MAB).

6. Zhijin Cave

Zhijin Cave is a huge cave in the northwest of Zhijin County. The average height of Zhijin Cave is 46 meters, and the highest is 168 meters. The caves are famous for stalactites, stalagmites and clear blue water in lakes, rivers and waterfalls.

Zhijin Cave is composed of more than 40 places, such as stalagmites, stone pillars and caves, forming a variety of karst landscapes. It is called "karst treasure" and "cave wonder". Zhijin cave is a karst cave with a series of exquisite karst structures, including stone curtains, stalactites, stalagmites, stone pillars and stone flowers of different sizes.

【Thinking and Practice】

1. Fill in the Blanks

1) ____________ was listed in the UNESCO World Natural Heritage list in 2018.

2) ____________ is an endemic species in Fanjing Mountain Area of Guizhou Province of China, and its number is less than that of giant panda. It is listed as an endangered species in the red list of IUCN.

3) ____________ is the largest natural freshwater lake in Guizhou.

2. Thinking Questions

1) Is Caohai a "sea"?

2) Is Caohai a freshwater lake or a saltwater lake?

3) In which season, thousands of birds will come to Caohai?

4) What are the birds that come to Caohai to avoid the cold in winter?

5) What are the main crops grown on terraces?

6) Why is the Xiaoqikong Scenic Ariea called the "emerald" on the Earth's belt?

7) What is the name of the largest waterfall in Asia?

8) What kind of religious place is the temple in Fanjing Mountain?

9) What are the most representative treasured animals in Fanjingshan National Nature Reserve?

10) What is the name of the karst cave known as the "king of caves" in the world?

11) What shape of rock can you see in Zhijin Cave?

Task 3 Cultural Landscape with Chinese Characteristics

【Task Background】

Cultural landscape is a landscape constructed by superimposing cultural characteristics based on natural landscape to meet the material and spiritual needs of people's daily life. The cultural landscape mainly embodies towns, villages, clothing, architecture and music.

Guizhou is a place where many ethnic groups live together, and many ethnic groups prosper and develop together. All ethnic groups communicate and learn from each other, integrate and promote development in clothing, language, folklore, architecture and other aspects, while retaining their own characteristics.

【Related Knowledge】

1. Dong People's Village in Zhaoxing

Dong People's Village is the largest Dong People's village in Qiandongnan Dong area, known as "the best Dong People's village" and "the hometown of Drum Tower culture and art".

The "three treasures" of Dongzhai architecture are Drum Tower, Wind and Rain Bridge and Village Gate.

2. Five–hundred–meter Aperture Spherical Radio Telescope

Five-hundred-meter Aperture Spherical Radio Telescope, short for FAST, is located in the karst pit of Dawodang, Kedu Town, Pingtang County, Qiannan Buyi and Miao Autonomous Prefecture, Guizhou Province. It is the largest single aperture the and most sensitive telescope in the world.

【Thinking and Practice】

1. Fill in the Blanks

1) The short name of 500 m Aperture Spherical Radio Telescope is ________________.

2) ____________ is called "encyclopedia of Dong social customs".

3) The "three treasures" of Dong village architecture include ______________________, Wind and Rain Bridge and Village Gate.

2. Thinking Questions

1) What materials are used in the construction of Zhaoxing Dong village? Is this kind of building material abundant in the local area? At the foot of the mountain or on the hillside?

2) Observe the Drum Tower of Dong village and draw the shape and structure of the drum tower. Guess what are the main functions of the Drum Tower?

3) What is the main function of Wind and Rain Bridge? What is the appearance, design and characteristics of Wind and Rain Bridge? What are the building materials of Wind and Rain Bridge?

4) What are the main handicrafts sold in the street handicraft shop? What materials are used to make it? What are the characteristics of famous handicrafts in your country?

5) Where is the largest radio telescope in the world located in China?

6) According to your observation, what is the biggest advantage of radio telescope location in Guizhou?

Task 4 Practice and Exploration: Visit Xijiang Miao Village and FAST

Part 1 Visit Xijiang Miao Village

【Task Background】

Xijiang Miao Village is a wooden building complex with the largest scale, the most complete preservation, the highest house density and the most ornamental and research value in China.

The hanging-foot building in Xijiang Miao village is a kind of stilt style building. It is not only the most representative traditional residence of the Miao ethnic group, but also the wisdom of the Miao people. The characteristic of hanging-foot building is to overhead the foundation part of the house, prop up the building with wooden pillars and raise the living floor, which is suitable for all kinds of topography.

In addition to the hanging-foot buildings in Xijiang Miao Village, the Wind and Rain Bridge is also one of the important buildings.

Sour and spicy flavors are indispensable in the Miao diet.The Miao people especially like to eat sour, and almost every household makes their own sour soup, sauerkraut, and pickled fish. The Miao family's sour soup, the fish and meat are tender and fresh, fragrant and delicious.

【Task Operation】

College		Major	
Chinese name		English name	

Task: Visit Xijiang Miao Village, explore and learn about Miao culture.

Pre-knowledge:

1. Learn about the cultural heritage of Guizhou Miao people's diet and clothing, human history, etc.
2. Learn about the architectural features of Xijiang Miao Village in line with local conditions.

Score:

Plan Implementation:

1. Visit Xijiang Miao Museum to learn about Miao's history, life, festivals, music, song and dance, clothing, medicine, architecture and sacrificial culture.
2. Yedong is the hinterland of Xijiang Miao Village. Students visit silverware workshop, rice wine workshop, drum hall, village-protecting tree and batik workshop. Experience the traditional life style of Miao people.
3. Divide the students into groups of 2-4. Each group asks questions and answers. (50 points)

1) Please briefly describe the architectural features of Xijiang Miao Village.

2) Please briefly describe the characteristics of Miao handicrafts.

3) Please give a brief description of the characteristics of Miao ethnic costumes, such as patterns, shapes, etc.

Score:

Quality Test:

1. The teacher grads the question-and-answer results of each group.
2. Each group produces a promotional video to introduce Xijiang Miao Village. (50 points)

Clear thinking, fluent language, and appropriate body language. (10 points)	The volume and the speed is appropriate. (10 points)	Standard pronunciation of Putonghua. (10 points)	Highlight the key points and enrich the content. (10 points)	The video has good art effect. (10 points)

Score:

【 Thinking and Practice 】

•Please taste the local specialty diet-sour soup fish, and briefly explain the characteristics of sour soup. Does your country have similar sour dishes?

Part 2 Visit FAST (Five-hundred-meter Aperture Spherical Radio Telescope)

【 Task Background 】

The construction of FAST in Guizhou has turned the remote and closed karst mountains of Southern Guizhou into an international astronomical academic center that has attracted the attention of the world.

【 Task Operation 】

<table>
<tr><td>College</td><td></td><td>Major</td><td></td></tr>
<tr><td>Chinese name</td><td></td><td>English name</td><td></td></tr>
<tr><td colspan="4">Task: Visit FAST to learn about the forefront of the development of astronomical science and technology in the contemporary world.</td></tr>
<tr><td colspan="4">Pre-knowledge:
1. Learn about the name, location and function of FAST.
2. Learn about the local topography and natural conditions of Dawodang where the FAST is located.</td></tr>
<tr><td colspan="4">Score:</td></tr>
<tr><td colspan="4">Plan Implementation:
1. Visit the International Astronomy Experience Museum of China FAST Science Base to learn the basic knowledge of astronomy and universe.
2. Visit Sky Cinema of China FAST Science Base to learn about stars and planets in the solar system.
3. Visit FAST.
4. Divide the students into groups of 2-4. Each group asks questions and answers. (50 points)
1) Answer the abbreviation of Five-hundred-meter Aperture Spherical Radio Telescope.
2) Briefly describe the names of the stars and planets in the solar system.
3) Briefly describe the main functions of FAST.
4) Briefly describe the topographical features of the FAST location.</td></tr>
<tr><td colspan="4">Score:</td></tr>
<tr><td colspan="4">Quality Test:
1. The teacher grades the question-and-answer results of each group.
2. Each group produces a promotional video to introduce FAST. (50 points)</td></tr>
</table>

Clear thinking, fluent language, and appropriate body language.(10 points)	The volume and the speed is appropriate. (10 points)	Standard pronunciation of Putonghua. (10 points)	Highlight the key points and enrich the content. (10 points)	The video has good art effect. (10 points)
			Score:	

【Thinking and Practice】

1) What is the progressive role of FAST in astronomical research?

2) What are the positive effects of FAST on human exploration of the universe?

Project 4 China's Economy

Teaching Objectives

1) Understand the current situation of China's economy and three major industries.

2) Understand the Chinese banking system.

3) Master the process of applying for a card in banks of China and practice it.

Knowledge Points

1) The status quo and effectiveness of China's three major industries.

2) The Chinese banking system and state-owned banks.

Task 1 Overview of China's Economic Situation

【Task Background】

The People's Republic of China was established on October 1st, 1949. For more than 70 years, China has completed the socialist revolution, promoted socialist construction, and continued reform and opening up, greatly liberating and developing social productivity.

Since the establishment of the People's Republic of China, China's comprehensive national strength, social productivity, and people's living standards have greatly improved; economic construction, social construction, and ecological civilization construction have been promoted in a coordinated manner; industrialization, information technology, urbanization, and agricultural modernization have developed simultaneously. In addition, China's role as a builder of world peace, a contributor to global development, and a defender of international order is also becoming prominent.

【Related Knowledge】

1. The Current Situation and Effectiveness of China's Economy

After the founding of the People's Republic of China, the fundamental political system—the system of people's congresses and the basic political system—the system of multiparty cooperation and political consultation under the leadership of the Communist Party of China, the regional ethnic autonomy system, and the grass-roots mass self-government system was established. The fundamental system of Chinese society is the socialist system. China's basic economic system is an economic system with public ownership as the main body and the common development of multiple ownership economies. Through planned large-scale construction, China has become one of the world's largest economic powers with great potentiality for development, and its people's lives have generally reached a well-off level.

2. Three Major Industries

At the beginning of its establishment, the People's Republic of China was a typical agricultural country. Since the reform and opening up, China's industrial structure has gradually become reasonable and developed in the direction of optimization and upgrading.

1) Primary industry

Chinese agriculture took place in the Neolithic Period. The Yellow River and Yangtze

River basins in China is one of the origins of agriculture in the world. In the course of eight or nine thousand years of development, Chinese agriculture has had many inventions and creations that are ahead of the world, but it has also experienced a long period of stagnation. The invasion of modern imperialism has reduced China to a semi-colonial and semi-feudal society. Agriculture has increasingly lagged behind developed capitalist countries, and the traditional natural economic structure of "male farming and female weaving" has begun to disintegrate. After the founding of the People's Republic of China and the establishment of the socialist system, China's rural economy has been rapidly restored and developed, and China's agriculture has ended its history of stagnation and entered a new period of rapid development. Agricultural production conditions and production technology have improved significantly, and the level of production has increased rapidly.

2) Secondary industry

The industry is the dominant force in the national economy, and China's industry is mainly distributed in coastal areas. Since 1979, China's industrial production has been developing rapidly. Today, China can manufacture not only aircraft, ships, and automobiles, but also artificial earth satellites and modern industrial equipment. A relatively complete and independent industrial system with a certain level of technology has been established.

3) Tertiary industry

According to the actual situation in China, the tertiary industry can be divided into two parts: one is the circulation department and the other is the service department. It can be divided into four levels. Vigorously developing the tertiary industry is conducive to accelerating economic development, improving the quality of the national economy and comprehensive national strength, alleviating the pressure on employment in China, and improving people's living standards.

【Thinking and Practice】

1. Fill in the Blanks

1) In__________, China's gross domestic product has exceeded the threshold of one million billion yuan.

2) The three major industries refer to__________, __________, and__________.

3) Finance, insurance, water conservancy management, real estate, social services, agriculture, forestry, animal husbandry, fishery services, and auxiliary transportation industries belong to__________.

2. Reflection Questions

1) What is the position of China's economic development in the world?

2) What are the main industries in China?

Task 2 Overview of China's Banking System

【Task Background】

China's economy is all-encompassing and rich in content. This task mainly explains the Chinese banking system that is closely related to the lives of international students and international friends in China. The Chinese banking system is composed of central banks, regulatory agencies, self-regulatory organizations, and banking financial institutions.

The People's Bank of China is the central bank. Under the leadership of the State Council, it is responsible for formulating and implementing monetary policies, preventing and resolving financial risks, and maintaining financial stability. The China Banking and Insurance Regulatory Commission is responsible for the supervision of banking financial institutions and their business activities across the country. The China Banking Association is a national non-profit social organization registered with the Ministry of Civil Affairs and is a self-regulatory organization of the Chinese banking industry.

China's banking financial institutions include policy banks (China Development Bank, Export-Import Bank of China, Agricultural Development Bank of China), large commercial banks (Industrial and Commercial Bank of China, Bank of China, Agricultural Bank of China, China Construction Bank, Bank of Communications), small and medium-sized commercial banks, rural financial institutions, as well as Postal Savings Bank of China and foreign banks. The non-bank financial institutions regulated by the China Banking and Insurance Regulatory Commission include financial asset management companies, trust companies, enterprise group finance companies, financial leasing companies, auto finance companies, and currency brokerage companies.

【Related Knowledge】

1. The People's Bank of China

The People's Bank of China is a constituent department of the government. Its main responsibility is to formulate and implement monetary policies, and it does not handle deposits and withdrawals.

2. State-owned Banks

State-owned banks refer to large banks directly controlled by the state (Ministry of Finance, Central Huijin Investment Ltd.).

State-owned banks include Industrial and Commercial Bank of China, Agricultural Bank of China, Bank of China, China Construction Bank, Bank of Communications, Postal Savings Bank of China, China Development Bank, The Export-Import Bank of China, and Agricultural Development Bank of China.

1) The Four Major Banks

The four major banks of China refer to the four large state-owned banks directly controlled by the State (Ministry of Finance, Central Huijin Investment Ltd), including Industrial and Commercial Bank of China, Agricultural Bank of China, Bank of China, China Construction Bank, also known as the four major Central Banks, which represent China's strongest financial capital force.

2) Policy Banks

(1) China Development Bank (CDB), established in March 1994, focuses on financing construction projects.

(2) The Export-Import Bank of China (TEIBC) was established in April 1994 to address the national industrial policy and foreign trade policy.

(3) The Agricultural Development Bank of China (ADBC) was established in November 1994 to target rural policies.

3. Joint-stock Commercial Banks and Private Banks

1) Joint-stock Commercial Banks

Joint-stock commercial banks are a type of commercial bank. There are currently 12 national joint-stock commercial banks in China: China Merchants Bank, Shanghai Pudong Development Bank, China CITIC Bank, China Everbright Bank, Huaxia Bank, China Minsheng Bank, China Guangfa Bank, Industrial Bank, Ping An Bank, China Zheshang Bank, Hengfeng Bank, Bohai Bank. Joint-stock commercial banks have become a dynamic force in China's commercial banking system, and have become an indispensable and important part of the banking industry and even the national economic development..

2) Private Banks

The capital of private banks mainly comes from the private sector, and they have a stronger pursuit of maximizing profits. If there is no sound regulatory mechanism for effective supervision, private banks will often fail due to risk issues. A very important motivation for private enterprise banks is to build a capital platform for enterprises and provide convenience for corporate financing. Once the affiliated enterprise has a problem and the loan cannot be repaid, the private bank will face huge risks.

4. China UnionPay

China UnionPay was established in March 2002. It is a joint China bank card organization approved by the State Council and approved by the People's Bank of China. Its headquarter is located in Shanghai. As of September 2019, China UnionPay has become the world's largest card issuing organization, issuing nearly 8 billion bank cards.

As China's joint bank card organization, China UnionPay is at the core and hub of the Bank of China bank card industry and plays a basic role in the development of China bank card industry. Through the UnionPay inter-bank transaction clearing system, banks have realized the interconnection between systems, thereby enabling bank cards to be used across banks, regions and borders.

As of September 2019, UnionPay's network is all over rural and urban China and has been extended to 174 countries and regions such as Asia, Europe, the Americas, Oceania, and Africa. In December 2019, China UnionPay was selected as one of the top 100 role models at the 2019 China Brand Powerhouse Festival. On August 31, 2020, China UnionPay released the first digital bank card "UnionPay Unbounded Card".

【Thinking and Practice】

1. Fill in the Blanks

1) China's banking system consists of__________, __________, __________and__________.

2) The four major banks in China are__________, __________, __________and__________.

2. Reflection Questions

1) What is China UnionPay? What organization is it equivalent to in your country?

2) Please tell us your views on China's banking system.

Task 3 Practice and Exploration: The Convenience of Bank Cards—Banking in China

【Task Background】

When international students come to China to study, they cannot handle their daily lives without the use of bank cards in their. Bank cards have reduced the circulation of cash and cheques, and banking has broken through the limitations of time and space. The use of the automatic bank card settlement system has made the dream of a "no-check, cashless society" a reality.

The 30 years development history of the China bank card industry can be roughly divided into four stages:

From 1985 to the early 1990s, it was in its infancy.

From the early 1990s to the beginning of 1996, it was the stage of independent development of the bank card business for branches in large and medium-sized cities of various banks.

From 1997 to the end of 2001, it gradually stepped into the universal stage of networking for bank cards of China.

Since 2001, it has been the stage of in-depth development of the China bank card network, and the number of bank cards issued by various banking institutions across the country has grown rapidly.

【Task Operation】

<table>
<tr><td>College</td><td></td><td>Major</td><td></td></tr>
<tr><td>Chinese name</td><td></td><td>English name</td><td></td></tr>
<tr><td colspan="4">Task: Watch the teaching video of China's banks classification and payment methods or enter the bank on the spot to understand the bank's process of handling bank cards and credit cards.</td></tr>
<tr><td colspan="4">Pre-knowledge:
1. Learn about the types of bank cards, including debit cards and credit cards.
2. Learn about the emergence and development of China's bank card industry.
3. Learn about how to use bank cards.</td></tr>
<tr><td colspan="4">Score:</td></tr>
</table>

Plan Implementation:

Practical Training on Banking and Payment Methods for Chinese Banks

1.Watch the teaching film of China's banks classification and payment methods for on-site teaching.

Simulate the scene at the front desk of the bank, and the teacher will demonstrate on the spot.

Divide every 2 to 3 students into a training group.

Each group designs its own situational dialogue that simulates bank card processing.

The team members of each group simulate the guests and the bank staff for bank card opening dialogue exercises, and after the exercises are completed, exchange the simulated roles.

Each group displays bank card opening dialogue in the class.

Exchange the ideas and experience of this practical training exercise between the teams.

Each team selects the best group of the team for a class demonstration.

2.On-site teaching.

Students enter the bank on the spot to understand the basic situation of China's bank industry and the layout of the bank hall.

Consult the teller to understand the bank's processing process.

Fill out the application form for credit or debit card.

Quality Check:

Procedure	Operating Requirements	Distribution	Score
Ask the bank staff about the business needs	Ask bank staff about business needs and processing procedures	20	
Business processing	Take the number to handle business	10	
	Fill out the business application form	20	
	Check the filling of the form	10	
	Submit business form	20	
Complete processing	Business processing completed	10	
	Thanks to the staff	10	
Total		100	

Score:

Project 5 China's Transportation

Teaching Objectives

1) Understand the current situation of transportation in China.
2) Learn about conditions of the four major traffic means in China.
3) Experience Guizhou bridge culture.

Knowledge Points

Introduction to the four major traffic means: introduction to China's roads (with expressways as the core); introduction to China's railways; introduction to China's shipping (with airports as the core); introduction to China's navigation.

Task 1 Introduction to China’s Transportation

【Task Background】

China’s transportation has experienced a historical leap from “riding a donkey to Beijing”, “taking a train to Lhasa”, to the 30,000-kilometer high-speed rail that basically covers 80% of major cities, the “Fuxing” bullet trains achieving a speed of 350 kilometers per hour, and the domestic large aircraft C919 soaring into the sky.

【Related Knowledge】

China’s transportation industry is the lifeblood of the national economy, including railways, roads, water transportation, and aviation. At present, China’s transportation mainly presents the following development status quo: 1) Significant achievements in infrastructure construction and continuous expansion of the road network; 2) Rapid growth in the number of means of transportation and continuous improvement in quality; 3) Continuous growth of passenger and cargo transportation, continuous improvement of transportation structure; 4) New transportation technologies are widely used to promote the development of transportation; 5) The quality and efficiency of passenger and cargo transportation services are gradually improving; 6) The scale of investment in the transportation industry has increased significantly, and the investment and financing mechanism has become more flexible.

The vigorous development of China’s transportation industry has also accelerated China’s economic pace of entering a modern society. The transportation industry has allowed China’s economic development to enter a new stage, and it has also allowed China to gradually move towards the goal of a “transportation power”.

【Thinking and Practice】

1) What does China’s transportation include?

2) What are the characteristics of China’s transportation development?

Task 2 Transportation Infrastructure

【Task Background】

Transportation infrastructure is the general material condition on which society depends for survival and development. Transportation infrastructure includes roads, railways, airports, shipping public facilities, etc.

【Related Knowledge】

1. Railway

The railway is a rail line for trains and other means of transportation. Railway transportation is a land transportation method that uses locomotives to tow train vehicles on two parallel railway tracks. The traditional method is steel wheel travel, and the broad railway transportation still includes non-steel wheel travel methods such as magnetic levitation trains, cable cars, cableways, or rail transportation. As of 2020, the density of China's railway network is 152.3 kilometers per 10,000 square kilometers, an increase of 6.8 kilometers per 10,000 square kilometers.

2. Highway

The literal meaning of a highway is a public road and a public transportation road, on which people and many means of transport vehicles, such as automobiles, bicycles, rickshaws, and horse-drawn carriages, can pass. Of course, for different highway, restrictions are different. In 2008, the implementation of the Construction Plan of "Five Vertical and Seven Horizontal" National Trunk Roads optimized China's transportation structure. The total scale of the main trunk lines of the five-vertical and seven-horizontal national roads is about 35,000 kilometers, connecting China's capital, provincial capitals, municipalities directly under the Central Government, special economic zones, major transportation hubs and important ports open to the outside world; it covers about 70% of the total population of Chinese cities.

By the end of 2020, the country's total highway mileage was 5.198,1 million kilometers, an increase of 185,600 kilometers over the end of the previous year. The mileage of national roads is 370,700 kilometers, and the mileage of provincial roads is 382,700 kilometers. The mileage of rural roads is 4.382,3 million kilometers, including 661,400 kilometers of county roads, 1.238,5 million kilometers of township roads, and 2.482,4 million kilometers of village roads. There are 912,800 highway bridges and 66.285,5 million extension meters across the country.

3. Waterway

At the end of 2020, the navigable mileage of the country's inland waterways was 127,700 kilometers, an increase of 387 kilometers over the end of the previous year. The mileage of the graded channel is 67,300 kilometers, accounting for 52.7% of the total mileage, an increase of 0.2 percentage points. The mileage of channel 3 and above is 14,400 kilometers, accounting for 11.3% of the total mileage, an increase of 0.4 percentage points.

4. Civil Aviation

At the end of 2020, 241 civil aviation airports were certified, an increase of 3 from the end of the previous year, including 240 airports with scheduled flights and 237 cities with scheduled flights.

【Thinking and Practice】

1) What is the "Five Vertical and Seven Horizontal"highway network?
2) What is the position of China's high-speed railway development in the world?
3) Please briefly introduce China's civil aviation industry.

Task 3 Practical Exploration: Visit the Balinghe Bridge and the Guizhou Transportation Museum&Education Museum

Part 1 Visit the Balinghe Bridge

【Task Background】

At present, Guizhou has the world's largest number of extra-large suspension bridges. More than 40 of the world's top 100 high bridges are in Guizhou. Along with the continuous construction bridges, Guizhou, which has the reputation of "China Bridge Museum", has raised eyebrows even more.

The Balinghe Bridge is the first super-kilometer steel truss stiffened beam suspension bridge in mountainous areas of China. It is a high-speed channel connecting the east and west sides of the Yangtze River in Anshun City, Guizhou Province, China. It is located on the Daming River Channel and is an important part of the Shanghai-Kunming Expressway (National high-speed G60). The Balinghe Bridge won the Luban Award for China Construction Engineering (National High-quality Project) from 2016 to 2017.

【Task Operation】

College		Major	
Chinese Name		English Name	

Task: Learn about Guizhou Bridge

Pre-knowledge:
1. Understand the categories of Chinese bridges and the position of Guizhou bridges in the world.
2. Understand the structure and geographical location of Balinghe Bridge.
3. Understand the basic parameters of Balinghe Bridge.

Score:

Plan Implementation:
1. Visit famous bridges in Guizhou or watch teaching films about the general situation of bridges in Guizhou.
2. Divide 2-4 students into a group, discuss the composition and types of Guizhou bridges interactively, and discuss the influence of Guizhou bridges in the world.
3. Please draw the whole picture of Balinghe Bridge.

4. After visiting the Balinghe Bridge, fill in the following parameters of the bridge.

Chinese Name of Bridge		English Name of Bridge	
The bridge starts in the west at		The bridge extends to the east at	
Full length of the bridge		Height of the bridge	
Bridge structure		Completion time	
How many lanes		Win the honor of	

5. Visit the Balinghe Bridge on the spot, and summarize the characteristics of Balinghe Bridge.

Quality Check:
The teacher makes an evaluation and summary according to the completion of the practice.

Score:

【Thinking and Practice】

1) What is the province known as the "China Bridge Museum"?

2) Please briefly explain why Guizhou Province has the reputation of "China Bridge Museum".

Part 2 Visit Guizhou Transportation Museum&Education Museum

【Task Background】

Guizhou Transportation Museum and Education Museum is a thematic education exhibition hall that focuses on the development of Guizhou Transportation, the spirit of transportation and the history of Guizhou Communications Polytechnic, and is open to the province and the whole country. The construction area of the exhibition hall is 2,300 square meters. It is an industry museum designed and built with the support of the Guizhou Provincial Department of Transportation and oriented to the training needs of transportation talents. It is divided into two parts: the Mountain Transportation Museum and the School History Museum. It assumes the important functions of Guizhou transportation history display and Guizhou transportation spiritual inheritance. It will become the spiritual home of generations of Guizhou transportation people.

<table>
<tr><td>College</td><td></td><td>Major</td><td></td></tr>
<tr><td>Chinese Name</td><td></td><td>English Name</td><td></td></tr>
<tr><td colspan="4">Task: Visit Guizhou Transportation Museum and Education Museum, and complete the following tasks according to the situation.</td></tr>
<tr><td colspan="4">Pre-knowledge:
1. Understand the position of Guizhou traffic in the southwest provinces and cities of China.
2. Understand the history of Guizhou's traffic.
3. Understand the development of transportation in Guizhou.</td></tr>
<tr><td colspan="4">Score:</td></tr>
<tr><td colspan="4">Plan Implementation:
1. Visit Guizhou Transportation Museum and Education Museum on the spot.
2. Explain the history and development of Guizhou's traffic to students.
3. Students discuss in groups and talk about the traffic in Guizhou they know.
4. According to the discussion, talk about the understanding of Guizhou's traffic (within 500).</td></tr>
<tr><td colspan="4">Quality Check:
Teacher gives a summary of the evaluation.</td></tr>
<tr><td colspan="4">Score:</td></tr>
</table>

【Thinking and Practice】

1) What are the characteristics of transportation construction in Guizhou, China?

2) As of 2021, what are the world-class bridges in Guizhou? What are their characteristics?

Project 6 China's Science and Technology

Teaching Objectives

1) Learn about the Four Great Inventions of ancient China.

2) Learn about the "Four Great Inventions" of modern China.

3) Master the process of online shopping and practice it.

Knowledge Points

1) The introduction, historical development and influence of the four ancient inventions (papermaking, compass, gunpowder, and printing).

2) The introduction, historical development and influence of the modern "Four Great Inventions" (high-speed railway, scan code payment, bicycle sharing, and online shopping).

Task 1 Overview of Four Great Inventions in Ancient China

【Task Background】

The concept of the Four Great Inventions originated from Western scholars and was later accepted by the Chinese. The term of the Four Great Inventions originated from the British sinologist Jerome Candan. They are the fruits of ancient Chinese wisdom, including papermaking, compass, gunpowder, and printing. These four inventions had a huge role in promoting the political, economic, and cultural development of ancient China. They spread to the West through various channels and had a huge influence on the history of the development of world civilization.

【Related Knowledge】

1. Papermaking Technology

Among China's "Four Great Inventions", papermaking is the most closely related to human life. Paper is the most commonly used item in our daily lives, and still occupies an irreplaceable position currently. During the Eastern Han Dynasty, Cai Lun improved the method of plant fiber papermaking and expanded the range of raw materials for papermaking. Cai Lun developed papermaking into an independent process. The paper produced by this process is called "Caihou paper".

At the end of the Eastern Han Dynasty, papermaking technology matured, and "Zuo Bo Paper" appeared. After the 4th century AD, papermaking was first introduced to the Korean Peninsula and Japan. In 751, Tang and Tazi went to war in the Talos City (now Jambur City in southeast Kazakhstan) and were defeated. There were a large number of papermaking craftsmen among the prisoners. Chinese papermaking skills first spread to Baghdad and then to Europe.

2. Movable Type Printing

China was the first country in the world to invent printing. Historical records show that there were already engraved prints in the Sui Dynasty in 593. In early printing, pictures and texts were engraved on wooden boards and printed with ink. The Tang Dynasty carved books became popular. The art of engraving and printing in the Song Dynasty reached its peak. Shen Kuo's *Mengxi Pen Talk* records that during the year of Qingli of Song Dynasty (1041-1048), Bi Sheng invented movable type printing, and the raw material was clay.

In the Yuan Dynasty, the famous Taoist scholar, agronomist and mechanic Wang Zhen invented wooden movable type, and created a relatively simple turntable typesetting method suitable for the complex characteristics of Chinese characters; later, metal movable type was invented, which improved movable type printing. The carved prints of the Tang Dynasty spread to Japan. In the late 8th century, Japan completed the wooden *Dharani Sutra* and later spread to Korea, the Middle East and Eastern Europe. In the 15th century, the Germans learned to cast characters with alloys, and since then, the movable type printing created by Bi Sheng for the first time has been popularized all over Europe.

3. Compass

The compass, called Si Nan in ancient times, is mainly composed of a magnetic needle mounted on an axis. The magnetic needle can rotate freely under the action of the natural geomagnetic field and remains in the tangent direction of the magnetic meridian. The south pole of the magnetic needle points to the geographic South Pole (the north pole of the magnetic field), and this performance can be used to identify the direction.

Compasses are commonly used in navigation, geodesy, travel and military. According to the Ancient Mining Records, the compass first appeared in Lishan (in Handan City, Hebei Province) during the Warring States Period.

The compass is the result of the long-term practice of ancient Chinese working people's understanding of the magnetism of magnets. As one of the Four Great Inventions of ancient China, its invention has played an immeasurable role in the development of human science and technology and civilization.

4. Gunpowder

The black gunpowder invented in ancient China is a low-level explosive, and its explosive ability and automatic combustion speed are far inferior to modern high-level explosives. Modern high-grade explosives are made of nitrocellulose, nitroglycerin, etc., which are not the same as black gunpowder, but it was developed from black gunpowder in ancient China.

The formula of gunpowder, sulfur and saltpeter, was mentioned for the first time in Sun Simiao's *Danjing* in the Tang Dynasty.

For the first time in the Song Dynasty, the *General Essentials of Martial Arts* recorded the gunpowder recipes of three gunpowder weapons.

In the 8th century, the formula of gunpowder was introduced to Arabia, called "Chinese snow", and the Persians called "Chinese salt". In the 14th century, the Arabs introduced gunpowder technology to Europe.

【Thinking and Practice】

1. Fill in the Blanks

1) ____________ is the first country in the world to invent printing.

2) In ancient China, ____________ was called Si Nan, and its main component was a magnetic needle mounted on a shaft. The south pole of the magnetic needle points to the geographic south pole (the north pole of the magnetic field), which can be used to identify directions.

3) Paper making has been developed into an independent process by ____________, called "Cai Hou Paper".

2. Reflection Questions

1) Please briefly describe the Four Great Inventions in ancient China.

2) Talk about the influence of the Four Great Inventions of ancient China on the development of modern society.

Task 2 Overview of Modern China's "Four Great Inventions"

【Task Background】

Since the founding of the People's Republic of China, the overall gap between China and the world in the development of science and technology has gradually narrowed. In terms of aerospace and navigation technology, manned spaceflight, deep space exploration, Chinese-made artificial satellites, the "Jiaolong" manned deep submersible vehicle, and radio telescopes (FAST) have caused a certain amount of influence internationally. In terms of agricultural science and technology, China is the first country in the world to successfully develop and promote hybrid rice. In terms of information technology, supercomputers and 5G networks, as well as the resulting information technology derivatives have brought the rise of modern Chinese science and technology to a climax.

In 2017, the Internet buzzword of China's new "Four Great Inventions" was born. Specifically, the four inventions of "high-speed railway, scan code payment, bicycle sharing and online shopping" with Chinese characteristics were selected by young people from 20 countries along the "Belt and Road".

【Related Knowledge】

1. High-speed Railway

On October 1, 1964, the Tokaido-Shinkansen in Japan officially opened, with an operating speed of up to 210 km/h. Therefore, the world's first high-speed railway was invented by Japan. This marks the arrival of a new era of high-speed railways in the world. As a pioneer of high-speed railways in the world, Japan had accumulated rich experience for other countries, including China, that had not yet developed or were developing high-speed railways, and had transferred some technology to these countries for a fee to help them develop high-speed railway systems faster and more conveniently. In March 2006, the CRH2A train transformed from the Shinkansen E2-100 was loaded from Kobe port and set off for Qingdao, China, thus opening China's high-speed rail era. At present, China's high-speed rail operating mileage ranks first in the world.

2. Scan Code to Pay

The scan code payment model is based on the concept of mobile payment, and the earliest batch of payments completed by mobile devices occurred in Finland in 1997. Local media in Finland reported that Telecom Finland has enabled a service to operate jukeboxes and automatic beverage vending machines by dialing a pay phone number. This service can buy Coca-Cola at Helsinki Airport. The scanned QR code (QR code, also known as the "quick response code") was invented by the Japanese company DW in 1994. At present, scan code payment has become one of the most important payment methods in China, and its most important platforms are Alipay and WeChat.

3. Bicycles Sharing

In 1965, the City of Amsterdam in the Netherlands proposed the "White Plan". The government purchased 50 bicycles and painted them in white as a mark and distributed them throughout the city for people to use. This is the world's earliest unmanaged bicycle sharing system, so shared bicycles were invented by the Netherlands. After 2004, China began to introduce a shared bicycle model. In 2017, shared bicycles developed rapidly in China. Innovative business concepts and development models have made shared bicycles a shining business card in China, and affiliated companies have also developed rapidly.

4. Online Shopping

Online shopping belongs to the category of e-commerce. In 1979, the British Michael Aldrich invented the concept of online shopping. Aldrich uses a technology called Videotex to connect ordinary televisions to the computers of local retailers via telephone lines. By the 1990s, Amazon and eBay launched their websites in 1995, and e-commerce began to become popular worldwide. With the development of the Internet, the number of users of online shopping in China has continued to rise. Various online shopping platforms such as Taobao, Tmall, Suning, and Jingdong have appeared, and the development of the logistics industry has been promoted.

【Thinking and Practice】

1. Reflection Questions

1) What is "two bombs and one satellite"?

2) Please briefly describe what is China's new "Four Great Inventions".

2. Argumentative Questions

1) China's "hybrid rice" technology is also one of the technologies that have brought far-reaching impact to the world. Please discuss the significance of its promotion.

2) Please list three Chinese modern technologies that have been widely promoted and used in your country or the world.

Task 3 Practice and Exploration: Discover Online Shopping

【Task Background】

The online shopping process refers to the process of completing shopping transactions with digital information through the Internet medium. There are many differences between online shopping and traditional shopping, including the selection of items, the identity of the subject, payment, and inspection.

Taking Taobao as an example, the process of online shopping is:

First, you have to register a Taobao account. After logging in, you can check the products you want to buy on My Taobao.

Then, select a merchant with a good reputation and a better price, and talk to him about the quality, price, after-sales, and logistics of the goods you want. After everything is negotiated, choose the payment method.

Finally, evaluate online shopping. When you receive the goods, you should check whether they match the description of the seller in time. If there is no problem, you can evaluate some details about this shopping, which helps to improve the credibility of both parties and can also provide a reference for others to shop.

【 Task Operation 】

<table>
<tr><td>College</td><td></td><td>Major</td><td></td></tr>
<tr><td>Chinese name</td><td></td><td>English name</td><td></td></tr>
<tr><td colspan="4">Task: Understand the Chinese online shopping environment, be familiar with the online shopping process and Chinese operation page, and complete the following practice according to what you have learned.</td></tr>
<tr><td colspan="4">Pre-knowledge:
1. Understand the situation of online shopping and shopping websites in China.
2. Understand the online shopping operation process and payment method.
3. Understand the types of shopping websites, common website addresses, etc.</td></tr>
<tr><td colspan="4">Score:</td></tr>
<tr><td colspan="4">Plan Implementation:
1. Watch an instructional film about the general situation of online shopping.
2. Divide 2-4 students into a group.
3. Each group downloads an online shopping APP for online shopping practice training.
4. Exchange the experience of this practical training among the teams.
5. Each team selected its best group to give a class demonstration.
6. Fill in the following form according to the online shopping operation.</td></tr>
</table>

Serial number	Shopping website type	Website address	Other features
1			
2			
3			

7. According to the online shopping practice, summarize the online shopping process in the form of a flowchart.

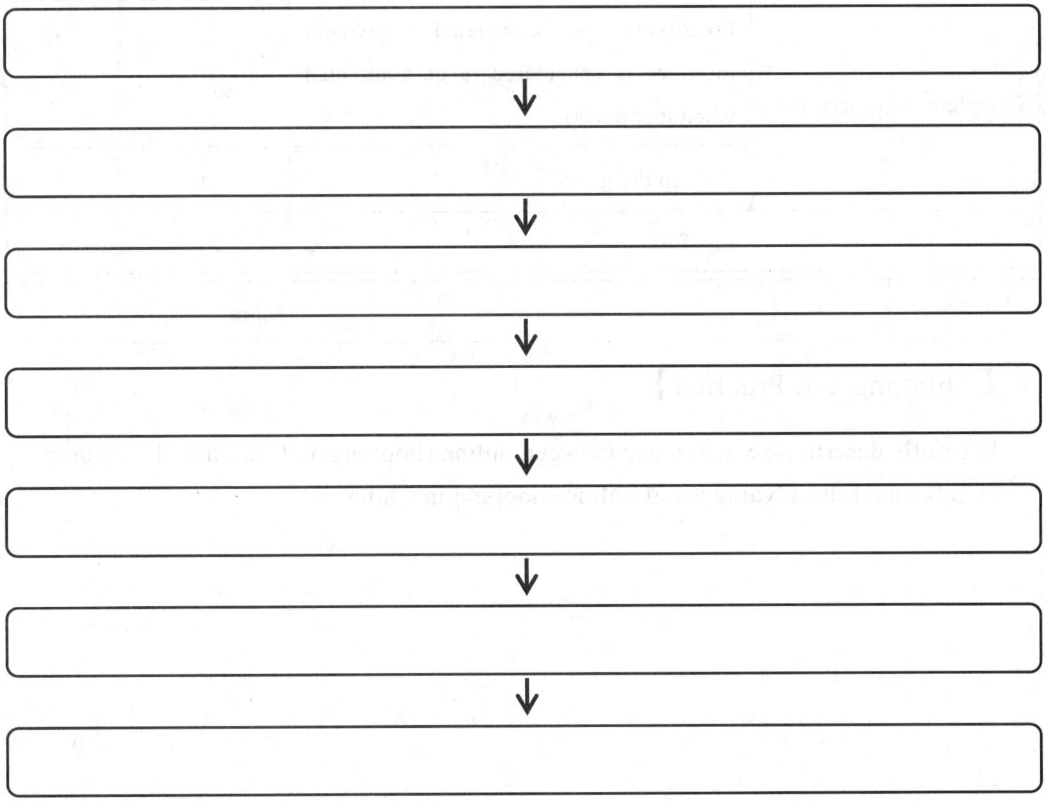

8. List the payment methods of online shopping according to practical operation.

Quality Check:

Process	Operational requirements	Distribution	Score
Download online shopping APP or register to log in to the shopping website	Learn about the main platforms of online shopping in China and use Chinese pages to download or register.	20	
Online shopping	Determine the purchase of goods through search	10	
	Inquire about the goods	20	
	Fill in the quantity, address, contact	20	

	information, etc.		
	Ordering and payment (optional)	10	
Complete the processing	Processing is completed (payment interface is considered to be completed when it appears)	10	
	Pick up the goods	10	
Total		100	
		Score:	

【Thinking and Practice】

1) Briefly describe the difference between online shopping and traditional shopping.
2) Talk about the advantages of online shopping in China.

Project 7 China's International Exchange and Cooperation

Teaching Objectives

1) Understand the field of international exchanges and cooperation in China.

2) Learn about China's "Belt and Road" initiative.

3) Experience the China Education International Cooperation Conference and experience the ancient tea-horse road.

Knowledge Points

1) China's basic foreign economic policy.

2) The use of "Internet+", e-commerce and cross-border e-commerce, etc.

3) Educational and Cultural Exchanges—China-ASEAN Cooperation Week, the "Belt and Road" construction.

Task 1 A Brief Introduction to China's Foreign Policy and International Exchange and Cooperation

【Task Background】

Since ancient times, China has followed the diplomatic concept of "peace is the most precious", and there were some classic ancient trade cooperations at that time. Peace, development, and cooperation are the trends in the world today. After years of development, foreign trade has become one of the most active and fastest-growing parts of China's economy, and China has also become one of the world's leading trading powers. The development of China's foreign trade has linked China more closely with the world, effectively promoted China's modernization, and promoted the prosperity and progress of the world.

China joined the World Trade Organization in 2001. Over the past 20 years, the process of integrating China's economy into the global economy has accelerated, and the vitality of China's foreign trade has been further enhanced. As of 2019, China is already the world's largest exporter and second-largest importer, and it is an important force for the stable growth of the world economy.

【Related Knowledge】

1. China's Foreign Policy and Foreign Economic and Trade

China's foreign policy refers to China's measures and methods in dealing with various political, economic, cultural, border and other relations with all other countries and regions in the world. China has always been committed to its foreign policy goals of upholding world peace and promoting common development, and it is dedicated to promoting a human community with a shared future. China remains firm in pursuing an independent foreign policy of peace and has always adhered to the Five Principles of Peaceful Coexistence, namely mutual respect for sovereignty and territorial integrity, non-aggression, non-interference in each other's internal affairs, equality and mutual benefit, peaceful coexistence, and other policies, measures, and treatment methods developed and evolved on the basis of the Five Principles of Peaceful Coexistence. Under the guidance of China's foreign policy, China has established and developed friendly and cooperative diplomatic relations with many countries and regions.

On December 11, 2001, China became the 143rd member of the World Trade Organization (WTO). In the process of fulfilling its commitments, China has deepened the reform of the foreign trade system, improved the foreign trade laws and regulations system, reduced trade barriers and administrative interventions, straightened out the government's responsibilities in foreign trade management, promoted more open, fair and transparent government behavior, and promoted an open economy into a new stage of development.

2. China's International Economic Diplomacy

Economic diplomacy refers to multilateral and bilateral activities such as visits, negotiations, signing of treaties, and participation in international conferences and international economic organizations by sovereign heads of state, heads of government, officials from various government departments, and specialized diplomatic agencies on international economic issues. China's international economic diplomacy is a foreign policy that advocates a sense of community of human destiny, takes into account the reasonable concerns of other countries in the pursuit of its own interests, and promotes the common development of all countries in the pursuit of its own development. China has promoted exports through diplomacy, expanded foreign investment through diplomacy, expanded domestic employment through diplomacy, and improved domestic people's livelihood through diplomacy. China's international economic diplomacy comes not only for China's interests, but also for the common interests of China and the world.

1) The World Needs China's Experience, Technology and Funds

The digital economy is an economic form in which humans use the identification, selection, filtering, storage and use of big data to guide and realize the rapid and optimized allocation and regeneration of resources, and achieve high-quality economic development.

At present, China's total digital economy ranks second in the world, and it is firmly moving from a large Internet country to a major Internet power. As a permanent member of the United Nations, China has always taken it as its mission to enhance the peace and prosperity of cyberspace, actively participated in the shaping and rule-making of the international Internet governance system, and steadily entered the center of the international Internet stage. Serving the "Belt and Road" initiative through the construction of the Land Silk Road, the Air Silk Road, and the Online Silk Road, actively supporting the adoption and implementation of the G20 Digital Economic Development and Cooperation Initiative, and jointly launching the "Belt and Road" Digital Economy International Cooperation Initiative with relevant countries, China have made great contributions to the common promotion of the prosperity of the world's digital economy.

2) China Also Needs the World's Commodity Sales Market and Investment Destination

Through economic diplomacy, it is of great significance for China's domestic industrial structure adjustment and upgrading to drive Chinese companies and industries with comparative competitive advantages to go global and expand their international market space. In the current international situation, e-commerce and cross-border e-commerce are the concrete means of reflecting the results of China's economic and diplomatic international cooperation. The rise of China's foreign trade and commerce is inseparable from the vigorous development of e-commerce and cross-border e-commerce.

3. China's International Environmental Diplomacy

In this era of globalization, the solution of human environmental problems must be achieved through the full cooperation of all countries in the world. While taking a series of measures to solve its own environmental problems, China has also actively and pragmatically participated in international cooperation in the field of environmental protection, and made unremitting efforts to protect the global environment, a common cause of mankind.

China plays a leading role in the field of international cooperation on climate change at the global level. On September 22, 2020, Chinese President Xi Jinping proposed at the 75th United Nations General Assembly: "China will increase its independent national contribution and adopt stronger policies and measures. China will strive to peak its carbon dioxide emissions before 2030 and strive to achieve carbon neutrality before 2060." This means that China has set goals and will increase its actions in areas that are in line with its own interests and national development strategies, such as new energy development, environmental governance modernization, low-carbon technology research and development, environmental protection and emission reduction coordination, and transparency.

【Thinking and Practice】

1) Please briefly describe the content of China's foreign policy as a major power.

2) Please talk about the impact of China's application of "Internet+Digital Economy" on international development.

3) What is environmental diplomacy? What do you think environmental diplomacy should do.

Task 2 Free Trade Zone and the"Belt and Road"

【Task Background】

Since China acceded to the WTO, China has truly integrated into international trade, and the relationship between China and the world has become more and more inseparable. In the past, we obtained foreign exchange through the export of primary products to support the development of Chinese enterprises. This only took advantage of cheap labor, and the comprehensive competitiveness of enterprises was not strong. What we have to do now is to "introduce in" and "go out" at the same time, encourage enterprises to invest abroad, and form a group of powerful multinational companies and famous brands, so as to maintain the competitiveness of enterprises and enable domestic enterprises to achieve long-term development.

China Free Trade Zone refers to a multi-functional economic special zone established outside the customs of the country, with preferential taxation and special customs supervision policies as the main means, and trade liberalization and facilitation as the main purpose. In principle, it refers to allowing the import, manufacture, and re-export of goods without customs "intervention". The State Council officially approved the establishment of the China Free Trade Zone on August 22, 2013.

【Related Knowledge】

1. Free Trade Zone

As of 2019, the free trade zones approved by China include China (Shanghai) Pilot Free Trade Zone, China (Guangdong) Pilot Free Trade Zone, China (Tianjin) Pilot Free Trade Zone, China (Fujian) Pilot Free Trade Zone, China (Liaoning) Pilot Free Trade Zone, China (Zhejiang) Pilot Free Trade Zone, China (Henan) Pilot Free Trade Zone, China (Hubei) Pilot Free Trade zone, China (Chongqing) Pilot Free Trade Zone, China (Sichuan) Pilot Free Trade Zone, China (Shaanxi) Pilot Free Trade Zone, China (Hainan) Pilot free Trade Zone, China (Shandong) Pilot Free Trade Zone, China (Jiangsu) Free Trade, the China (Guangxi) Pilot Free Trade Zone, China (Hebei) Pilot Free Trade Zone, the China (Yunnan) Pilot Free Trade Zone, the China (Heilongjiang) Pilot Free Trade Zone, China (Hunan) Pilot Free Trade Zone, China (Anhui) Pilot Free Trade Zone, and China (Beijing) Pilot Free Trade Zone and other free trade zones in total 21.

2. The "Belt and Road" Initiative

"The Belt and Road" (B&R for short) is the abbreviation of the "Silk Road Economic Belt" and the "21st Century Maritime Silk Road". In September and October 2013, Chinese President Xi Jinping proposed cooperation initiatives to build the "New Silk Road Economic Belt" and the "21st Century Maritime Silk Road" respectively. Relying on the existing bilateral and multilateral mechanisms between China and relevant countries, and with the help of existing and effective regional cooperation platforms, the "Belt and Road" Initiative aims to borrow the historical symbols of the ancient Silk Road, hold high the banner of peaceful development, actively develop economic cooperative relations with countries along the route, and jointly build a community of shared interests, destiny and responsibilities with political mutual trust, economic integration and cultural tolerance.

As of October 26, 2021, China has signed 206 cooperation documents with 140 countries and 32 international organizations to jointly build the "Belt and Road".

【Thinking and Practice】

1. Fill in the Blanks

1) The "Belt and Road" are_______________ and _________________respectively.

2. Reflection Questions

1) Has your country participated in the "Belt and Road" Initiative? If your country has participated in the "Belt and Road" Initiative, please tell me when your country joined it?

2) What "Belt and Road" infrastructure projects have your country participated in? Please briefly introduce the relevant projects and the positive changes that the "Belt and Road" Initiative has brought to your country.

Task 3 Practice and Exploration: China-ASEAN Education Cooperation Week, Ancient Tea-Horse Road Tour

Part 1 China-ASEAN Education Cooperation Week

【Task Background】

China and ASEAN are geographically adjacent. As of 2021, the China-ASEAN strategic partnership has been established for 17 years. Mutual respect, equality, good-neighborliness, and mutual benefit have always permeated the whole process of the development of China-ASEAN relations. Great progress has been made in cooperation in various fields, which has brought tangible benefits to the countries and people of the region.

In order to further enhance mutual understanding and friendship, carry out more pragmatic educational cooperation, and strengthen interregional cultural exchanges and development, since 2008, the Ministry of Education of China, the Ministry of Foreign Affairs and the People's Government of Guizhou Province have jointly successfully held the 13th "China-ASEAN Education Cooperation Week" in Guizhou (hereinafter referred to as ASEAN Week).

ASEAN Week is committed to building a platform and brand for educational cooperation between China and ASEAN countries. After more than 10 years of vigorous development, the ASEAN Week has expanded from small and a single educational cooperation platform to a humanities exchange platform with educational cooperation as the main body.

【Task Operation】

<table>
<tr><td>College</td><td></td><td>Major</td><td></td></tr>
<tr><td>Chinese name</td><td></td><td>English name</td><td></td></tr>
<tr><td colspan="4">Task: Learn about the activities of China-ASEAN Education Cooperation week and participate in them as much as possible.</td></tr>
<tr><td colspan="4">Pre-knowledge:
1. Understand the emergence and development of China-ASEAN Education Cooperation Week.
2. Know the time and place of China-ASEAN Education Cooperation Week.
3. Understand the historical achievements of China-ASEAN Education Cooperation Week.</td></tr>
<tr><td colspan="4">Score:</td></tr>
<tr><td colspan="4">Plan Implementation:
1. Visit or participate in the activities of China-ASEAN Education Cooperation Week or watch the teaching film about China-ASEAN Education Cooperation Week.
2. Divide 3-4 students into a group.
3. Discuss the forms of international activities, etc.
4. Interactively discuss the influence of China-ASEAN Education Cooperation Week on Sino-foreign cooperation and exchange.
5. According to the film and the actual visit to the series of activities of China-ASEAN Education Cooperation Week, answer the following questions:
1) The time, place and number of annual activities of this China-ASEAN Education Cooperation Week.</td></tr>
</table>

2) Who are the invited partner countries of this China-ASEAN Education Cooperation Week?

Please list the project activities and time during the opening period of this China-ASEAN Exchange Week.

Serial number	Conducting time	Event name

Quality Check:
Students are required to make an oral evaluation of a China-ASEAN Education Cooperation Week, and the teacher gives the evaluation according to the content.

Score:

【Thinking and Practice】

1) What efforts has China made in international educational and cultural exchanges?
2) Talk about your understanding of China-ASEAN Education Cooperation Week.

Part 2 Ancient Tea-Horse Road Tour

【Task Background】

The ancient tea-horse road is not a single road. It is a general term for the main lines and several branches, large and small, that extend out. It is like an endless river, flowing into the sea.

The ancient tea-horse road connects Sichuan, Yunnan and Tibet, spans Bhutan, Nepal and India, and then reaches the Middle East and even the Red Sea coast of Egypt. Generally speaking, the ancient Chinese ancient tea-horse road is divided into two main lines: the

Sichuan-Tibet Tea-Horse Line and the Yunnan-Tibet Tea-Horse Line.

1. The Sichuan–Tibet Line of the Ancient Tea–Horse Road

The Sichuan-Tibet Line was formed at the end of the 6th century, with a total length of more than 4,000 kilometers and a history of more than 1,300 years. The Sichuan-Tibet Line runs from Ya'an, Sichuan, through Luding, Kangding, Batang, and Chengdu to Lhasa, and extends to Nepal, Myanmar, and India. During the Ming Dynasty (1368-1644), the Sichuan-Tibet Line was officially recognized, which helped the expansion of commercial towns along the route and promoted commercial exchanges between the inland regions and Tibet.

2. The Yunnan–Tibet Line of the Ancient Tea–Horse Road

The Yunnan-Tibet Line was also formed at the end of the 6th century. It starts from Simao (the main tea producing area), passes through Lhasa, Pu'er, Dali, Lijiang and Shangri-La in Xishuangbanna, and reaches Nepal, Myanmar and India. Therefore, it is an important channel for Yunnan's trade to South Asia.

From the long-standing Tang Dynasty until the construction of the Yunnan-Tibet and Sichuan-Tibet Highways in the 1950s and 1960s, after more than a thousand years of vicissitudes of life, the ancient tea-horse road connected various ethnic groups along the way, developed the local economy, activated the commodity market, promoted the development of agriculture and animal husbandry in border trade areas, and prospered the arts, religions, customs, culture, and ideas of the regions along the way.

【Task Operation】

College		Major	
Chinese name		English name	
Task: Watch a film or visit on the spot, learn about the basic situation of the Ancient Tea-Horse Road, and answer questions according to the knowledge.			
Pre-knowledge: 1. Understand the basic situation of the Ancient Tea-Horse Road in China. 2. Understand the two major lines of the Ancient Tea-Horse Road. 3. Understand the contribution of the Ancient Tea-Horse Road to international trade and culture.			
			Score:
Plan Implementation: 1. Watch teaching films about or visit the ancient tea-horse road.			

2. Divide 2-4 students into a group. 3. Each group inquires about the information and discusses the geography and geomorphology of countries or regions the two lines of the Tea-Horse Ancient Road passing through. 4. Answer the following questions according to the discussion: 1) Please draw the geographical features of the areas or countries where Sichuan-Tibet Line and Yunnan-Tibet Line pass and the surrounding areas. 2) Please talk about the influence of the ancient tea-horse road on international trade and cultural development.
Quality Check: Teachers make evaluation and summary according to the completion of practice.
Score:

【Thinking and Practice】

1) What are the countries that pass through the Ancient Tea-Horse Road?

2) Tell me about your understanding of the Ancient Tea-Horse Road in China.

Project 8 Chinese Festival Culture

Teaching Objectives

1) Learn about Chinese traditional culture and Chinese festival culture.

2) Experience Chinese festival culture.

Knowledge Points

1) Overview of Chinese traditional festivals (Spring Festival, Lantern Festival, Qingming Festival, Dragon Boat Festival, Qixi Festival, Mid Yuan Festival, Mid Autumn Festival, Double Ninth Festival, Winter Solstice Festival).

2) Traditional festivals of different ethnic groups.

3) Guizhou featured festivals.

4) Study of festival related poems (such as "Jiujiu Song", "Night Mooring on Maple Bridge", "Tomb Sweeping Day", etc.) and folk stories.

Task 1 Chinese Traditional Festivals

【Task Background】

Chinese traditional festivals are an important part of the long history and culture of the Chinese nation. The formation of traditional festivals is a process of long-term accumulation and cohesion of the history and culture of a nation or country. The ancient traditional festivals of the Chinese nation cover such humanistic and natural cultural contents as primitive belief, sacrificial culture, astronomical calendar, and contain rich cultural connotations. Chinese traditional festivals not only clearly record the rich and colorful social life and cultural content of Chinese ancestors, but also accumulate profound historical and cultural connotation.

【Related Knowledge】

1. Spring Festival

The Spring Festival refers to the traditional Lunar New Year in the Chinese character cultural circle. In ancient times, it specifically refers to the beginning of the spring in the solar term, which is also regarded as the beginning of the year. Later, it was changed to the end of the first day to the fifteenth day of the first lunar month, which is the most solemn traditional festival of the Chinese nation. The Spring Festival is a festival that symbolizes unity, prosperity and hopes for the future. The Chinese people have celebrated the Spring Festival for more than 4000 years.

2. Lantern Festival

The Lantern Festival is one of the traditional Chinese festivals. It is held on the fifteenth day of the first month of the lunar calendar each year. The 15th day of the first lunar month is the first full moon night of the year, so it is called the "Lantern Festival". On the night of the Lantern Festival, streets and alleys are decorated with lanterns. People enjoy lanterns, guess riddles and eat the sweet dumplings.

3. Qingming Festival

Qingming Festival is not only one of the 24 solar terms, but also a traditional festival with a long history, which is around April 5 of the Gregorian calendar. This is a good time to travel in the countryside for a spring walk and tomb sweeping.

In addition to China, there are some countries and regions in the world that also celebrate Tomb Sweeping Day, such as Vietnam, the ROK, Malaysia, Singapore, etc. The customs of the Tomb Sweeping Day include tomb sweeping, willow planting, outing, kite flying, tree planting, swing playing, etc.

4. Dragon Boat Festival

The Dragon Boat Festival is held on the fifth day of the fifth lunar month. It is recorded that the first noon of May is the day when the sun shines on the sky, so the fifth day of May is also called the "Duanyang Festival". In September 2009, the United Nations Educational, Scientific and Cultural Organization officially reviewed and approved the inclusion of China's Dragon Boat Festival in the world intangible cultural heritage. The Dragon Boat Festival became China's first festival to be included in the world intangible cultural heritage.

5. Qixi Festival

The seventh day of the seventh lunar month is Qixi Day, which is also China's Valentine's Day. On this day, people have the custom of begging for skills from the Weaver Maid. Generally, the competition is about threading the needle to see who is more dexterous (Qiao). Therefore, Qixi is also called Qiqiao Festival or Daughter's Day.

6. Mid Autumn Festival

The Mid Autumn Festival is a traditional Chinese folk festival. It is on the 15th day of the eighth lunar month.

In the Mid Autumn Festival, people look up to the bright moon, and expect to be reunited with their families. Travelers who are far away from home also take this opportunity to express their yearning for their hometown. Therefore, the Festival is also called "Reunion Festival".

Influenced by Chinese culture, the Mid Autumn Festival is also a traditional festival for overseas Chinese in East and Southeast Asia, especially in the local areas.

7. Double Ninth Festival

The activities of the Double Ninth Festival on the ninth day of the ninth lunar month are varied, including climbing high, appreciating chrysanthemums, drinking chrysanthemum wine, eating Double Ninth Cake, planting cornel, etc. The Double Ninth Festival is also the "Elder's Day". On this day, the elder either enjoy chrysanthemums to cultivate their sentiments or climb high to exercise their physique, which adds infinite fun to their old days.

8. Winter Solstice

The Winter Solstice, a very important solar term in the Chinese lunar calendar, is also a traditional festival of the Chinese nation. The Winter Solstice is commonly known as the "Winter Festival", the "Long Solstice Festival", and the "Asian Age". It is said to be the earliest one invented of the 24 solar terms. The time is between December 21 and 23 of the

Gregorian calendar each year. This day has the shortest daytime and the longest night.

9. New Year's Eve

New Year's Eve generally refers to the night on the last day of the lunar year, that is, the night before the Spring Festival. It is often on the 30th or 29th day of the lunar month. The last day of the year is called "Spring Festival", and that night is called "New Year's Eve". People often stay up all night on New Year's Eve, called "Shousui". New Year's Eve is connected with the Spring Festival, and customs are similar.

【Thinking and Practice】

1. Reflection Questions

1) Why is Spring Festival the most important festival of the Chinese nation?

2) When is the Mid Autumn Festival in the lunar calendar?

3) It is said that the Dragon Boat Festival is to commemorate which famous poet?

2. Judgmental Questions

1) New Year's Eve refers to the evening on the last day of the lunar year. (   )

2) The Spring Festival is a festival that symbolizes unity, prosperity and hopes for the future. (   )

Task 2 Guizhou Ethnic Groups' Festivals

【Task Background】

Traditional ethnic festivals in Guizhou Province are a major feature of the lives of ethnic minorities. These ethnic traditional festivals have a long history and are closely related to the life and labor of ethnic minorities. The early ethnic festivals were mostly activities of offering sacrifices to ancestors and gods, praying for harvest and reposing feelings. With the development of history, today's ethnic festivals have actually integrated national customs, traditional arts, sports activities and trade exchanges into a grand event to exchange information and strengthen unity. For thousands of years, the people of all ethnic groups in Guizhou have created a rich and colorful culture with infinite wisdom, In Guizhou, known as the "Thousand Islands of Culture", the colorful folk culture has created many dazzling ethnic festivals.

【Related Knowledge】

1. Miao New Year Festival

The Miao New Year Festival is the grandest annual festival for Miao people. In Leishan, Xijiang Qianhu Miao Village, Danzhai, Taijiang and other places in Guizhou, you can have the immersive Miao New Year experience.

The dates of the Miao New Year vary from place to place, but most of them are dated in the October of the lunar calendar, and the period can be as long as one month. At that time, the local villages will be a world of feasts and a sea of singing and dancing. You can taste the long-table banquet and welcome wine prepared by the Miao people, listen to the melodious Lusheng music, and enjoy the beautiful dance.

2. Buyi June 6

The Buyi people kill chickens and make zongzi on June 6. In some places, pigs and cattle are killed to celebrate the festival and offer sacrifices to ancestors. Women carry baskets with zongzi on their arms, holding chickens to visit relatives and friends; men in charge gather in the village to drink and discuss the important events; young men and women gathered in groups in the wilderness or village for activities such as duet singing, waving whistle (dating), and throwing flower bags. In some places, "June 6" is called a song festival.

3. Sama Festival of Dong Ethnic Group

"Sama" is a transliteration of Dong language. "Sa" means grandmother, "ma" means big, and "Sama" can be translated into "big grandmother". She is the embodiment of the common ancestors and gods of the entire Dong ethnic group (especially in the southern dialect area). Every year in the first month and the second month of the lunar calendar, the Dong people hold a grand "Sacrifice to Sama" activity, which is grand and spectacular. The festival period is sometimes changed to other months according to production, living conditions or the needs of other major activities.

4. Torch Festival of Yi Ethnic Group

The Torch Festival is a festival of the Yi people, whose main content is to offer sacrifices to gods and fields, pray for a bumper harvest, and eliminate evil spirits. It is basically held on the 24th day of June in the lunar calendar. During the Torch Festival, each village built a big fire with dried pine wood and pine nuts. Small torches were put up in front of each house and lit at night, making the village bright.

5. King Pan Festival of Yao Ethnic Group

The King Pan Festival of Yao originates from the King Pan Singing Party on October 16 of the lunar calendar. On this day, Yao people gather to sing and dance in memory of King Pan. Today's, King Pan Festival has gradually developed into a gathering to celebrate the harvest.

【Thinking and Practice】

1. Reflection Questions

1) What are the ethnic festivals in Guizhou?
2) When is the Dong Sama Festival?
3) Which ethnic group celebrates King Pan Festival?

2. Judgmental Questions

1) The Miao New Year Festival lasts for 49 days and has the title of "the longest festival in the world". (　　)

2) In the Sama Festival of the Dong ethnic group, women are the main people handling the sarcrifice process. (　　)

Task 3　Practice and Exploration: Story Forum

【Task Background】

Throughout the ages, countless scholars have described practices customs, leaving a well-known cultural heritage for future generations. Culture is the soul of a country and a nation. The brilliant history of the development of the Chinese nation's civilization has formed a broad and profound traditional Chinese culture, which has become the source of the Chinese nation's enduring emotion and the soul of its strength.

【Related Knowledge】

Mooring by Maple Bridge at Night
Zhang Ji (translated by Xu Yuanchong)

At moonset cry the crows, streaking the frosty sky;
Dimly lit fishing boats'neath maples sadly lie.

Beyond the city wall, form Temple of Cold Hill.
Bells break the ship-borne roamers dream and midnight still.

Qingming Festival

Du Mu (translated by Wu Juntao)

It drizzles thick and fast on the Pure Brightness Day,
I travel with my heart lost in dismay.
"Is there a public house somewhere, cowboy? "
He points at Apricot Village faraway.

【Task Operation】

College		Major	
Chinese name		English name	
Task: Share the folk tales of traditional Chinese festivals			
Pre-knowledge: 1. Learn about Chinese traditional culture. 2. Learn about Chinese traditional festival culture and customs. 3. Learn about folk tales of Chinese traditional festivals.			
		Score:	

Plan Implementation:

Introduce Chinese festivals and customs in detail through pictures and videos.

Interview the students in each group, "Which traditional Chinese festival impressed you? Why? " (50 points)

No.	Chinese traditional festivals	Reasons

Please share a favorite traditional Chinese story in the form of hand copied paper.

Quality Check:

The teacher grades the survey results of each group.

Please share a Chinese traditional story you like.

Teacher Rating Standard:

Clear thinking and fluent language (10 points)	Speak at an appropriate speed with clear voice (10 points)	Standard pronunciation of Putonghua (10 points)	Standard diction and clear speech (10 points)	Outstanding emphasis and natural expression (10 points)

Score:

【Thinking and Practice】

1) Choose one of your favorite poems and recite it.
2) What festival does "Mooring by Maple Bridge at Night" describe?
3) How many days does "Jiujiu Song" count?

Project 9 Chinese Food and Drink

Teaching Objectives

1) Learn about eight Chinese cuisines.

2) Learn about Guizhou special diet.

3) Experience tea culture.

Knowledge Points

1) Brief introduction, historical origin and characteristics of eight Chinese cuisines (Shandong cuisine, Sichuan cuisine, Guangdong cuisine, Jiangsu cuisine, Fujian cuisine, Zhejiang cuisine, Hunan cuisine and Anhui cuisine).

2) Main manifestations of Chinese food and drink.

3) Introduction, historical origin and relevant folk customs of tea culture and wine culture

4) Experiencing tea culture and popularizing and explaining porcelain culture

Task 1 Chinese Food Culture

【Task Background】

Food is paramount to the people. Each region has its own unique eating habits and taste tendencies, and each region has developed its own exquisite skills on food into a custom and a culture. China is an ancient civilization with a history of five thousand years. Food culture and cooking skills are part of its civilization and the crystallization of China's brilliant culture.

【Related Knowledge】

Due to China's vast territory and abundant resources, there are differences in climate, products, customs and habits in different regions. For a long time, many flavors have been formed in food and drink.

Cuisine refers to a whole set of cooking skills and flavors formed through a long history of evolution in a certain region due to different climate, geography, products and eating customs. Chinese food culture has a long history, and eight cuisines are generally recognized: Shandong cuisine, Sichuan cuisine, Guangdong cuisine, Jiangsu cuisine, Fujian cuisine, Zhejiang cuisine, Hunan cuisine, and Anhui cuisine.

The charm of Chinese food culture lies in its rich creativity, which benefits from China's complex and diverse geographical environment and continuous blending of historical culture. From the tropics to the cold temperate zone, from the seashore to the mountains, the crisscross landform and climate make here rich in products and creat a wide range of food materials, which promotes people's psychological choice of eating, and makes the dishes on the table rich and varied. This variety comes down in a continuous line with the "harmony between man and nature" advocated by Chinese culture.

【Thinking and Practice】

1. Reflection Questions

1) What are the eight major cuisines in China?
2) What are the difference of cuisines in China?
3) What are the main aspects of Chinese food culture?

2. Judgmental Questions

1) Chinese traditional catering culture has a long history, and there are many genres in cooking. (　　)

2) Hunan cuisine is mainly spicy. (　　)

3) Sichuan cuisine is mainly salty and fresh. (　　)

Task 2　Chinese Drinking Culture

【Task Background】

Tea and wine are important drinks in human diet. In the long history of the Chinese nation, tea and wine culture has written an indispensable brilliant chapter.

The similarities between tea culture and wine culture lie in their leisure and communication functions. Both wine and tea have souls, but their temperaments are diametrically opposite. One is like a straightforward man who talks about loyalty, and the other is like a quiet and gentle scholar.

Drink wine and tea appropriately can maintain a normal mind and it is beneficial to your physical and mental health. Tea and wine are good for making friends and reaching agreements. In modern society, interpersonal communication and foreign affairs activities cannot be separated from banquets and tea parties.

【Related Knowledge】

1. Tea Culture

Tea as a drink was first recorded in the poem *Tong Yue* written by Wang Bao during the reign of Emperor Xuan of the Han Dynasty.

Since the Tang Dynasty, drinking tea has become a living habit of Chinese people. China is the first country to make tea in the world. Now, the recognized top ten famous teas in China are: Huangshan Maofeng Tea, Lu'an Guapian Tea, West Lake Longjing Tea, Qimen Black Tea, Dongting Biluochun Tea, Junshan Silver Needle Tea, Xinyang Maojian Tea, Wuyi Rock Tea, Anxi Tieguanyin Tea, and Lushan Cloud Tea.

Scholars attach great importance to the spiritual enjoyment and moral norms of tea, and gradually integrate it with Confucianism, Taoism and Buddhism to enter the spiritual field of people. Tea drinking techniques also spread abroad. In the Ming and Qing dynasties, with the popularity of loose tea, the tea drinking method changed. In China, tea culture has become one of the important contents of people's spiritual life.

2. Wine Culture

Like tea culture, Chinese wine culture has a long history. Yellow rice wine is one of the oldest wines in the world. About 3000 years ago, in the Shang and Zhou dynasties, the Chinese people created the original double fermentation method of distiller's yeast and began to brew a large amount of yellow rice wine. About a thousand years ago, in the Song Dynasty, the Chinese invented the distillation method. Since then, Baijiu has become the main drink of the Chinese people. Wine permeates the entire 5000 year history of Chinese civilization. Wine exists in literary and artistic creation, cultural entertainment, diet and cooking, health care and other aspects.

Wine, as a special commodity, adds rich colors to people's life. The ancient Chinese people classified the role of wine into three categories: to cure diseases, to toast for the health of the elderly, and to complete rites. For thousands of years, the role of wine is far from limited to these three, at least including: wine to cheer, to forget worries, to collect courage.

【Thinking and Practice】

1. Reflection Questions

1) When did Chinese people start drinking tea?
2) Please think about the differences between Chinese and Western wine cultures.
3) Since when has drinking tea become a living habit of Chinese people?

2. Judgmental Questions

1) China is an ancient civilized country in the world and the hometown of wine. (　　)
2).China is the first country to make tea in the world. (　　)

Task 3　Practice and Exploration: Making Dumplings, Zongzi, and Experience of Tea Culture

【Task Background】

There is an old saying in China that "food is paramount to the people", which shows the importance of diet in Chinese folk. As a nation of food, China has formed a rich and colorful food culture for a long time, and is famous for its unique cultural connotation.

【Task Operation 1】

College		Major	
Chinese name		English name	

Accept task: Make dumplings

Pre-knowledge:

In China, dumpling is not only a kind of food, but also contains profound national culture. It is a daily delicious snack for every family, and also a necessary food for people in some regions on the New Year's Eve, expressing people's yearning and aspirations for a better life.

Question: Apart from the Spring Festival, on which traditional Chinese festivals do people eat dumplings?

Score:

Plan Implementation:

1. Watch videos about Chinese traditional customs.
2. Make dumplings.
3. Show the traditional Chinese festivals with the custom of making dumplings in the form of mind map.

Assessment:

1. Complete the process of making Zongzi in groups and share your Zongzi with group members. (50 points)
2. Students show their mind maps.

Quality Testing:

Clear thinking (10 points)	Clear theme (10 points)	Reasonable overall layout (10 points)	Clear core themes (10 points)	Pleasant and original (10 points)

Score:

【Task Operation 2】

College		Major	
Chinese name		English name	

Task: Make zongzi
Pre-knowledge: 1. According to the legend, Zongzi was made to commemorate Qu Yuan. 2. Every year on the fifth day of the fifth lunar month, Chinese people soak glutinous rice, wash zong leaves, and make zongzi.
Score:
Plan Implementation: 1. Watch the video to understand the origin of the Dragon Boat Festival; prepare materials for dumplings, such as Ruo bamboo leaves, glutinous rice, etc.; watch the video of making dumplings; soak glutinous rice for 2 hours. 2. Process: scrub the leaves of zongzi, cut the roots and put them into water; wash the glutinous rice, drain the water, fold the rice dumplings into a small bowl, add glutinous rice, wrap it up, and then tie it with cotton thread. Place the rice dumplings on the bottom of the pot, boil it for 3-4 hours. 3. Please complete the process of making zongzi in groups and share your zongzi with group members. 4. Ask each group to draw a hand copied paper of the origin of the Dragon Boat Festival and tell the legend of the Dragon Boat Festival (50 points).
Quality Testing:

Clear thinking (10 points)	Clear theme (10 points)	Reasonable overall layout (10 points)	Clear core themes (10 points)	Pleasant and original (10 points)

Score:

【Task Operation 3】

College		Major	
Chinese name		English name	
Task: Tea culture experience			

Pre-knowledge:

1. Have a preliminary understanding of Chinese tea culture tradition.
2. Learn some tea ceremony etiquette.
3. Learn about different kinds of tea.

Score:

Plan Implementation:

1. Watch the video to learn about the history of tea culture. (Video: What is tea culture? How much do you know about it? Before watching the video, please tell us what kind of tea you know?)
2. Tea ceremony and tea art, watch the whole set of tea ceremony videos and talk about your feelings.
3. Taste tea and talk about the difference between tea and coffee.

Assessment:

1. Make PPT to introduce the history of tea culture (30 points).
2. Experience the whole process of making tea (40 points).
3. Say some sentences about tea (30 points).

Quality Testing:

PPT theme is clear (10 points)	Beautiful display and reasonable structure (10 points)	Clear logic (10 points)	Complete tea making process (40 points)	Can say more than 5 sentences related to tea (30 points)

Score:

【Thinking and Practice】

1) What is Chinese food culture?
2) What etiquette does Chinese food culture stress?

Project 10 Living and Production Customs of Chinese

Teaching Objectives

1) Understand the living and production customs of Han and ethnic minority groups.

2) Watch ethnic film and experience ethnic folk culture.

Knowledge Points

1) General understanding of living and production customs.

2) Introduction to Han people's birthday ceremony, coming-of-age ceremony and other customs.

3) The customs of the Han people.

4) Folk customs of Guizhou minority ethnic groups.

Task 1 Living Customs

【Task Background】

Living customs of life include the customs of dress, diet, residence, transportation and travel. It first aims to meet the physiological needs. With the development of society and the complexity of social division of labor, the strictness of hierarchical identity, the difference of production conditions, the complexity of life rituals, the role of major historical events, as well as the differences in religious beliefs, aesthetic views, political concepts, social psychology, etc., the living customs of various ethnic groups have become increasingly diversified and complex, which has not only met the physiological needs, but also reflected the needs of security, belonging and self-realization.

【Related Knowledge】

1. Folk Custom of Han People

1) Last Name

At first, the surname of the Han people in China were different. The original surname is the clan number of the matriarchal clan commune. The word "姓" is a combination of "女" and "生". Many ancient surnames have "女" beside them, such as "姚", "姬", etc. As the descendants multiplied, the family was divided into several branches and scattered in various places. Each branch had a special mark as a sign, which was called a surname. Later, there was no difference between surnames and surnames.

2) Marriage

The wedding custom of the Han people in China has a long history and rich ethnic color. As early as the Spring and Autumn Period and the Warring States Period, a complete set of etiquette has been formed, which is called the "Six Rites".

In modern times, with the rise of free love and the simplification of rites and procedures, the customs about matchmaker, blind date, engagement and wedding reception still remain to some extent.

3) Educational Customs

Being pregnant is commonly known as "有喜" in Chinese Han people.

One month after the birth of a child is called "弥月". According to custom, Han people cut the baby's hair, commonly known as "shaving", and hold a banquet to celebrate. In modern

China, Han people generally pay more attention to the first birthday of a child.

4) Sacrifice

The most obvious examples of sacrifice are the Qingming Festival, the Mid Yuan Festival. These two festivals were originally based on ancestor worship, with ancestor worship and ghost worship as the main festival activities. Tomb sweeping during the Qingming Festival means remembering ancestors and encouraging future generations. The Mid Yuan Festival, has the custom of releasing lanterns to save the ghost.

2. Living Customs of Ethnic Minorities

Altogether China has 55 legal ethnic minority groups.

1) Surnames

For the surnames of ethnic minorities in China: some directly adopt the Han surname, such as the Korean, Zhuang, Tujia, Bai and other ethnic groups; some use both the original surnames of their own ethnic groups and the Han surnames, such as the Manchu, Mongolian, Yi, Tibetan, Jingpo and other ethnic groups; Some do not have surnames, such as Uygur, Kazak, Bulang, Dai and other ethnic groups. For some ethnic minority groups, their surnames mainly come from official position, occupation, names of birth or residence, animal names, plant names, living utensils and building materials, food or thing names, certain animal behavior, totem worship, primitive religious belief, etc.

2) Marriage

China's ethnic minorities not only have unique marriage customs, but also have unique traditional styles in their weddings, reflecting their life culture. So far, the wedding ceremony of young people in some areas still retains local characteristics. Before the wedding, some brides and bridegrooms will go to the Buddhist temple to worship the Buddha and pray for good luck and happiness.

3) Costumes

Ethnic costumes in China are the costumes worn by ethnic minorities in their daily life and festivals. The clothing of 55 ethnic minorities has different styles, with colorful and distinctive ethnic characteristics due to geographical environment, climate, customs, economy, culture, etc.

【Thinking and Practice】

1. Reflection Question

•What are the traditional festivals of the Han in China related to?

2. Multiple Choice Questions

1) Which of the following is not an ancient Spring Festival custom? (　　)

A. Sweeping and disgusting.　　B. Sticking door gods.

C. Shousui.　　D. Eating clever fruits.

2) On the fifth day of the first lunar month, a series of activities will be held, commonly known as the "Breaking Five". Which of the following is not the custom of "Breaking the Five"? (　　)

A. Eating dumplings.　　B. Welcoming the God of Wealth.

C. Enjoying Lantern.　　D. Sending poor land.

Task 2　Production Customs

【Task Background】

The material production folk custom runs through the whole process of human production and practice, reflecting the relationship between man and nature, man and society, man and himself. It has four characteristics. First, it is regional. The formation of material production folk customs depends on the self conditions of different living environments, reflecting the characteristics of the ecological environment. Then it is seasonal. The seasonal and periodic changes of weather restrict the growth of animals and plants. The material production process with animals and plants as production objects is seasonal and periodic. The third is functionality. The purpose of material production is (or mainly) to meet the needs of people's material life. There is no material production folk custom that is separated from such needs. Fourth, it is scientific. The material production folk custom is the summary of people's experience in the long-term production process, which has certain scientific significance.

1. Production Folk Custom of Han

The 24 solar terms are an important part of the Chinese Han lunar calendar, and its formation and creation are closely related to the agricultural production customs of the ancient working people of the Han. With the change of climate throughout the year, the content of farming work also changes. The name of the 24 solar terms clearly reflects this. Up to now, Chinese Han farmers are still used to farming according to the solar terms.

1) The 24 Solar Terms

Solar terms is a calendar of twenty-four periods and climate to govern agricultural arrangements in ancient China. Each solar term has about 15 days. These twenty-four solar terms each suggest the position of the sun every time it travels 15 degrees on the ecliptic longitude.

2) Introduction to the 24 Solar Terms

Beginning of Spring: Spring starts from this day.

Rainwater: The rainfall starts and increases gradually.

Awakening of insects: Awakening of insects refers to the sudden movement of spring thunder, which wakes up the hibernating animals in the soil.

Spring Equinox: Equinox means equal. The vernal equinox means the equinox of day and night.

Pure brightness: The weather is sunny and the vegetation is luxuriant.

Grain rain: Rain produces hundreds of grains. Sufficient and timely rainfall enables cereal crops to thrive.

Beginning of summer: Summer starts from this day.

Grain full: The grains of summer crops such as wheat are full.

Grain in ear: Wheat and other awn crops are mature.

Summer Solstice: Hot summer comes.

Minor heat : It means hot. The light summer heat is the beginning of hot weather.

Major heat: The hottest time of the year.

Beginning of Autumn: Autumn starts from this day.

End of heat: It means the end of a hot summer day.

White Dew: The weather turns cold, and the dew is congealing and white.

Autumn Equinox: The day and night are equally divided.

Cold Dew: Dew is cold and will freeze.

Frost: The weather is getting colder and frost is beginning to appear.

Beginning of winter: Winter starts from this day.

Snow: It's beginning to snow.

Heavy snow: The amount of snowfall increases, and the ground may be covered with snow.

Winter Solstice: Cold winter comes.

Minor cold: The climate is cold.

Major Cold: The coldest time of the year.

2. Production Customs of Ethnic Minorities

1) Agriculture

Take Guizhou Tujia ethnic group as an example. Tujia is a group mainly engaged in agricultural production, and agricultural culture plays an important role in their production and life. According to the *Records of Huayang State*, as early as the Spring and Autumn Period and the Warring States Period, there was a record of "planting grains" in the territory of Bazi State. The land here is fertile and the climate is warm, which is very suitable for "planting five cereals".

2) Handicraft Industry

In ancient times, people of ethnic minorities used natural resources in mountain areas to make various kinds of iron, wood, bamboo farm tools and daily necessities. Women use silk, cotton, hemp, etc. to produce homespun. The traditional handicrafts in modern minority areas are the production skills with unique local characteristics and ethnic cultural characteristics formed in the long-term development process.

3) Fisheries

Take Hainan fishermen as an example. They live near the sea and rely on the sea. During thousands of years of production and life, Hainan fishermen have gradually formed a vivid and rich fishing culture. "Take the sea as the land" and "Take the sea as the business". these survival rules of ancient fishermen allowed them to fish from the offshore to the ocean.

4) Animal Husbandry

The nomadic culture in the north of China is unique. In order to adapt to the cold and dry climate, the nomadic people in the north implement a strict collective nomadic grazing animal husbandry management mode all the year round, which is a production mode formed by the rotation of different grasslands.

【Thinking and Practice】

1. Reflection Questions

1) What are the modes of production of ethnic minorities in China?

2) Talk about the different life and production customs in the north and south.

3) Please recite the "Song of the Twenty four Solar Terms".

2. Thinking Expansion Question

- Please select a favorite life custom and draw it in the form of mind map.

Task 3 Practice and Exploration: Watch Ethnic Film and Experience Ethnic Folk

【Task Background】

Customs are the behavior patterns or norms that all generations of people in a specific social and cultural region follow together. Custom is formed by a kind of history, which has a very strong behavioral restriction on social members. Customs are the basis and complementary part of social morality and law, mainly including ethnic customs, festival customs, traditional customs, etc.

【Task Operation 1】

<table>
<tr><td>College</td><td></td><td>Major</td><td></td></tr>
<tr><td>Chinese name</td><td></td><td>English name</td><td></td></tr>
<tr><td colspan="4">Task: Appreciation of Chinese traditional folk tales</td></tr>
<tr><td colspan="4">Pre-knowledge:
1. Learn about Chinese traditional culture and folk customs.
2. Experience the traditional etiquette of Chinese culture.</td></tr>
<tr><td colspan="4">Score:</td></tr>
<tr><td colspan="4">Plan Implementation:
1. Q&A on traditional cultural knowledge.
1) It is said that the reason for the Spring Festival is to drive away a monster. People put on lanterns and decorations and set off firecrackers.Who is this monster? (　　)
A. Qilin.　　B. Pulao.　　C. Nian.　　D. Long.
2) “Children Stay up late in the night to play and enjoy. ” Which custom does this refer to during the Spring Festival? (　　)
A. Shou Nian.　　B. Salute New Year.
C. Feed New Year.　　D. Say goodbye to the former year.</td></tr>
</table>

3) At the beginning of the new year, people like to post the word "福" to pray for the success of the new year. Which of the following does not belong to the traditional meaning of the word "福"? ( ) A. "Shou", means long life, long life of 100 years. B. "Fugui", means rich and abundant. C. "Liang", means beautiful and without disease. D. "Kangning" means healthy and safe. 2. Watch Chinese traditional culture story movies. 3. Share the wonderful moments and feelings of Chinese traditional culture story movies. Assessment: 1. Making hand copied paper of Chinese Folk Custom (50 points). 2. Story telling competition (50 points).
Quality Testing:

Clear thinking (20 points)	Clear theme (20 points)	Reasonable overall layout (20 points)	Clear core themes (20 points)	Pleasant and original (20 points)

Score:

【Task Operation 2】

College		Major	
Chinese name		English name	
Task: Ethnic minority folk culture experience			
Pre-knowledge: Learn more about Chinese folk customs through living customs, folk customs of various ethnic groups, material life customs and social organizations			
Score:			
Plan Implementation: 1. Visit Guizhou Museum and watch the films of various ethnic customs. 2. In the museum, teachers or commentators introduce folk customs.			

Assessment:

1. Divide every four students into a team, and two students in each team form a group to introduce folk customs (30 points).

2. Each group introduced their own folk customs and compared them with their own national folk customs (playing Go, drawing kites, writing calligraphy, etc.) (40 points).

3. Exchange of experience between groups in the team (30 points).

Quality Testing:

Clear thinking (10 points)	Clear theme (10 points)	Reasonable overall layout (10 points)	Clear core themes (10 points)	Pleasant and original (10 points)

Score:

【Thinking and Practice】

1) Try to tell the story of "Dayu Controlling the Flood" and why he "passed through his home three times without entering".

2) According to your own knowledge, tell us about the traditional recreational activities in ancient China.

Project 11 Chinese Philosophy and Education Concept

Teaching Objectives

1) Understand Chinese philosophy and its influence on Chinese people.

2) Feel the Chinese philosophy.

3) Understand the brief history of China's education development and the modern Chinese education system.

4) Experience Confucian culture.

Knowledge Points

1) Introduction to Chinese philosophy and culture and introduction to representative figures.

2) Brief history and content of China's education development.

3) Introduction to the main representatives, thoughts and cultural contents of Confucianism (elaborate on Confucius).

Task 1 Chinese Philosophy

【Task Background】

The philosophical thought of a country and a nation is the most fundamental and core thing in the country and national culture. Chinese traditional thought is composed of various cultural spirits of the Chinese nation. The most basic components of the Chinese traditional cultural and ideological system are Confucianism, Taoism and Buddhism, and other schools of thought also affect the spiritual world and behavior of Chinese people. If you want to understand China and Chinese people, you must understand Chinese traditional thoughts.

【Related Knowledge】

1. Confucianism

Confucianism is an important part of Chinese traditional culture and one of the hundred schools of thought of the pre Qin philosophers. It was founded by Confucius and carried forward by Mencius and Xunzi. Later, it was enriched by Dong Zhongshu and Zhu Xi, and a complete system of Confucianism was gradually formed. In the Yuan, Ming and Qing dynasties of China, the imperial examinations were all based on the content of Confucianism of Zhu Xi, which had a great impact on social thought.

2. Taoist Thought

Laozi, a thinker in the pre Qin Dynasty, pioneered Taoism, which was later inherited and carried forward by Zhuangzi. Taoism can also be called "Lao Zhuang Thought". As a school of thought and culture, the core category of Taoism is "Tao". Taoism advocates nature, emphasizes governance by doing nothing, and stands for harmony with nature.

The concept of "Tao" is the core of Laozi's ideology. He believes that "Tao" is the beginning of all things and the law of movement of all things. Therefore, things should be allowed to develop freely according to the natural process, and people should not change it. In politics, Laozi stressed that only "inaction" can solve the world's problems peacefully.

Zhuangzi, is the most important figure of Taoism after Laozi, whose thoughts are embodied in his book *Zhuangzi*. He advocates to equate all external things with self, and pursue the transcendence and freedom of the spiritual world.

In the huge Chinese traditional cultural system, the position and role of Taoism can not be ignored. Contrary to the positive attitude of Confucianism towards the world, Taoism pays more attention to the inner world of human beings, does not conflict with the world, and advocates seeking the way of life to self redeem from nature. Confucianism and Taoism have formed two different world views. They oppose and integrate with each other, and gradually become the two ideological systems that have the greatest impact on the Chinese nation.

Taoism has had a profound impact on all areas of Chinese society. It permeates the traditional concepts of Confucianism, Buddhism, etc. in various forms, permeates into all aspects of real life, and affects the attitude of the Chinese people towards life.

3. Zen Thought (Chan sect)

Zen is one of the Buddhist sects in China. It was founded in the late Song Dynasty when Bodhidharma came from Tian to China to teach Zen. The core idea of Zen Buddhism is: "No words, no preaching outside; direct to the heart, and become Buddha at the sight of nature." It believes that Zen is a spiritual world that transcends thought and philosophy. The original meaning of "Zen" is to sit quietly and meditate, which was once one of the ways of practicing Indian Buddhism.

Zen advocates that it is not necessary to become a monk or read scriptures in practice, and secular activities can be carried out normally. This convenient and secular approach is easier for Chinese people to understand and accept. Zen does not require a special practice environment. The daily life of practitioners is no different from that of ordinary people. However, when dealing with daily problems, emotions will not be affected by the outside world. That is to say, the difference between mortals and Buddha is just a difference of idea.

In traditional Chinese thought, Confucianism, Taoism and Zen Buddhism all attach importance to "people". In the final analysis, the theories of the three schools are all to solve the fundamental problem of how people live in the world. Zen thought attaches importance to the role of human beings.

4. Legalists, Mohists and Strategists

Chinese traditional thought is dominated by Confucianism, Buddhism and Taoism, but other schools of thought are also flourishing. In the open and active academic atmosphere during the Spring and Autumn Period and the Warring States Period, many academic schools emerged, such as Legalism, Mohist school and militarist school.

1) Legalism

Legalism is one of the most important schools of scholars in the Pre Qin period. They advocated "governing the country by law" and opposed the Confucian thought of "governing the country by courtesy". They believe that a country can only become stronger by relying on the law. Legalism is the theoretical basis for feudal rulers to maintain centralized rule. Famous Legalists include Guan Zhong, Shang Yang, Han Fei, Li Si, etc. The most famous representative is Han Feizi at the end of the Warring States Period.

Han Feizi was a master of legalism. He is the author of *Han Feizi*. Han Feizi believed that governing the country should focus on the rule of law, and should comprehensively use "law", "shi" and "shu".

2) Mohist School

The founder of the Mohist School was Mozi (about 468 BC-376 BC). Mozi was not only a great thinker and politician in the early Warring States Period, but also an outstanding natural scientist. His thoughts are preserved in *Mozi*, and the core of his thoughts is "universal love" and "non aggression". "Universal love" means that people should love each other and should not have hierarchical differences.

3) Militarist School

The militarist school is one of the hundred schools of thought in the Spring and Autumn Period and the Warring States Period. Its main representatives are Sun Wu in the Spring and Autumn Period and Sun Bin in the Warring States Period. The military strategist thought includes many scientific management viewpoints. It regards various objective factors, such as politics, economy, military, astronomy, geography and international relations, as conditions for success or failure, and regards them as a unified whole that is interconnected and interacts with each other. Military strategists emphasize the subjective guidance of war, that is, the quality of decision-making, command, organization and operational research of the main body, which leads to a series of strategies to win the war. We still abide by many regular principles revealed by military strategists today.

【Thinking and Practice】

1. Fill in the Blanks

1) Confucius' thoughts include politics, education, morality, religion, art and many other aspects. The core of his thoughts is ______________ and "courtesy".

2) Laozi's thoughts are concentrated in his philosophical works ____________, which are only about 5,000 words, and have had a profound impact on Chinese philosophical thoughts.

2. Reflection Questions

1) Who is the representative of the Taoist school? What is the core of their thinking?

2) Han Feizi believes that "law", "potential" and "art" should be used to govern the country. Please explain what they represent respectively?

3) Which military strategy do you like the best and why?

Task 2 Education in China

【Task Background】

China's education has a long history, and there has been a tradition of attaching importance to education in China since ancient times. Ancient Confucianism and imperial examination system had a great impact on Chinese language education. After the founding of the People's Republic of China, through the strategy of rejuvenating the country through science and education, science and technology and education have been given priority to development, and China's education has achieved rapid development and breakthrough achievements. Contemporary international exchanges and cooperation have made China's education develop at a deeper level.

【Related Knowledge】

1. Ancient Chinese Education

In the late primitive society, education had sprouted in China. As early as the Xia Dynasty, the form of school education appeared in China. The book *Mencius* not only records the origin of Chinese ancient school education, but also records the content and purpose of Chinese education at that time. In the long period of slave society and feudal society, although the name and scale of Chinese schools changed, the basic form of education did not change much. Confucianism and the imperial examination system had a significant impact on Chinese education.

1) Official Education

In the Western Zhou Dynasty, the content of official education centered on etiquette and music, also including shooting, riding, calligraphy and mathematics, which were collectively called "six arts". The influence of Confucius' educational thoughts such as "teaching without discrimination", "teaching students in accordance with their aptitude" and "reviewing the past and know the new" has been maintained until now. In ancient China, the main purpose of feudal education was to train officials.

2) Private School

Private education began to rise in the Spring and Autumn Period and the Warring States Period. Confucius created private schools so that ordinary people can also receive education. Since the Han Dynasty, private education has become the main form of China's feudal education system. However, because private schools were ignored, the development of private schools in ancient society was extremely difficult.

3) Academy

The academy was a private educational institution in ancient China, mainly run by the government and the masses. It originated in the Tang Dynasty and prevailed in the Song Dynasty. The status of academies is very similar to that of private schools. Like private schools, they are not official schools and highly independent. It is open to the lower class and rural areas. Civilian children are targeted for training and education; its main purpose is quality education, not higher education.

2. Modern Education in China

Chinese schools with modern significance appeared in the 1960s. In 1862, the Westernization Group established the first "foreign school" in Beijing, namely the Beijing Tongwen School, with the purpose of training foreign language translators and diplomatic talents. In 1898, the Qing government established the first national university in China, the Jingshi University (the predecessor of Peking University). By the beginning of the 20th century, new types of schools had been established in China.

3. Contemporary Education in China

On October 1, 1949, the People's Republic of China was founded. Since then, education has started a new development in a peaceful and stable social environment. The government attaches great importance to education. The government not only guarantees the people's basic right to education, but also establishes and improves the new education system by actively developing schools of different types and levels. In the 17 years from 1949 to 1966, China established a large-scale preschool education, university education, primary education and adult education system. China's education system has begun to take shape.

4. Current Situation of Education in China

Today, China's educational structure mainly includes preschool education, compulsory education, high school education, higher education, adult education training and literacy education, special education and private education.

1) Preschool Education

Preschool education or kindergarten education is an important part of basic education. Preschool education refers to the education that children aged 3-6 years receive in kindergartens. The kindergarten implements the principle of combining child care with education, and conducts comprehensive education on children's moral, intellectual, physical and aesthetic development, so as to ensure the harmonious development of children's body and mind, and prepare for school entrance.

2) Compulsory Education

Article 46 of the Constitution of the People's Republic of China stipulates: "Citizens of the People's Republic of China have the right and obligation to receive education. The state shall foster the all-round moral, intellectual and physical development of young adults, youths and children." In 1986, China promulgated the Compulsory Education Law of the People's Republic of China, which began to implement nine-year compulsory education and stipulated that children over the age of six could attend primary schools.

3) High School Education

High school education includes ordinary high school, ordinary technical secondary school, adult technical secondary school, vocational high school and technical school. It is an important part of the national education system. High school education is an important stage to consolidate the achievements of compulsory education, improve the modern vocational education system and promote the development of higher education.

4) Higher Education

Higher education refers to vocational education completed on the basis of secondary education, and is a social activity to cultivate high-level professionals. Higher education includes academic education and non academic education, usually full-time and part-time education. Higher academic education is divided into college education, undergraduate education and graduate education. University education should enable students to master the basic theories and knowledge necessary for their majors, and have the basic skills and preliminary ability to engage in practical work of their majors.

5) Adult Education

Adult education is different from the general full-time education. Its main purpose is to improve the education background, career development and general education of in-service employees. Adult education is divided into academic education and non academic education. The former includes adult basic education, adult secondary professional education, adult high school and adult higher education, while the latter includes continuing education, vocational qualification certificate education, professional certificate education and vocational training.

6) Special Education

Special education refers to the education of groups with special needs, especially disabled children. Its purpose and task is to meet the needs of society and the educational needs of special groups to the greatest extent, and develop their potential, so that they can master more knowledge and skills, enhance social adaptability, and become useful people to society.

At present, China's special education is a special education development model, which is dominated by the government education department, supplemented by the disability department, health department and social public welfare organizations, with the main form of regular schools and special education classes, and supplemented by home delivery, family and community education. Except for special schools, more than half of China's disabled students attend regular classes in ordinary schools. Regular learning can not only help disabled children to receive education in the ordinary school environment, but also help them to obtain basic experience to adapt to society and help them better integrate into society.

7) College Entrance Examination System

The college entrance examination is the abbreviation of the national unified entrance examination for general colleges and universities, and is the main way for Chinese colleges and universities to select new students. After 1952, the national unified enrollment system of colleges and universities was established in China, which trained many outstanding talents for China. Later, due to various reasons, the college entrance examination system was forced to stop, and it was not resumed until 1977.

At present, China has basically formed a comprehensive, multi-level and extensive pattern of educational opening situation, and has made positive progress in deepening comprehensive reform, promoting two-way study, and supporting middle- and high-level school cooperation.

【Thinking and Practice】

1. Fill in the Blanks

1) In ancient China, there were mainly two types of education institutions,___________ by government and ______________by private.

2) As an independent educational institution in ancient China,_____________education played an important role in talent training and academic development, making traditional private schools more mature and perfect.

2. Reflection Questions

1) Briefly explain what China's imperial examination system is and what its characteristics are.

2) Briefly explain the characteristics of ancient Chinese academies.

3) What are the modern education forms in China? Please list more than 3.

Task 3 Practice and Exploration: Guiyang Confucius School—Confucian Culture and Confucius Thought

【Task Background】

Guiyang Confucius Academy is located in the southern suburb of Guiyang, Guizhou Province, adjacent to Dacheng Mountain in the east and Huaxi River in the west. It overlooks the ten mile beach of the National Wetland Park. The areas under construction include "Education Area", "China Culture International Training Park" and "Cultural and Creative Industrial Park (the third stage) ".

In March 2011, Guiyang Municipal Party Committee and Government decided to establish an education base to promote Confucianism and inherit traditional culture. On July 3, 2011, the first phase of the Confucius Institute was laid. It was unveiled on the birthday of Confucius on September 28, 2012 and officially opened to the public on January 1, 2013. The first stage of the public education area of Confucius School started from the gate, crossed the Pan Bridge, and then gradually climbed. The steps pass through Dacheng Gate, Etiquette Square, Dacheng Hall, and finally reach Xingtan. On the left are the Xishan Academy and the Lecture Hall, and on the right are the Liuyi Palace, Xiangxian Temple, Yangming Pavilion and Kuiwen Pavilion.

Confucius (551 BC-479 BC) was a great thinker, educator and founder of the Confucian School in China. "Confucians" refers to learned people who are familiar with the *Poems*, *Books*, *Rites* and *Music* and treat people with "gentleness".

Confucius trained a large number of students with both ability and virtue, and was called "sage" by later generations. Confucius' disciples are also worthy of our study. Each disciple has his own characteristics. Zi Lu is frank and brave, Yan Hui is eager to learn, Zi Gong is modest and shrewd, Ran You is profound, Zeng Shen is honest and diligent, the Zhai Yu is careless, and Fan Chi is honest. In pursuit of a common ideal, they gathered around Confucius, sharing weal and woe, wandering from place to place.

【Task Operation】

College		Major	
Chinese name		English name	

Task: Visit the Confucius School in Guiyang and learn about Confucius and Confucian culture
Pre-knowledge: 1. A Simple understanding of Confucian culture; 2. A simple understanding of Confucius, the representative figure of Confucianism, and his thoughts.
Score:
Plan Implementation: 1. Visit Confucius Academy to understand the profound meaning of the inscription on the tripod in recording the rules and regulations, conferring titles and sacrificial rites; 2. Listen to traditional etiquette lectures and recite Chinese classics; 3. Hanfu and food experience; 4. Experience of Chinese culture (such as Chinese tea culture).
Score:
Quality Testing: 1. Talk about the representative figures of the Confucian School. 2. The teachers and students salute together. 3. What is the essence of tea culture
Score:

【Thinking and Practice】

1) What do you feel and think about the Confucian culture you are learning and experiencing today?

2) Do you like Hanfu? Why?

3) How do you feel after listening to the traditional Chinese etiquette lectures? How are these ceremonies different from those in your country? Please make a comparison.

Project 12 Appreciation of Chinese Art

Teaching Objectives

1) Understand Chinese literature and art.

2) Understand Tang and Song poetry and be able to read simple Tang or Song poetry.

3) Understand Chinese traditional art.

4) Experience Chinese calligraphy or painting.

Knowledge Points

1) Introduction to Chinese literature (including introduction to poetry, Ci, song, fu, novel and other literary forms and classical works).

2) An overview of Tang poetry and Song Ci.

3) Introduction and works of famous poets.

4) Introduction to Chinese traditional art (including calligraphy, painting, dance, music, drama, etc.).

5) The development history and overview of calligraphy and painting (including the introduction of famous artists and their works).

Task 1 Chinese Literature and Art

【Task Background】

Chinese literature and art have a long history. It is an art that reflects Chinese social life with language as a tool. Chinese literature and art include poetry, prose, drama, novels, etc. These literature and art reflect the life of Chinese people. To understand a country, we need to understand its culture, as well as its literature and art. As a country with an ancient civilization, China has a long history of literature and art, which has made great contributions to the development of human civilization.

【Related Knowledge】

1. Putonghua and Dialect

China has a vast territory, and many places have their own local languages, that is, dialects. There are many differences between dialects. If people from different regions talk with their own dialects, they will not understand each other, and many jokes and misunderstandings will occur. Therefore, Chinese people communicate with each other in a common language, which is Putonghua. Only by learning Putonghua well can we communicate with people from all over China, and even with people who can speak Chinese all over the world.

2. Ancient Chinese and Modern Chinese

Chinese has been experiencing development and change, and it is also constantly integrated with other languages. The spoken and written language of ancient Chinese is not exactly the same as it is now. When visiting scenic spots in China, you can often see couplets and poems, most of which are written in ancient Chinese brushes. Modern Chinese has absorbed a lot of western grammar and added many disyllabic words.

3. Chinese Characters

The history of Chinese characters can be traced back to 5000 years ago. China is one of the five cradles of characters in the world. Chinese characters record and condense Chinese culture, known as the "living fossil" of Chinese culture. By studying Chinese characters, people can understand the production and life prospects of Chinese ancestors. Chinese characters carry the deepest spiritual aspirations of the Chinese nation. Oracle inscriptions are one of the most ancient characters found in China in its own system.

4. Ancient Literature

1) Poetry

Poetry is the earliest literary genre in Chinese literature, and also the most fully developed genre. The existing ancient ballads, with concise words and smooth rhythm, not only express the poet's thoughts and feelings, but also vividly reflect the life and labor scenes at that time. In a broad sense, Chinese poetry includes all kinds of rhymes, such as Fu, Ci, Qu, etc., while in a narrow sense, it only includes ancient poetry and modern poetry.

2) Pre Qin Poetry

The poems before the Qin Dynasty unified all countries are the poems of the pre Qin Dynasty, which are the source of traditional Chinese poetry. Pre Qin poetry includes *The Book of Songs* and *The Songs of Chu*, some traditional folk songs in the Spring and Autumn Period and the Warring States Period, and some songs in the primitive society. *The Book of Songs* is the source of Chinese realistic poetry, and *The Songs of Chu* is the source of Chinese romantic poetry.

3) Songs of Chu

During the Warring States Period, Qu Yuan, a poet of Chu State, created a new style of poetry—Chu Ci on the basis of southern folk songs. Chu Ci adopts Chu dialect, which is mainly composed of six characters and seven words. Its sentence pattern is flexible and easy to express emotions.

4) Poems in the Han Dynasty, Wei, Jin, Southern and Northern Dynasties

The poems of the Han Dynasty and the later Wei, Jin, Southern and Northern dynasties inherited and developed the fine traditions of *The Book of Songs* and *The Songs of Chu*, widely reflected the social life at that time, and realized the transformation from four character poems to five character poems and seven character poems in terms of genre and form.

5) Poetry of Sui, Tang and Five Dynasties

Sui, Tang and Five dynasties are the prosperous period of Chinese poetry, and also the golden age of poetry, prose, novels and popular literature. The Tang Dynasty was called the heyday of Chinese poetry by later generations. The most famous poets are Li Bai, Du Fu, Bai Juyi, etc. In the creation method of Tang poetry, the style of realism and romanticism developed at the same time, which not only achieved fruitful results in the creation of ancient poetry, but also created beautiful and neat metrical poetry.

Li Bai is honored as the "Poet Fairy". His poetry is bold and elegant, with peculiar imagination and romantic color. His poems, such as "It's harder to go up the Shu Road than to the blue sky" have been handed down from generation to generation with bold exaggeration and clever and vivid metaphors.

Du Fu is a great realistic poet in China, and is honored as the "Saint of Poetry". He and Li Bai are collectively called "Li Du".

6) Poetry of Song and Yuan Dynasties

Song and Yuan dynasties is a transitional period of Chinese poetry. Ci, poetry, prose, novels and other styles are very prosperous. Ci is a kind of Chinese classical poetry, which is closely related to music and can be sung with music. As a new style of poetry, Ci reached its peak in the Song Dynasty and became the main symbol of the literature of the generation. *The Complete Song Ci* has more than 20,000 works and 1,400 poets. Song Ci plays an important role in the history of Chinese literature.

Su Shi was a great innovator in the Northern Song Dynasty. He broadened the artistic conception and theme of Ci, enriched the expression of Ci, and made Ci an independent lyrical style of poetry. He promoted the reform of the rules of Ci, changed the graceful style of Ci in the past, and founded the bold and unrestrained Ci school.

7) Poetry of the Ming and Qing Dynasties

During the Ming and Qing dynasties, the classical poetry gradually went to the end, but the art and theory of poetry developed. Especially in the Qing Dynasty, poetry ushered in a small peak. During this period, poetry and famous poets all presented a prosperous scene. Among them, representatives include Gong Zizhen, Gu Yanwu, Huang Zunxian, Huang Zongyi, etc.

Gong Zizhen was a thinker, poet, writer and reformist pioneer in the Qing Dynasty. He advocated abolishing the corruption policy and resisting foreign aggression, and once fully supported Lin Zexu to ban smoking. His poems exposes the corruption of the rulers of the Qing Dynasty.

5. Contemporary Literature

1) Prose

The column of "Essays" was set up in *New Youth* in 1918, which marks that China has entered a period of modern literature development. Because prose is short in length, free in form, flexible in writing, and beautiful in language, it can quickly reflect life. Modern and contemporary prose writers mainly include Lin Yutang, Lu Xun, Bingxin, Zhu Ziqing, Zhou Zuoren, etc.

Lu Xun is a great revolutionist, litterateur and thinker in China. His works have a wide range of themes, either pungent and sharp, full of criticism and self-examination of human nature, or fresh and refined, full of deep feelings and self-confidence,with simple writing and profound observation. His prose collections include *Wild Grass*, *Morning Flowers and Evening Flowers*, etc.

Bingxin originally named Xie Wanying. The literary language and artistic style she created have distinctive characteristics. She advocates natural love, maternal love and child love, and is known as the "philosophy of love".

2) Poetry

Modern Chinese poetry mainly refers to new poetry, which is characterized by its flexible and free form in writing in the vernacular language, breaking the shackles of the old poetry and expressing the scientific and democratic content of the new era. The advocates of new poetry mainly include Hu Shi and Liu Bannong. Guo Moruo, a romantic poet, represents the highest achievement in the initial period of new poetry.

3) Novel

Modern Chinese novels refer to the novels during the New Democratic Revolution. Most of them express the Chinese people's emotional way and aesthetic mentality in the form of vernacular. These novels, rooted in the soil of real life, are not only different from Chinese classical novels, but also different from traditional vernacular novels.

Mao Dun is one of the pioneers of modern Chinese literature. He paid attention to the theme of the times, reflected the social reality at that time through the description of the complex social life, and had a clear sense of the times and rational color.

The emergence of new media and new technology has made literary creation and expression more diversified and convenient, greatly expanding people's writing desire and reading experience.

【Thinking and Practice】

1. Fill in the Blanks

1) The first poetry collection in China is____________, which have 305 articles, also called "Three Hundred Poems".

2) Please write two representative works of Su Shi, a poet in Song Dynasty.____________,____________.

2. Reflection Questions

1) Who is the "Poet Fairy" in the Tang Dynasty? Do you know his poems?

2) What dynasty was Li Qingzhao from? What are her representative works?

3) Do you know modern Chinese online novels? Which novel or TV play adapted from a novel have you read or watch?

Task 2 Traditional Chinese Art

【Task Background】

Chinese traditional art originated in the Neolithic Age, and its main representative arts include calligraphy, painting, music and opera. The heritage of Chinese traditional art is extremely rich and brilliant. These traditional arts have Chinese characteristics and are full of profound cultural heritage of 5000 years of ancient civilization. This is the precious wealth of the Chinese nation and of all mankind. With its rich local flavor, honest artistic connotation and vivid historical traces, Chinese traditional art is increasingly loved and appreciated by people all over the world.

【Related Knowledge】

1. Calligraphy and Painting

The evolution of Chinese calligraphy, from oracle bone inscriptions to bronze inscriptions, from large seal characters to small seal characters, to official script, regular script, cursive script and running script, has gradually formed various forms, and calligraphy in each period has its own characteristics. For example, the calligraphy of the Jin Dynasty was smooth and beautiful, elegant and unrestrained, presenting a quiet beauty. Wang Xizhi, a famous calligrapher in the Jin Dynasty, is known as the "Sage of Calligraphy", and his *Preface to the Lanting Collection* is known as the best running script in the world. The calligraphy of the Tang Dynasty is rigorous, complete, magnificent and has a kind of strength beauty. In the Neolithic Age, craftsmen began to paint animals and flowers on pottery, which became the oldest painting in China. The high level of murals in the palaces of the Zhou Dynasty reflects the high level of murals. During the Qin and Han dynasties, the art of painting had an unprecedented development, especially the tomb murals and tomb silk paintings of the Han Dynasty, which were not only rich in content, but also lifelike.

During the Wei, Jin, Southern and Northern dynasties, Buddhist painting rose due to the popularity of Buddhism. China's four major grottoes—Dunhuang Mogao Grottoes, Yungang Grottoes, Longmen Grottoes, and Maijishan Grottoes—have retained a large number of murals.

During the Sui and Tang dynasties, both the types and techniques of painting reached a higher level. During this period, Buddhist murals were still popular, landscape paintings and flower and bird paintings were relatively mature, and famous painters such as Wang Wei and Zhang Zao appeared. During the Five dynasties and the Song Dynasty, the Chinese painting art was further improved and matured, the palace painting was prosperous, and the number of paintings increased rapidly. Zhang Zeduan's *Picture of the River during the Qingming Festival* in the Northern Song Dynasty is the representative work of this period.

In terms of content, Chinese painting can be divided into three categories: figure painting, landscape painting, flower and bird painting. The figure painting takes the figure image as the main body, and the painting objects include religious figures, ladies, portraits, historical stories, etc.; figure painting emphasizes the similarity of characters in spirit, not in shape. Landscape painting focuses on the creation of artistic conception with natural landscape as the main body. Flower and bird painting is mainly composed of flowers, bamboos, stones and animals.

2. Music and Dance

Central Plains music, four regions music and foreign music are the three main sources of Chinese traditional music. Chinese traditional music is formed and developed in the exchange and integration of the three. Central Plains music refers to the music developed with the Yellow River basin as the center, which is a music culture with the Han people as the main body. Among them, the music culture of the Yin and Shang dynasties and the Western Zhou Dynasty is of representative significance. Four domain music refers to the music culture of all ethnic groups in China except the Central Plains music. Among them, the Yangtze River basin, the Pearl River basin and other regions, together with the Yellow River basin, are the birthplace of Chinese music culture.

1) Instrumental Music

Chinese national instrumental music has a long history. From the Western Zhou Dynasty to the Spring and Autumn Period and the Warring States Period, folk music were played in the form of zither, percussion, sheng and yu, etc.

According to the production materials, in ancient China, eight types of musical instruments, namely gold, stone, silk, bamboo, pao, earth, leather, and wood, were collectively referred to as the eight tones.

Chinese folk music includes solo of various instruments and ensemble of different instrument groups. Different repertoire and performance styles form a variety of instrumental music, including solo music, percussion music, gongs and drums, silk and bamboo music, etc. The famous traditional instrumental music of China includes *Ambush on All Sides*, *Night of*

Flowers on the Spring River, *Three Stacks at the Yangguan Pass*, *Two Springs Mirroring the Moon*, etc.

2) Dance

Chinese dance originated from people's labor and has a history of more than 5000 years. The contents of Chinese traditional dance can be summarized into three types: first, various labor production and life; second, folk customs; third, sacrificial activities. Classical dance, folk dance, ballet, modern dance and contemporary dance constitute the pattern of Chinese dance culture. Among them, a number of outstanding representative works have emerged, such as *Dancing with Fan*, *Spirit of the Bird*, and *White Haired Girl*. The Chinese dance art has a large number of talents, such as Dai Ailian, Bai Shuxiang, Dao Meilan, Yang Liping, and so on.

3. Drama

Chinese dramas mainly include operas and modern dramas. Operas are traditional Chinese dramas. After a long period of development and evolution, a Chinese operas has gradually formed with "Peking Opera, Shaoxing Opera, Huangmei Opera, Pingju Opera and Henan Opera" as the core. Modern drama is a form of western drama introduced in the 20th century. Chinese classical opera is an important part of Chinese national culture and the quintessence of China. It is loved by people because of its artistic charm. In addition, it also occupies a unique position in the world theater. Together with the ancient Greek tragedies and Indian Sanskrit operas, it is called the world's three ancient dramas.

4. Movies

The Chinese film industry began to develop in the early 20th century. In 1905, Ren Qingtai, founder of Beijing Fengtai Photo Studio, filmed the clip of *Dingjun Mountain,* starring Tan Xinpei, which was the first film made by the Chinese themselves.

In 1988, *Red Sorghum*, directed by Zhang Yimou, won the Golden Bear Award for Best Picture at the West Berlin International Film Festival, becoming the first work in Chinese film history to win the highest award in the world's three major international film festivals.

5. Acrobatics

Chinese acrobatics is one of the traditional performing arts with a long history. Chinese acrobatics had already sprouted in the Neolithic Age. After the Qin Dynasty unified China, it absorbed the advantages of various countries and formed an entertaining acrobatic program—Jiaodi Opera.

After the Song Dynasty, the social status of acrobatics was declining. After the establishment of the Yuan Dynasty, acrobatics was reduced to the art of playing tricks. In the Qing Dynasty, most of the artists performed on the basis of family members to make a living. After the founding of the People's Republic of China, acrobatics has gained new life. Acrobatics has developed from a simple skill performance to a comprehensive art performance with bands, dances, lights, etc. Contemporary Chinese acrobatics has become a wonderful work of art loved by people all over the world.

【Thinking and Practice】

1. Fill in the Blanks

1) Wang Xizhi, a famous calligrapher in the Jin Dynasty, was called "__________", and his *Preface to* the *Lantingxu Collection* was known as the best running script in China.

2) Among Chinese painting works, Zhang Zeduan's______________is the representative of this period.

2. Reflection Questions

1) What do you think are the characteristics of Chinese calligraphy? Do you have calligraphy in your country? If yes, please compare your country's calligraphy with that of China.

2) What traditional Chinese musical instruments do you know?

3) What are the five major Chinese dramas?

Task 3 Practice and Exploration: Experience Chinese Calligraphy and Painting

【Task Background】

Appreciate the ancient and modern works on plum blossom, orchid, bamboo and chrysanthemum, "four gentlemen of plants", understand their ideological connotation and forms of expression, and experience the feeling connected with Chinese brush and ink. The previous article described some theoretical knowledge of Chinese painting, and students have a certain understanding of this unique art. Now we will start from practice to deepen our understanding of Chinese painting and calligraphy.

【Task Operation】

<table>
<tr><td>College</td><td></td><td>Major</td><td></td></tr>
<tr><td>Chinese name</td><td></td><td>English name</td><td></td></tr>
<tr><td colspan="4">Task: Learn Chinese calligraphy and painting and create.</td></tr>
<tr><td colspan="4">Pre-knowledge:
1. Understand the tools used in Chinese painting and calligraphy;
2. Understand the creation process of calligraphy and Chinese painting.</td></tr>
<tr><td colspan="4">Score:</td></tr>
<tr><td colspan="4">Plan Implementation:
1. Appreciate Chinese calligraphy and painting works;
2. After the teacher demonstrates the simple process of painting and calligraphy creation, the students create;
3. Self and mutual evaluation of their own and classmates' works.</td></tr>
<tr><td colspan="4">Score:</td></tr>
<tr><td colspan="4">Quality Testing:
1. Recall the tools of Chinese calligraphy and painting, and name at least 2;
2. Complete simple Chinese calligraphy and painting works.</td></tr>
<tr><td colspan="4">Score:</td></tr>
</table>

【Thinking and Practice】

1) What do you think are the characteristics of Chinese calligraphy or painting?

2) Do you like to create calligraphy or Chinese painting? Please talk about your feelings when creating.

Project 13 Chinese Sports Culture

Teaching Objectives

1) Understand Chinese traditional sports.

2) Learn about Chinese competitive sports.

3) Experience Chinese martial arts—Taijiquan.

Knowledge Points

1) Chinese traditional sports events.

2) Brief introduction to and development history of China's competitive sports.

Task 1 Traditional Chinese Sports

【 Task Background 】

China has a long history of sports development. Sports develop with the development of Chinese society. Chinese people in different times exercise and entertain in the form of sports activities. Today, sports and fitness are becoming more and more important in Chinese life. In professional venues, parks, squares and streets across China, men, women and children of all ages can be seen participating in various sports activities.

【 Related Knowledge 】

Chinese traditional sports is an important part of Chinese sports. Many excellent traditional ethnic sports, such as dragon boat racing, dragon dance, Qigong, martial arts, can not only strengthen the body, but also have high artistic value and rich entertainment and educational functions.

1. Wushu

Chinese martial arts(wushu) refers to the art of using fists and weapons such as knives, guns, swords and clubs. China has a wide range of martial arts, including various instruments, routines and forms of confrontation. Its development was influenced by Chinese philosophy, military science, traditional Chinese medicine and ancient dance. Wushu can not only keep healthy, but also defend oneself. It also has a strong appreciation value.

Chinese martial arts are divided into boxing, equipment and wrestling. Boxing includes Changquan, Taijiquan, Xingyi Boxing, Nanquan, Bagua Boxing, etc; instruments include knives, swords, spears and sticks; werestling originated from wrestling and sumo in ancient China.

2. Qigong

Qigong is a unique fitness technique, which has a history of more than 5000 years in China. Qigong mainly focuses on adjusting the harmonious relationship between natural qi and congenital qi, which refers to the natural and genuine qi circulating in the human body. Practitioners achieve physical and mental harmony by controlling their minds and adjusting their breathing, so as to exercise their bodies and cure diseases.

3. Dragon Boat Race

The dragon is the symbol of the Chinese nation. The ancient Chinese built wooden boats in the shape of dragons and named them Dragon Boats. Dragon boat racing is a traditional Chinese water sports and entertainment event, and an important activity of the Dragon Boat Festival. Dragon boats vary slightly in size from place to place. They are generally 20 to 30 meters long and each boat has about 30 sailors.

4. Fly a Kite

China is the birthplace of kites. Kites, also known as paper kites and paper cranes, have a history of more than 2000 years. Kite is an important invention in ancient China. It is called the earliest "airplane" of mankind. It is said that during the Spring and Autumn Period, the famous construction worker Lu Ban once made a wooden kite and flew into the sky. Later, people used paper instead of wood, which is called "Zhiyuan". From the Han Dynasty, people began to use kites to measure distance and transmit information; in the Tang Dynasty, kites were introduced to Korea, Japan and other neighboring countries; in the Song Dynasty, flying kites gradually became a folk entertainment game.

5. Yangko Dance

Yangko is a unique folk dance, which is mainly popular in northern China. The most representative are Northeast Yangko, Northern Shaanxi Yangko, Hebei Yangko and Shandong Yangko. It is an activity carried out by farmers when transplanting rice seedlings. It originated from agricultural production and labor, integrating gongs and drums accompaniment, singing and dancing. This kind of activity is simple and interesting, suitable for people of different ages, especially middle-aged and elderly women. Yangko dancing can not only exercise joints, muscles and bones, enhance heart and lung functions, but also make people happy physically and mentally.

【Thinking and Practice】

1) What traditional Chinese sports do you know?

2) In which traditional Chinese festival is the dragon boat race usually held?

Task 2　Modern Competitive Sports in China

【Task Background】

China's competitive sports is an institutionalized and systematic competitive sports activity. It aims to defeat competitors, give full play to athletes' ability in the competition, and pursue the optimization of sports results. Competitive sports have unified international rules.

Because of its fierce antagonism, rich entertainment and appreciation, it has attracted many fans.

【Related Knowledge】

The continuous development of China's competitive sports benefits from the increasingly perfect competitive sports training system. It is based on youth amateur sports schools and grassroots sports clubs, with provincial, autonomous regional and municipal sports teams as the backbone, and the national sports team as the highest level. This training system has kept the number of outstanding Chinese athletes at about 20,000 throughout the year, and has become the main force of Chinese sports and world sports.

1. Competitive Sports

1) Table Tennis

Table tennis is the most popular competitive sport in China. It has low requirements for venues and needs strong participation. It is a body building, brain building and heart building sport. Compared with football, basketball and other sports, it has no direct physical confrontation. It can control the amount of exercise itself, which is very conducive to popularity. Therefore, it is widely loved by Chinese people. In China, it is not difficult to find table tennis enthusiasts, ranging from comprehensive stadiums and gymnasiums to nationwide fitness parks in the streets. Table tennis is also one of the sports in which China has won the most world championships.

2) Volleyball

Speaking of volleyball, all Chinese people will first think of the Chinese Women's Volleyball Team. China Women's Volleyball Team is one of the best sports teams in China. From 1982 to 1986, the Chinese Women's Volleyball Team won the Asian Games champion, the Olympic Games champion and the World Cup champion consecutively. With the two world championships in 1982 and 1986, the Chinese Women's Volleyball Team completed the "five consecutive championships" that amazed the world. They won the Olympic Games in 2003, 2004, the World Cup in 2015 and the Olympic Games in 2016 for four times, becoming a world champion for nine times. The Chinese Women's Volleyball Team is the only team among China's "three big balls (volleyball, basketball and football) " to win the World Championships.

3) Diving

In China's competitive sports, diving is another commendable sport besides table tennis.

The Chinese women's diving team and men's diving team are both well deserved "invincible teams". The glorious record of more than 100 world gold medals has made China's national diving team a "dream team" in the eyes of the world. The Chinese diving team is full of talents, with many stars emerging, such as Wu Minxia, Fu Mingxia, Guo Jingjing, etc.

2. China and the Olympic Games

The Olympic Games is the oldest and largest sports event in human history. The history of China's participation in the Olympic Games can be traced back to 1939. In 1979, China resumed its legal seat in the International Olympic Committee. At the 1984 Los Angeles Olympic Games, Chinese athlete Xu Haifeng won China's first Olympic gold medal in the men's pistol competition.

Among the 37 venues of the Beijing Olympic Games, the most eye-catching are the National Stadium "Bird's Nest" and the National Swimming Center "Water Cube". The Bird's Nest is the main stadium for the 2008 Beijing Olympic Games. It is composed of a series of arc steel structures with simple structure and novel design. The Bird's Nest can accommodate 100,000 spectators, undertake the tasks of the opening and closing ceremonies of the Olympic Games, and hold important competitions such as track and field and men's football finals. The "Water Cube" is a translucent site like water, which has become the focus of attention with its novel design. The "Water Cube" is composed of five swimming areas, with 17,000 seats in total. It undertakes the tasks of swimming, diving, water polo, synchronized swimming and other competitions.

After the 2008 Beijing Olympic Games, the Chinese government designated August 8 every year as the "National Fitness Day", which greatly promoted the improvement of national physical fitness and the development of mass sports. On July 3, 2015, Beijing and Zhangjiakou won the right to host the 2022 Winter Olympics. In February 2022, the 24th Winter Olympic Games was held in Beijing.

【Thinking and Practice】

1. Fill in the Blanks

1) Kite flying is an interesting traditional Chinese sports activity. The annual National Kite Festival is held in______________in Shandong Province.

2) The main stadium__________________of the 2008 Beijing Olympic Games can accommodate 100,000 people.

2. Reflection Questions

1) What is China's national ball?

2) What is the name of the swimming center in Beijing for the 2008 Olympic Games?

Task 3　Practice and Exploration: Experience Taijiquan

【Task Background】

Many traditional sports and fitness programs in China have a good mass base. They promote and complement each other with the national fitness program actively advocated by the Chinese government, forming a complete sports fitness system. Taijiquan, one of the national intangible cultural heritages, is a traditional Chinese boxing that combines internal and external cultivation, softness, slowness, lightness, hardness and softness, with the core idea of Taiji and yin-yang dialectics in Chinese traditional Confucian and Taoist philosophy, integrates multiple functions such as character cultivation, physical fitness, combat and confrontation, and combines the changes of yin-yang and five elements in the *Book of Changes*, traditional Chinese meridians, ancient guidance and breathing techniques.

【Related Knowledge】

The word "Taijii" comes from *The Book of Changes* and has the meaning of, supreme, absolute and unique. Taijiquan is one of the representatives of Chinese martial arts. It integrates the boxing techniques of various dynasties, combines Taoist health preserving techniques, yin and yang and meridian theory, absorbs classical philosophy and traditional Chinese medicine theory, and practices both inside and outside, with soft, slow, stretching, coherent, light and beautiful movements. It requires the body to be guided by the mind, and the mind, breath and body should coordinate with each other, focusing on the static braking and the soft overcoming the hard. Taijiquan has many schools.

【Task Operation】

College		Major	
Chinese name		English name	
Task: Learn 24 Style Taijiquan.			

Pre-knowledge: 1. Understand the relevant knowledge and cultural background of Taijiquan; 2. Understand that simplified Taijiquan has 24 moves, and know what moves there are.
Score:
Plan Implementation: 1. First of all, learn about the moves of the 24 Style Taijiquan; 2. Follow the teacher or video to learn the first three; 3. Repeat the first three moves with the audio.
Score:
Quality Testing: 1. Recall the name of 24 Style Taijiquan moves (at least three can be said); 2. Students follow the audio to show the first three styles separately; 3. Teachers and students jointly demonstrate the first three forms.
Score:

【Thinking and Practice】

1) Do you like Chinese martial arts? Why?
2) What do you feel in the process of learning 24 Style Taijiquan?
3) Which one of the 24 styles do you like best? Why?

Project 14 China's Cultural Heritage

Teaching Objectives

1) Learn about China's tangible cultural heritage.
2) Learn about China's intangible cultural heritage.
3) Learn about Chinese historical sites.
4) Learn about Chinese historic buildings.
5) Learn about traditional Chinese skills.

Knowledge Points

1) China's tangible cultural heritage and China's intangible cultural heritage.
2) Chinese historical sites.
3) Chinese historic buildings.
4) Traditional Chinese skills.

Task 1 Overview of China's Cultural Heritage

【Task Background】

Cultural heritage can be divided into material cultural heritage and non-material cultural heritage, also known as tangible cultural heritage and intangible cultural heritage. Tangible cultural heritage refers to cultural relics of historical, artistic or scientific value; intangible cultural heritage refers to the traditional culture that exists in the form of immaterial, is closely related to people's life and is passed down from generation to generation.

【Related Knowledge】

1. Tangible Cultural Heritage

Tangible cultural heritage is what we usually say "material cultural heritage", according to the Convention on the Protection of World Cultural and Natural Heritage (abbreviated as the World Heritage Convention), including historical buildings, historical relics and sites of human culture.

Tangible cultural heritages include immovable cultural relics such as ancient buildings, ancient tombs, ancient sites, cave temples, stone carvings, murals, important historical relics in modern times and representative historical buildings, as well as movable cultural relics such as important works of art, objects, manuscripts, documents, books and materials of various periods in history; famous historical and cultural cities (blocks, villages or towns) of outstanding value in architectural style, etc.

2. Intangible Cultural Heritage

According to the Convention for the Safeguarding of the Intangible Cultural Heritage, the definition of Intangible Cultural Heritage refers to the practices, representations, expressions, knowledge, skills–as well as the instruments, objects, artefacts and cultural spaces associated therewith–that communities, groups and, in some cases, individuals recognize as part of their cultural heritage.

Intangible cultural heritage includes: social practice, rituals and festive events; traditional craftsmanship; oral traditions and expressions, including languages as a vehicle of the intangible cultural heritages; performing arts; knowledge and practices concerning nature and the universe.

3. The Status of China's World Heritage

China is a world heritage country; the number of world heritage has risen to the first in the world. At present, China has more than 100 projects on the heritage preliminary list, which is one of the largest number of countries submitted to the World Heritage Committee. China has the world heritage covering culture, nature, cultural and natural double, cultural landscape and other world heritage list. In addition, there are four "representative works of human oral and intangible heritage", including Guqin, Kunqu Opera, Xinjiang Uygur Muqam Art and Mongolian Patriarchal Tone Folk Song. There are also Beijing Opera, shadow play, traditional Chinese acupuncture, batik, paper-cut and other intangible cultural heritages, making it a real world heritage country.

【Thinking and Practice】

1. Fill in the Blanks

- Cultural heritage is divided into________________and__________________.

2. Thinking Questions

1) Please fill in the following pictures which are material cultural heritages and which are intangible cultural heritages(see chinese part of this book).

2) Please list your country's material and intangible cultural heritages.

Task 2 China's Tangible Cultural Heritage

Part 1 Chinese Historical Sites

【Task Background】

China is an ancient civilization with a glorious history of more than 5,000 years. Our hardworking and intelligent ancestors created a splendid culture and left behind rich cultural relics. In ancient China, it was popular to build mausoleums for emperors. Therefore, royal mausoleums were numerous and large in scale, and the historical relics found in them also attracted the attention of the world. In 1974, Chinese archaeologists discovered a 14,260-square-meter pit of terracotta warriors and horses on the east side of Qin Shihuang's mausoleum. It is known as the "Eighth Wonder of the World".

【 Related Knowledge 】

1.Qin Shihuang's Mausoleum and Terracotta Warriors and Horses

1) Overview

The Mausoleum of Emperor Qin Shihuang, located in Xi'an, Shaanxi Province, was built by Emperor Qin Shihuang between 246 BC and 208 BC and is the first imperial cemetery in Chinese history. Its huge scale and rich burial objects ranked first in the imperial tombs.

Qin Shihuang's Mausoleum is divided into two parts: the cemetery area and the burial area. The mausoleum is composed of two layers, the outer city and the inner city, with a square cone of soil. The mausoleum covers an area of 120,750 square meters.

The discovery of the terra-cotta warriors is regarded as "the eighth wonder of the world" and "one of the great archaeological discoveries in the 20th century".

2) Historical Background

Human martyrdom was a cruel and barbaric funeral system prevailing in slavery period. The most prosperous period of human martyrdom was the Shang Dynasty, and there were martyrdom in the big tombs of the Shang nobles. In the Spring and Autumn Period and the Warring States Period, people were buried with clay and wood figures instead of people. The original meaning of "tomb figure" was human sacrifice. When human sacrifice gradually faded out of people's vision, "tomb figure" became the proper term for pottery, stone carvings and human figures in tombs. The terra-cotta warriors and horses of the Qin Dynasty are typical and the peak of substituting tomb figure for people.

3) Unearthed Cultural Relics

The Terracotta Warriors and Horses can be divided into two categories: soldiers and officers. The officers can be divided into low-level, intermediate and senior officers. The common soldiers did not wear crowns, but the officers wore crowns. The crowns of the common officers were different from those of the generals, and even the armor was different. The Terracotta Warriors include infantry, cavalry and chariot soldiers. According to the actual combat needs, different types of warriors have different equipment.

(1) The Car Warrior Figures

The car warrior figures is the soldier who is on a chariot other than the driver. Generally, there are two soldiers on the chariot, one on the left and the other on the right. They are the main forces of chariot warfare.

(2) Standing Warrior Figures

Among the terracotta warriors, it is a relatively special army. It was unearthed in the east of No. 2 Pit. Its weapon is a crossbow. Together with the kneeling warriors, they form the crossbow army. Standing figurines are located in the first of the array. They wear light robes which are flexible.

(3) Kneeling Warriors

Like the standing warriors, they were unearthed in the east of No. 2 Pit. They were armed with a crossbow and formed a crossbow army. The standing figures are located in the first lines, while the kneeling warriors are located in the heart.

Among all the unearthed terracotta warriors, the kneeling warriors are the only one that was found to be extremely complete. His back of armor still has precious red coating.

(4) The Warriors

The average height of the soldier is about 1.8 meters. As the main body of the military array, the number unearthed from the terracotta warriors pits is the largest, which can be divided into two categories according to their clothing, namely warriors in robes and warriors in armor. They are distributed throughout the army as the main fighting force. Both types of warriors are armed with combat weapons.

(5) Army's Officers

In terms of identity, Army's Officers are lower than that of generals, and can be divided into intermediate and inferior figures. In the pit of Qin Terracotta Warriors, the number is very small, less than ten pieces.

(6) Cavalry Figurines

There are more than 100 pieces of cavalry figurines unearthed from Pit 1 and Pit 2, most of which were used in surprise raids during wartime. Due to the special armament, cavalry's attire is obviously different from that of infantry and chariot soldiers. The cavalry image unearthed from Pit No. 2 is the earliest cavalry object found in Chinese archaeological history so far.

(7) Drivers Figures

For chariot drivers, they were excavated in all three pits. Wearing long jackets and armor, the armor reaches to the wrist. Because the killing power of chariots in ancient wars is very strong, the position of drivers in ancient wars, especially chariot battles, is particularly important, and even directly related to the victory or defeat of the war.

(8) Qinling Tombs Bronze Chariots and Horses

The bronze chariots and horses of the Qin Mausoleum were excavated 20 meters to the west of the Qin Shihuang Mausoleum. They are made of bronze and some of their parts are gold and silver ornaments. Up to now, the various chains on the chariots and horses still turn flexibly, the doors and their windows can open and close freely, and the shafts can still carry the carriage. The bronze chariots and horses of the Qin Mausoleum are known as the "crown of bronze" in ancient China.

4) Characteristics of the Terracotta Warriors

The images of the Terracotta Warriors and Horses are basically the same as those in real life, with delicate and lively techniques. Each of the terracotta figures was different in costume and manner. There are many different hairstyles, different gestures, and different facial expressions. From their clothes, their looks, and their gestures, one could tell whether they were officers, soldiers, infantry or cavalry. In general, the faces of all the terracotta figures show the unique majesty and ease of the Qin people, with distinct personalities and strong characteristics of the time.

The Terracotta Warriors and Horses are made with the combination of painting and sculpture. Although they are very antique, there are still some painted colors on the faces and clothes of the figures when they are just excavated. Therefore, they play an important role in the history of Chinese sculpture.

【Thinking and Practice】

1. Fill in the Blanks

1) Qin Shihuang's Mausoleum is located in the____________________provinces and ____________________cities and was built by the emperor ____________________.

2) Qin Shihuang's Mausoleum is the ____________________emperor's mausoleum in Chinese history.

3) At present, there are ____________________ pits of Terracotta Warriors and Horses excavated in the Mausoleum of Qin Shihuang, they are____________________, ____________________ , ____________________.

2. Thinking Questions

1) What are the characteristics of the Terracotta Warriors?

2) What do you feel about the Terracotta Warriors and Horses in Qin Shihuang's Mausoleum and what are your thoughts?

【Related Knowledge】

2. Bozhou Hailongtun Historical Site

1) Overview

Hailongtun, also known as Longyantun, is located on Longyan Mountain in Shuanglong

Village group, Hailongtun Village, Gaoping Town, Huichuan District, Zunyi City, Guizhou Province, 28 kilometers away from the main urban area of Zunyi City. Located in the northern section of the slope from Yunnan-Guizhou Plateau to Sichuan Basin, it stands on longyan Mountain of the lofty Eastern branch of Dalou Mountain, and is an important remnant of Yang's tusi culture in Southwest Bozhou of Song, Yuan and Ming dynasties.

In September 2014, world cultural heritage evaluation experts conducted acceptance evaluation on the application of Hailongtun Tusi Site for World Cultural Heritage. On July 4, 2015, it was announced in Germany that the Hailongtun Tusi Site was inscribed to the World Heritage List , achieving a breakthrough of zero world cultural heritage in Guizhou Province.

2) Structure

The highest elevation of Hailongtun is 1,354 meters above sea level and the lowest elevation is 974 meters above sea level, with a relative elevation difference of 300-400 meters. The top of Hailongtun is flat and wide, covering an area of about 1.59 square kilometers. There are nine passes on the top of Hailongtun. In front of the Hailongtun, there are six passes: Copper Pass, Iron Pass, Flying Tiger Pass, Flying Dragon Pass, Chaotian Pass and Flying Phoenix Pass; at the back of the Hailongtun, there are three passes: Wan' an Pass, the Second Pass and the First Pass. Among the nine passes, each has a parapet connected, along with the mountain stretching more than ten miles. At the top of the Hailongtun built yamen and training ground and other buildings, grand and spectacular.

3) Main Buildings

(1) The Iron Pass and The Copper Pass

The Copper Pass is like a warrior wearing armor, guarding the south into the chariot channel, and it cooperate with the Iron Pass to attack the enemy, locking the north and south gate of the chariot. On the top of the pass, there is an embrasured watchtower, the wall stretching from the Copper Pass to the left to belt rock cliff, extending to the Iron Pass to the right, from the Iron Pass straight up to the Ladder connected to the Flying Tigers Pass.

The inscribed tablet of the two passes was destroyed during the Battle of Bozhou. The area between the two passes was the location of the barracks of the Bozhou army. During the war of Bozhou, it was also the front military command center of the Bozhou army. Because the wall was strong and the pass was tightly locked, it was like a wall of iron and bronze, hence the name of the pass.

(2) The Flying Tiger Pass

Flying Tiger Pass, also known as Suspension Bridge Pass, was built on a cliff. In front of the pass there was a trench more than two feet deep and one foot wide. Under the pass there was a suspension bridge, which was connected with the thirty-six steps ladder. This pass is built on the cliff, as if a tiger jumps among the valleys, so it is called Flying Tiger Pass. Entering the pass, an ancient road with artificial excavated appears in front of us, which is the dragon tiger avenue. This road connects Flying Dragon Pass and Flying Tiger Pass. It is 474 meters long and is carved along the mountain. The wall of the road is cut with drains. There are walls along the road, but unfortunately they have been damaged by the war, leaving only the lowest foundation stone for visitors to pay their respects.

(3) The Ladder

From the Copper Pass to the platform, 72 steps of the stone ladder wind up, and from the platform to the bridge below the Flying Tiger Pass, 36 steps of the stone ladder is 45 degrees straight up. Each of the stone ladder is about 6 chi long, 2.5 chi wide and 2 chi high. There are saw-shaped guardrails two chit high on each side.

Because it is a military facility of offensive and defensive system, such construction has three main functions: first, the ladder is built on the bare ridge. If it is built parallelly, when meets mountain floods, it is easy to wash away the foundation. The slope of the ladder is also good for drainage, enhancing the stability of the ladder; second, it can shorten the span of steps, and be easy for climbing; third, it can strengthen the impact of a rolling logs and stones (It’s an instrument for defending the city).

(4) Dragon Tiger Avenue

The important military passage between Flying Dragon Pass and Flying Tiger Pass is called the Dragon Tiger Avenue, which is the channel to get to the Hailongtun on the cliff, total length 292 meters, 1.5-4 meters wide. The main function is to hide soldiers between Flying Dragon Pass and Flying Tiger Pass. The avenue is outside the cliff, built on the wall, along the mountain meandering, near the valley, leaning on the cliff chisel wall; drains are chiseled inside. It was submerged in the ground after the Bozhou campaign and reemerged in 1999.

(5) Flying Dragon Pass

Proudly standing, Majestic Flying Dragon Pass is the most dangerous pass among the entrance channels. The pass is about ten meters high, and the three words “Flying Dragon Pass”are in the middle of the door of the pass which are intact, and each word is two chi square, which is Yang Yinglong’s handwriting.

(6) Chaotian Pass

Chaotian Pass is one of the six passes in front of the Hailongtun, which is well preserved. Its name and signature are clearly visible. It was built on the valley, which added a bit of solemn spirit to Hailongtun and added a bit of majesty to Tusi Yang.

Looking at the pass again, the stone is built by masonry, and weighs hundreds or even thousands jin. The adhesive between stones is a kind of mucus getting from mashing the mountain kiwifruit rhizome and mixing it with water, quicklime, glutinous rice flour, and tung oil. After war and four hundred years of wind and rain erosion, it still stands tall, as majestic as before.

(7) Flying Phoenix Pass

Flying Phoenix Pass is a group of buildings, and it is different from all the previous passes. There is an arrow tower on the top and a hall below.

In the Flying Phoenix Pass, there is a strictly prohibited tablet handwritten by Yang Yinglong. There are 387 words on the whole tablet. Flying Phoenix Pass is the last pass to enter Hailongtun, and also the last barrier to check against rape. In the Bozhou battle, it was the leading military command center of the army.

(8) The New Palace

It is said the New Palace was built by Tusi Yang Yinglong in the Ming Dynasty. But according to the leader of the archaeological team, deputy director of the provincial cultural relic archaeology, Dr. Li Fei's archaeological record, they unearthed blue and white porcelains inscribed "Da Ming Xuande years "and" Daming Wanli years" in the New Palace, which shows that the New Palace was Ming Dynasty's building. It is certainly Yang Yinglong's last residence, but it may not be built by him. The archaeological excavation of the New Palace was also rated as one of the top ten new archaeological discoveries in China in 2012.

4) Characteristics of Hailongtun

(1) Hailongtun: An Important Legacy of Tusi System

Hailongtun is the oldest, largest and best-preserved Tusi castle ever found. It is an important physical relic of Jimi and Tusi system of China's feudal dynasties, which fully witnessed the changes of China's ancient minority policy from the "Jimi system" in Tang and Song dynasties, to the "Tusi system" in Yuan and Ming dynasties, to the reform of bureaucratization of native officers in Ming Dynasty.

(2) Hailongtun: The Main Witness of the Yang Family's 725 Years of Rule in Bozhou

The Yang family of Bozhou has long been praised for its dominance on the battlefield and is famous and powerful. From Yang Duan in Tang Dynasty to Yang Yinglong in the late Ming Dynasty, they were the actual rulers of Zunyi. Hailongtun is the best witness of this history. The Yang family maintained this land for 725 years, which was inherited longer than almost any other Central Plains dynasty.

(3) Hailongtun: Asia's Best Preserved Medieval Military Castle

Building military castles by virtue of natural advantages, setting up distant, medium and near military defense systems, stockpiling soldiers and building self-sufficient military supplies, is the concentrated reflection of Hailongtun military castle defense ideas. Hailongtun is located on the top of mountains, where attic, barracks, warehouse, water prison and embroidery building are built on the top; There were nine passes in front of the village, each of which was connected with a parapet wall.

【 Thinking and Practice 】

1. Fill in the Blanks

1) Hailongtun Site is located in_______________.

2) Hailongdun Site is the only large__________ and ____________ site in Guizhou Province

3) The Hailongdun site ______________ was the political center of Tusi during the war.

2. Thinking Questions

- Is Hailongtun just a palace building? What are its other functions?

Part 2 Chinese Historic Buildings

【 Task Background 】

China has a long history of more than 5,000 years and has many cultural relics and historical relics. In the course of the dynasties, each dynasty built a number of palaces or other structures for its own enjoyment and residence. Though most of them could be destroyed, there are still parts of the building that have been stable for a long time and tell you the ups and downs of those years. For example, the Great Wall, one of the "Eight Wonders of the World", the Mogao Grottoes in Dunhuang, the gardens in Suzhou, with its Jiangnan charming, and the most famous of all, the Forbidden City in Beijing.

【 Related Knowledge 】

The Imperial Palace in Beijing

1. Overview

Construction of the Imperial Palace began in 1406 and was basically completed in 1420 by the Ming Emperor Zhu Di. The Imperial Palace is 961 meters long from north to south and 753 meters wide from east to west. The palace was surrounded by a 10-meter-high, 3,400-meter-long palace wall in the form of a rectangular city, surrounded by a 52-meter-wide moat outside the wall, forming a fortified castle. The palace buildings are wooden structure, yellow glazed tile roof, blue and white stone base, decorated with resplendent color paintings.

The Imperial Palace has four gates. The front gate is called Meridian Gate, the east gate is called Donghua Gate, the west gate is called Xihua Gate, and the north gate is called Shenwu Gate. Facing the north gate of Shenwu Gate, there is a Jingshan made of soil and stone, full of pine forest. In the overall layout, Jingshan can be said to be the barrier of the Imperial Palace complex.

According to ancient Chinese astrology theory, Ziweiyuan (i.e., Polaris) is located in the middle of the sky and is the residence of the Heavenly Emperor, which corresponds to Heaven and Man. During this period of more than 500 years, a total of 24 emperors lived and ruled here.

2. Layout

The palace of the Imperial Palace is arranged along a north-south central axis, along which are the three main halls, the rear three palaces and the imperial garden, to both sides of the expansion, the north and south straight, left and right symmetry. The central axis not only runs through the Forbidden City, but also reaches Yongding Gate in the south, Drum Tower and Bell Tower in the north, running through the whole city. It is magnificent, well-planned and extremely spectacular.

3. Main Buildings

1) Taihe Palace

Taihe Palace, commonly known as the Throne Room, is located at an important position along the north-south axis of the Forbidden City. It was built in 1420, the 18th year of the Yongle reign of the Ming Dynasty, and is called Fengtian Hall. In the forty-first year of Jiajing (1562), it was renamed Huangji Palace. Two years of Qing Shunzhi (1645) changed the name as Taihe Palace. After its completion, it was repeatedly burned down and rebuilt many times. Today, we can see the shape and system after the reconstruction in 1695 in the thirty-fourth year of Kangxi in the Qing Dynasty.

In the Ming and Qing dynasties, 24 emperors held grand ceremonies in the Taihe Palace, such as the emperor ascending to the throne, the emperor's wedding, conferring the title of empress, and commanding generals to go to war. In addition, the emperor accepted the congratulations of civil and military officials and gave banquets to the princes and ministers on the annual Longevity Day, New Year's Day, and the Winter Solstice. In the early Qing Dynasty, examinations for the new Jinshi were held in the Taihe Palace. From the fifty-fourth year of Qianlong's reign (1789), they were held in the Baohe Palace, and "Chuan Lu" was still held in the Taihe Palace.

Taihe Palace is the largest and highest-grade building in the Forbidden City. Its high construction regulations and exquisite decoration techniques rank the first among ancient Chinese buildings.

2) Zhonghe Palace

Zhonghe Palace, one of the three main halls in the outside court of the Imperial Palace , is located between the Taihe Palace and Baohe Palace in the Forbidden City. Built in the 18th year of Yongle of the Ming Dynasty (1420), it was called Huagai Palace in the early Ming Dynasty. It was renamed Zhongji Palace after it was rebuilt due to a fire in Jiajing. Now, there are still "Zhongji Palace" ink marks in the Ming Dynasty on the ceiling internal components. In the first year of the reign of Emperor Shunzhi of the Qing Dynasty (1644), the imperial family of the Qing Dynasty entered the Forbidden City. The next year, "Zhongji Palace" was renamed Zhonghe Palace.

During the Ming and Qing dynasties, the emperor took a rest in the Zhonghe Palace before holding various grand ceremonies, and accepted the worship of officer.

3) Baohe Palace

Baohe Palace, one of the three main halls outside the Imperial Palace. Located behind Zhonghe Palace, it was built in the 18th year of Yongle of the Ming Dynasty (1420) and was originally named Jisheng Hall. It was rebuilt and renamed Jianji Hall after a fire in Jiajing. In the second year of Shunzhi of Qing Dynasty, it was renamed Baohe Palace.

The purpose of Baohe Palace was different in the Ming and Qing dynasties. The emperors of the Ming Dynasty used to change their clothes here before the grand ceremony. On the New Year's Eve and the 15th day of the first lunar month of the Qing Dynasty, the emperors gave feasts to foreign vassals, princes and ministers, feasts to their fathers, family members with official positions, and examinations for each subject were held in Baohe Palace. From the third year (1646) to the 13th year (1656) of the Shunzhi Emperor of the Qing Dynasty, Fu Lin lived in Baohe Palace, also known as the "Wei Yu Palace", where his wedding ceremony was also held. Kangxi also lived in Baohe Palace from his accession to the throne to the eighth year (1669), which was called the "Qing Ning Palace". Qing Dynasty palace examination was held here since the year of Qianlong.

【Thinking and Practice】

1. Fill in the Blanks

1) The Imperial Palace is located in the city____________, which was built by the emperor ____________________.

2) The Imperial Palace is also known as the Forbidden City, with _____________doors,

and they are________________, ________________, ____________.

3) ________________is the largest and highest grade building in the Forbidden City, with high building regulations and exquisite decoration techniques, ranking first among ancient Chinese buildings.

2. Thinking Questions

- What are the symbols of the tortoise, the crane, the sundial and grain measure?

Part 3 Chinese National Architecture

【Task Background】

China is a country of multi-ethnic integration. The characteristics and culture of various ethnic minorities are vividly reflected in ethnic minority buildings. Guizhou ethnic architecture has rich ethnic cultural and regional characteristics. The Miao Diaojiao Building, Buyi Slate Building and Dong Drum Tower are three representative traditional buildings, which reflect the architectural form and living form of Guizhou ethnic minorities.

【Related Knowledge】

1. Miao Diaojiao Building

Diaojiao Building, also known as "Diao Lou", is a traditional folk house of Miao, Zhuang, Buyi, Dong, Shui, Tujia, etc. It is widely distributed in southeast Chongqing, northern Guangxi, western Hunan, western Hubei, and southeast Guizhou.

The most basic feature of the stilted building is that the main house is built on the ground, and except one side of the wing house is connected with the main house on the ground, the other three sides are suspended and supported by columns. The stilted building has many advantages. The high hanging floor is not only ventilated and dry, but also can prevent poisonous snakes and beasts. Sundries can also be placed under the floor. The stilted building also has distinctive ethnic characteristics. The elegant "silk eaves" and the generous "walking bars" make the stilted building unique. This kind of stilted buildings is called the "living fossil" of Bachu culture.

2. Slate House of Buyi

The Buyi people's houses are mostly dry column type buildings or half side buildings. Zhenning, Anshun and other Buyi areas in Guizhou are rich in high-quality stone. The local Buyi people use local materials to build slate houses with ethnic characteristics.

The flagstone house is built with stone strips or blocks, and the wall can be built to a height of 5 to 6 meters; The roof is covered with slate, which is water proof. Except that purlins and rafters are made of wood, the rest are made of stone. Everything is simple and unadorned, as solid as gold. This kind of house is warm in winter and cool in summer. It is damp proof and fireproof, but the lighting is poor.

Chengguan Town, where the county government of Zhenning Buyi and Miao Autonomous County is located, has most of the houses built of stone. As the stone is light gray white, it is more crystal clean after processing, so Zhenning emits shining silver light during the day and is like covering frost and snow at night.

3. Drum Tower of Dong

The Drum Tower and Fengyu Bridge are the most representative buildings of the Dong ethnic group. Most of the Dong people's dwellings are stilted buildings. The buildings in the Dong village are rich in form and ingenious in structure, which is a beautiful landscape. Unlike folk houses, the Drum Tower is used to summon people quickly and as a meeting place. Therefore, the Drum Tower must be built in the center of the Dong Village, and the folk houses are distributed around, which is conducive to the assembly and communication.

The Drum Tower has a long history in the Dong Village. When the Dong people encounter external harassment or need to gather people to discuss important issues, they all beat drums to call on the people in the village. On weekdays, Dong people will socialize and gather in the Drum Tower.

With the development of society and the prosperity of people's life, the functions of the Drum Tower in Dong people's life such as entertainment and leisure have been added. The Dong people sing, dance and hold parliaments in the drum tower. The dance is mostly the Dong people's Duoye dance, so the drum tower is also called "Duoye Tower".

【Thinking and Practice】

1) What are the buildings with Guizhou characteristics?

2) What are the architectural features of ethnic minority villages?

Task 3 China's Intangible Cultural Heritage

【Task Background】

According to Article 2 of the Intangible Cultural Heritage Law of the People's Republic of China, intangible cultural heritage refers to various forms of traditional cultural expression passed on from generation to generation by people of all ethnic groups and regarded as part of their cultural heritage, as well as objects and places related to traditional cultural expression. Traditional skills are closely related to the general public's daily life, involving clothing, food, housing, travel and other fields, and are an important category of intangible cultural heritage. In the long period of production and life, various ethnic groups have acquired, inherited and developed various traditional skills, such as batik and paper-cutting.

【Related Knowledge】

Miao Batik Printing Technology

1. Overview

Batik is a traditional skill passed down from generation to generation by the Miao people in Danzhai, Anshun and Zhijin counties of Guizhou Province. It is called "wax valerian" in ancient times, and "Wutu" in Miao language, which means "batik clothing".

Danzhai County, Anshun County and Zhijin County are multi-ethnic inhabited areas with Miao ethnic group as the main group. In the harsh environment of long-term isolation from the outside world, the residents here gradually formed a self-sufficient way of life, thus preserving the ancient batik printing skills. According to Miao custom, all women are obligated to pass on the batik technique, and every mother must teach her daughter how to make batik. Therefore, Miao women have learned this skill since they were young. Under such circumstances, these Miao communities have formed customs and cultures, such as clothes and costumes, marriage and festival rites and customs, social ways and funeral customs, which are dominated by batik art.

Miao batik is an art created for the needs of producers. Its products are mainly daily necessities, including women's clothing, bed sheets, quilt covers, baggage cloth, headscarves, backpacks, bags, suspenders, and funeral sheets for funerals.

2. Process Characteristics

Miao batik printing has two kinds of techniques, pointing wax and painting wax, which can be divided into geometric pattern and natural pattern. The authors of Danzhai Miao batik prefer large flowers with natural patterns. This pattern is vivid, concise and vivid, lively and smooth, full of exaggeration, and has a strong local flavor. Anshun Miao batik is mainly based on geometric patterns, which are loose in structure and vivid in shape. Zhijin Miao batik is mainly fine white, full of geometric spiral pattern, and pattern structures are interleaved and integrated. Most batik products are indigo monochrome dyed, that is, blue ground and white flowers. Few products use more than two colors. This is because wax is not high temperature resistant, dyeing can only be carried out at room temperature or low temperature, and indigo is a dye that can be dyed at room temperature.

3. Technological Process

Batik production tools mainly include copper knife (crayon), porcelain bowl, basin, large needle, bone needle, millet straw, dyeing vat, etc. First, the homespun is soaked with wood ash filter water to remove the lipid in the fiber and make it easy to wax and color. Then put an appropriate amount of yellow wax in a small porcelain bowl and put the porcelain bowl on the hot wood ash. After the yellow wax is heated and melted into a liquid, you can stipple on the cloth. The cloth with wax flowers is soaked in warm water and put into a vat of indigo blue dye. After repeated soaking, the cloth can be taken to the river for rinsing after confirming that the cloth has been dyed properly, and the water can wash away the color flooding. Then the cloth can be put into a pot with water and boiled to make the yellow wax melt and float on the water surface, and recycled for reuse. After that, the batik is rinsed repeatedly to remove the remaining yellow wax. After this, Danzhai batik also needs to paint red and yellow. Madder root is usually used for coloring red, while gardenia extract is used for yellow. In order to avoid fading, people usually wait until the batik is made before coloring.

【Thinking and Practice】

1. Fill in the Blanks

1) Miao batik printing has two kinds of techniques, _________ and _______ , which can be divided into ______ pattern and _______ pattern.

2) Batik is a traditional skill passed down from generation to generation by the Miao people in _________ ________ ________, Guizhou Province.

2. Thinking Questions

1) What are the two categories of Miao batik patterns?

2) What are the main tools for making Miao batik?

Paper-cutting (Miao Paper-cutting)

Miao paper-cutting is commonly known as "flower paper", "flower cutting" and "embroidery paper". In Miao language, it is called "Xigeigang" and "Xigeibang", which means "animal paper-cutting" and "flower paper-cutting".

The Jianhe Miao paper-cutting is different from the paper-cutting of the window of the Han people and the northern minority, and its main use is as the embroidery pattern draft of the Miao costume. It can be divided into two types: Gedong and Xinmin, and Xinhe. The techniques are mainly cutting, carving and stabbing. The subject matter of paper-cutting covers the myths and legends of the Miao people and the images of flowers, birds, insects, fish and animals in nature. The content reflects the worship of the ancient totem and nature of the Miao people, and contains a large number of mysterious religious and cultural information and primitive artistic features. In 2008, it was listed in the first batch of national intangible cultural heritage expansion projects.

1. Application

The Miao people do not have the habit of cutting window cuttings of the Han people and the northern minorities. In addition to the occasional use of several paper-cuttings with very simple patterns in religious activities, paper-cuttings are widely used only in embroidery, and there are various patterns. Therefore, the Miao paper-cutting, refers to the embroidery paper-cutting.

In the embroidery of the Miao people, some embroidery methods, such as cross-stitch, set the stitching position according to the vertical and horizontal crossing points of the warp and weft lines of the fabric, so that a regular pattern composed of geometric points and lines can be made without drawing a base map. Others, such as flat embroidery and braided embroidery, require drawing a base map on the embroidered surface before embroidery can be done. The use of paper cutting is much more convenient. The same pattern can be easily folded and cut, and complex patterns can be cut after repeated modification. At the same time, the paper cutting on the embroidery surface is more eye-catching than the drawing, and can be used as a craft hint. For example, the hole type embroidery, the lines that need to lock the edge will be cut empty, and the lines that do not lock the edge will only be cut. Therefore, in addition to a few people, who still use the embroidery surface drawing sample, the vast majority of people use paper-cutting.

2. Mode of Inheritance

Paper-cutting is one of the main jobs for Miao women in their life. They began to learn it when they were children. Generally, they can draw and cut their own paper. Some clever people who are good at paper cutting, will cut some flowers to sell. In the paper-cutting popular areas, almost every market day, you can see many paper-cutting stands. This kind of paper-cutting selling women, because of their professional skills, good cutting skills, exquisite production, greatly promote the perfection and development of paper-cutting art.

3. The Techniques

Miao paper-cutting are generally cut with small scissors with a very sharp edge. You can't stack the paper too thick with scissors. So some paper-cutting artists use a carving knife to engraving, and they can engraving several layers of paper-cuts at a time. When using a carving knife, a piece of wood is placed under the paper. No matter cut or engraved, the pattern is drawn on the surface paper first. When cutting with multiple layers of paper, Miao women used to thread and nail the paper into a book with white paper. A pattern fixed several points according to the size, so as to ensure that each layer in the cutting is not moving. White paper spiller such as small nails, about 2 cm long, with one end thick and one end pointed, do not need to be removed after cutting or engraving.

【Thinking and Practice】

1. Fill in the Blanks

1) Miao paper-cutting is different from the paper-cutting of window cuttings of the Han people and the northern minority. Its main uses are ________________________.

2) Paper-cutting is one of the main jobs of ______________.

2. Thinking Questions

- Design a paper-cutting pattern.

Task 4 Practice and Exploration: To Know Guizhou Bozhou Hailongtun Historical Site, Qin Shihuang's Mausoleum and Terracotta Warriors and Horses,and the Imperial Palace, and to Experience Miao Paper-cutting and Miao Batik

Guizhou Bozhou Hailongtun Historical Site (Visit or Watch the Promotional Video)

【 Task Background 】

After learning the relevant knowledge of Guizhou Bozhou Hailongtun Historical Site, in order to deepen and consolidate the knowledge, we will go to the site for field study or watch relevant films and videos.

【 Task Operation 】

College		Major	
Chinese name		English name	
Task: Learn the history and main structure of Guizhou Bozhou Hailongtun Historical Site.			
Pre-knowledge: 1. Understand that Guizhou Bozhou Hailongtun Historical Site is a Tusi culture relic that integrates military fort, government office and "palace". 2. understand the main structure of Guizhou Bozhou Hailongtun Historical Site.			
Score:			
Plan Implementation: 1.Watch the introduction video of Bozhou Hailongtun Historical Site, or visit the Hailongtun Site in Zunyi. 2. Divide the students into a team of four. Two people in each team form a practice group. 3. Each group will answer these questions (30 points): 1) Where is the Hailongtun Site? 2) What culture does Hailongtun Site belong to? 3) What are the main buildings at Hailongtun Site? 4) Who is said to have built the new palace?			

5) What are the features of Hailongtun Site? 4.Which part of the Bozhou Hailongtun Historical Site is shown in the picture?(20 points)
Quality Test: 1. The teacher marks the response results of each group. 2. Each group share the most impressive cultural relic or building during the visit (50 points).

Clear thinking, whit body language expression and fluent language (10 points)	Appropriate volume and speed (10 points)	Standard pronunciation of Putonghua (10 points)	The key point is prominent, and the expression is natural (10 points)	Sentence specification, clear speech (10 points)

Score:

【Thinking and Practice】

1) What is the role of the new palace?

2) Describe the features of the Hailongtun site.

Qin Shihuang's Mausoleum and Terracotta Warriors and Horses (Watch the Promotional Video)

【Task Background】

We have learned the historical background, architectural structure, unearthed cultural relics (various terra-cotta warriors and horses) and the characteristics of the terra-cotta warriors of Qin Shihuang. In order to deepen and consolidate our knowledge, we will watch relevant films or videos.

【Task Operation】

College		Major	
Chinese name		English name	
Task: Learn the general situation, historical background and architectural structure of Qin Shihuang's Mausoleum and Terracotta Warriors and Horses.			

Pre-knowledge: 1.Understand the general situation, historical background and architectural structure of Qin Shihuang's Mausoleum and Terracotta Warriors and Horses. 2. Simply understand the characteristics of various terracotta warriors and horses.
Score:
Plan Implementation: 1.Watch the introduction video of Qin Shihuang's Mausoleum and Terracotta Warriors and Horses. 2. Divide the students into a team of four. Two people in each team form a practice group. 3. Each group will answer these questions (50 points): 1) Where is the Qin Shihuang's Mausoleum? 2) Which emperor's mausoleum is the first in Chinese history? 3) How many funerary pits of Terra Cotta Warriors and Horses are there? 4) Name at least two types of Terracotta Warriors? 5) What are the characteristics of the Terracotta Warriors and Horses ? 4. Name the Terracotta Warriors in the picture.
Quality Test: 1. The teacher marks the response results of each group. 2. Each group share the most impressive cultural relic or building during the visit (20 points).

Clear thinking, with body language expression and fluent language (4 points)	Appropriate volume and speed (4 points)	Standard pronunciation of Putonghua (4 points)	The key point is prominent, and the expression is natural (4 points)	Sentence specification, clear speech (4 points)

3. As a guide, introduce the Mausoleum of Emperor Qin Shihuang and some of the Terracotta Warriors and Horses in a group (30 points).

Clear thinking, with body language expression and fluent language (6 points)	Appropriate volume and speed (6 points)	Standard pronunciation of Putonghua (6 points)	The key point is prominent, and the expression is natural (6 points)	Sentence specification, clear speech (6 points)

Score:

【Thinking and Practice】

1) Tell me what you know about the bronze chariots and horses in the Qin Shihuang Mausoleum.

2) Which Terracotta Army do you remember the most and why?

The Imperial Palace

【Task Background】

After learning the scale, history and layout of the Forbidden City in Beijing, in order to deepen and consolidate the knowledge we have learned, we will watch relevant films or videos, and make a simple model of the Forbidden City in Beijing according to the knowledge we have learned.

【Task Operation】

College		Major	
Chinese name		English name	
Task: Learn about the size, history and layout of the Forbidden City.			
Pre-knowledge: 1. Understand the size, history and layout of the Forbidden City. 2. A brief introduction to the main buildings of the Palace Museum: Taihe Palace, Zhonghe Palace and Baohe Palace.			
Score:			

Plan Implementation:

1. Watch the introduction video of the Forbidden City in Beijing.
2. Divide the students into a team of four. Two people in each team form a practice group.
3. Each group will answer these questions (20 points).
   1) Where is the Palace Museum? What's its another name?
   2) What are the main buildings in the Palace Museum?
4. Each group will make a simple model of the Forbidden City according to what they have learned (30 points).

Accords with the layout of the Forbidden City (10 points)	Exquisite workmanship, and the model is consistent with the original drawing (10 points)	Complete the model production within the specified time (10 points)

Quality Test:

1. The teacher marks the response results of each group.
2. According to the layout map of the Forbidden City in Beijing, act as a tour guide in a group to introduce to everyone. (50 points)

Clear thinking, with body language expression and fluent language (10 points)	Appropriate volume and speed (10 points)	Standard pronunciation of Putonghua (10 points)	The key point is prominent, and the expression is natural (10 points)	Sentence specification, clear speech (10 points)

Score:

【Thinking and Practice】

1) On the basis of relevant references, find out what the function of Ridged Beast is.
2) After seeing the Forbidden City, what impressed you the most? Why?

Miao Paper-cutting

【Task Background】

After learning the application, inheritance methods and techniques of Miao paper-cutting, in order to deepen and consolidate the knowledge we have learned, we will go to Huaxi Intangible Cultural Heritage Inheritance Base for field study and operation.

【Task Operation】

College		Major	
Chinese name		English name	
Task: Learn Miao paper-cutting.			
Pre-knowledge: Understand the historical skills, special techniques and inheritance methods of Miao paper-cutting.			
Score:			
Plan Implementation: 1. Go to Huaxi Intangible Cultural Heritage Training Base for demonstration study or watching paper-cutting video. 2. Divide the students into a team of four. Two people in each team form a training group. 3. Each group designs their own paper-cutting patterns.			

Quality Test:

1. Members of each group work together to complete paper-cut works (50 points).

Complete work with reasonable layout (10 points)	Smooth lines, natural and smooth, with few burrs (10 points)	Innovative design ideas (10 points)	Able to use point, line and surface for modeling (10 points)	Decorative (10 points)

2. Each group will show their paper-cut works and introduce their own design (50 points).

Clear thinking, with body language expression and fluent language (10 points)	Appropriate volume and speed (10 points)	Standard pronunciation of Putonghua (10 points)	The key point is prominent, and the expression is natural (10 points)	Sentence specification, clear speech (10 points)

Score:

【Thinking and Practice】

1) What are the themes of Miao paper-cutting?

2) Describe the steps of paper-cutting.

Miao Batik

【Task Background】

After learning the historical origin, technological characteristics and technological process of Miao batik, in order to deepen and consolidate the knowledge we have learned, we will go to the Miao batik technology area for field study and operation.

【Task Operation】

<table>
<tr><td>College</td><td></td><td>Major</td><td></td></tr>
<tr><td>Chinese name</td><td></td><td>English name</td><td></td></tr>
<tr><td colspan="4">Task: Learn about Miao batik.</td></tr>
<tr><td colspan="4">Pre-knowledge:
1. Understand the historical techniques, technological characteristics and technological processes of Miao batik.
2.Have a simple understanding of the Miao batik skills (such as batik in Sichuan, Guizhou and Yunnan, East Guizhou and West Hunan, etc.)</td></tr>
<tr><td colspan="4">Score:</td></tr>
<tr><td colspan="4">Plan Implementation:
1. Demonstrate and learn at the Miao batik technology base.
2. Divide the students into a team of four. Two people in each team form a training group.
3. Each group designs its own batik pattern.</td></tr>
<tr><td colspan="4">Quality Test:
1. Members of each group work together to complete batik works (50 points).
<table>
<tr><td>Complete work with reasonable layout (10 points)</td><td>Smooth lines and clear outline (10 points)</td><td>Innovative design ideas (10 points)</td><td>Uniformity of dyeing and application of color (10 points)</td><td>Overall artistic effect (10 points)</td></tr>
<tr><td></td><td></td><td></td><td></td><td></td></tr>
</table>
</td></tr>
</table>

2. Each group will show their own batik works and introduce their own design (50 points).				
Clear thinking, with body language expression and fluent language (10 points)	Appropriate volume and speed (10 points)	Standard pronunciation of Putonghua (10 points)	The key point is prominent, and the expression is natural (10 points)	Sentence specification, clear speech (10 points)
			Score:	

【Thinking and Practice】

1) In the batik of Xiangxi dialect, what was the main pattern from the late Qing Dynasty to the Republic of China? What is it usually used for ?

2) What are the commemorative patterns left by the ancestors in the batiks of East Guizhou dialect?